人

一

ㅣ

인생의 *Soul Weaving*

씨실과

날실

도서출판
프로세
푸른씨앗

人

― | 인생의

씨 실 과

날 실

베티 스테일리
Betty K. Staley
지음

하주현
옮김

인생의 씨실과 날실

1판 1쇄 발행 · 2017년 7월 15일
1판 1쇄 발행 · 2021년 4월 25일

지은이 · 베티 스텔리Betty K. Staley
옮긴이 · 하주현

펴낸이 · 발도르프 청소년 네트워크 도서출판 푸른씨앗

책임 편집 · 유영란 | 편집 · 백미경, 최수진, 김기원
디자인 · 유영란, 김미애
번역 기획 · 하주현
홍보 마케팅 · 남승희 | 총무 · 이미순

등록번호 · 제 25100-2004-000002호
등록일자 · 2004.11.26.(변경신고일자 2011.9.1.)

주소 · 경기도 의왕시 청계로 189-6
전화번호 · 031-421-1726
페이스북 greenseedbook 카카오톡 @도서출판푸른씨앗
전자우편 · greenseed@hotmail.co.kr

www.greenseed.kr

값 **25,000원**
ISBN 979 11 86202 31 9(03180)

일러두기──본문중의 **GA**는 루돌프 슈타이너 전집 서지 번호입니다.

차례

Ⅱ 7가지 영혼 특성과 인생 여정 123

Ⅲ 세상을 보는 12개의 창문 203

Ⅳ 깨달음의 길_온전함을 향한 자기 계발 277

서문

길을 가다 아름다운 디자인을 만나면 넋을 놓고 빠져들곤 한다. 만화경을 돌리면 수많은 자잘한 조각이 아름다운 수정무늬를 만들었다가, 순식간에 새로운 색깔과 문양으로 바뀐다. 파도는 밀려와 부서지면서 젖은 모래 위에 매번 다른 문양을 남긴다. 태양은 나뭇잎 위에 그림자와 빛으로 갖가지 문양을 만든다. 갈림길에서 왼쪽 대신 오른쪽을 택한 결정은 하루의 (어쩌면 인생의) 무늬를 바꾼다. 디자인은 세상을 살면서 만나게 되는 모든 문양과 형상의 예술이다.

숨을 거두는 마지막 순간에야 우리는 영혼의 씨실과 날실이 그동안 어떤 인생의 문양을 엮어왔는지 볼 수 있다. 물론 살아가는 동안 어떤 순간에라도 분주한 걸음을 멈추고 한 발 물러나 그때까지 짜온 태피스트리[1]의 패턴을 떠올리고 돌아보면서 계속 이대로 짜 나갈지, 아니면 새로운 요소를 집어넣을지를 결정할 수 있다. 자연과 인생, 예술에서 만나는 문양은 모두 동일한 창조력의 서로 다른 표현이다. 물질 세상 너머에서 작용하는 그 엄청난 힘으로 인해 지상의 재료와 인간의 경험은 장엄하고 위대한 것으로 변형된다.

50년이란 세월 동안 어린이, 청소년, 성인을 가르치는 교사로 일해 온 나

---

1 역주: tapestry 여러 가지 색실로 그림을 짜 넣는 직물 공예

를 이끈 동력은 인간에 대한 애정과 호기심이다. 1950년대 후반 심리학을 전공하던 대학생 시절에 한 대학원 연구에 참여할 기회를 얻었다. 당시 심리학자들은 대부분 프로이드나 행동주의 학파였지, 초월심리학에 관심을 갖는 사람은 극히 드물었다. 거기서 루돌프 슈타이너Rudolf Steiner를 처음 만난 나는 그의 관점에 깊이 매료되었고, 그 마음은 지금까지도 식지 않은 채 이어져오고 있다. 결국 나는 영국에서 발도르프 교육을 공부하기로 마음을 먹게 되었고 슈타이너의 인지학을 공부하고 유럽 여행도 할 생각이었다.

여행 중에 칼 융Karl Jung을 공부하러 스위스로 가던 한 남자를 대서양을 건너는 배에서 만났다. 그 만남을 계기로 융 심리학을 알게 된 나는 관련 서적을 읽고 워크숍에 참석하는 등 융을 더 깊이 이해하기 위해 적극적으로 기회를 찾아다녔다. 심리학 대학원에 진학해서 본격적으로 공부할 생각도 해봤지만, 그 때마다 슈타이너의 놀라운 통찰과 발도르프 교육에 대한 애정이 나를 다시 인생 과제인 교육의 길로 이끌었다. 교사로 일하는 동안에도 심리학과 인간 신비를 향한 관심은 늘 모든 수업과 저술 활동의 바탕을 이루는 실타래가 되었다.

내 삶의 태피스트리를 장식해온 또 다른 실타래는 수공예였다. 나는 수공예야말로 가장 인간다운 활동이라고 믿는다. 뜨개질과 바느질, 퀼팅, 건축 등 디자인 작업을 경험할 때마다 새삼 서로 닮은 점이 많음을 재확인하곤 한다. 사실 학교에서 수업 내용을 구상하고, 교과 과정을 계획하고, 시간표를 짜고, 역사, 지리, 문학을 연구하고, 아동 발달과 인간학을 공부하고, 퀼트나 스웨터 같은 수공예 작품을 디자인하고, 집안을 장식하는 이 모든 일이 색상, 질감 등 여러 디자인 요소를 하나로 모아 조화롭고 통일성 있게 전체 속에 통합시킨다는 측면에서 본질적으로 태피스트리와 동일한 활동이라 할 수 있다.

이런 이유로 인간의 다양한 특성과 복잡한 층위를 조망하는 이 책에서 디자인 언어를 기본 은유로 사용하는 것이 적절하다고 여겼다. 기질, 영혼 특성, 영혼 원형처럼 한 인간의 개성을 구성하는 요소들은 인생 여정의 문양에서 중요한 역할을 한다. 전체 문양을 관찰하다보면 우리 영혼의 씨실과 날실이 어떻게 엮여가고 있는지를 파악할 수 있을 뿐 아니라, 그것이 얼마나 경이롭고 아름다운 과정인지도 깨닫게 될 것이다.

전작 『태피스트리: 인생의 직조Tapestries: Weaving Life's Journey』에서는 일생을 살며 만나게 되는 다양한 인간관계를 살펴보았다. '개인의 생애'를 태피스트리에 비유한 이유는 그 안에 직조 예술의 모든 요소가 집약되어 있기 때문이다. 천을 짤 때 직조공은 먼저 베틀에 앉아 찬찬히 실을 건다. 이것이 날실이다. 인간 생애라는 태피스트리에서 날실은 성별, 가족, 출생순서, 민족처럼 태어나기 전에 이미 결정된 요소를 말한다.

태피스트리를 짜는 이는 누구인가? 바로 인간 존재의 정신적 부분인 '자아'다. 자아는 유전 요소를 초월한 존재로, 우리 삶의 형상을 빚고, 정신적 요소와 지상적 요소를 씨실로 삼아 삶을 직조하며, 경험을 통해 배움을 얻고, 발달 단계를 거치며 성숙해가고, 운명적 만남으로 우리를 이끌고, 꿈을 통해 말을 걸고, 우리에게 영감을 불어넣는다.

이 책 『인생의 씨실과 날실』에서는 개별성을 구성하는 또 다른 측면(기질, 영혼 특성, 영혼 원형)과 함께 '정신 발달과 인간 생애의 관계'를 살펴볼 것이다. 개성에는 수많은 요소가 녹아있으며, 모든 인생마다 나름의 독특한 디자인이 있다. 물질육체는 태피스트리에서 날실 역할을 한다. 기질은 디자인에서 질감을 결정짓는 요소이며, 영혼 특성은 색채에 해당한다. 자아는 영혼의 직조공이다. 지상을 살아가는 동안 자아는 물질육체와 함께 일한다. 물질육체 속에서 기질과 영혼 특성을 조화롭게 다듬고 변형시키며, 삶의 목표를 실현하기 위해 노력하고, 궁극적으로 정신 원형이 온전하게 구현되기를 열망한다.

1999년 『인생의 씨실과 날실』 1쇄 출간 이후로 많은 워크숍과 수업을 거치면서 내용이 계속 심화되었다. 기질, 영혼 특성, 영혼 원형을 이용해서 자아를 탐색하는 작업에 많은 이가 열의를 갖고 참여했다. 그들의 의견을 수렴해 개정판에는 구체적인 사례를 풍부하게 수록했다. 기질을 아동 교육의 전유물이라고 생각하기 쉽지만, 참가자들이 가장 큰 관심을 보이고 높이 평가한 부분은 성인이 자기 교육을 통해 기질을 변형시키는 방법과 사고, 감정, 의지 활동에서 지배적인 기질이 각기 다를 수 있다는 내용이었다. 이 설명을 듣고 나면 대개 "그 사람이(내가) 왜 그랬는지 이제 이해가 가요. 이건 한번 해봐야겠어요."라는 적극적인 반응을 보였다.

영혼 특성을 중심으로 한 〈7가지 영혼 특성과 인생 여정〉(125쪽)에도 독자의 이해를 돕기 위한 설명을 추가했다. 세 번째 주제인 영혼 원형에 대해 그동안 수업과 저술 활동을 통해 계속 연구해온 내용을 모아 얼마 전 『청소년기: 신성한 여정, 파르치팔 신화를 토대로Adolescence: The Sacred Passage, Inspired by the Legend of Parzival』를 출판했다.

치료사로 일하는 데보라 쉬바Deborah Shiba는 내 수업을 수강하고 나서 이 책을 치유 작업에 직접 이용해보고 싶다고 제안했다. 여러 차례의 논의 끝에 우리는 공동 작업에 착수하게 되었고 데보라는 지금 『인생의 씨실과 날실』과 짝을 이루는 연습용 교재를 집필하고 있다. 조만간 그 자료를 이용해서 워크숍을 열 수 있기를 고대한다.

삶의 디자인을 찾으려는 끊임없는 노력이 우리 삶에 많은 도움을 줄 수 있기를 바란다.

우리 시대 사람들은 자신을 이해하고, 내면세계와 외부세계를 연결해서 두 세계를 의미 있는 맥락 속에서 파악하는 것을 중요하고도 시급한 과제로 여기는 듯하다. 이 점에 있어서는 본능에 가까운 삶을 사는 사람이나 높은 이상을 바라보는 사람이나 크게 다르지 않다. 자기 계발서와 자서전을 사서 읽고, 사생활을 속속들이 털어놓는 토크쇼를 시청하고, 알코올 의존이나 분노장애 등 비슷한 어려움을 겪은 사람들의 모임이나 워크숍에 참석해 문제 극복에 필요한 힘을 얻고 도움을 주고받는다.

라디오, TV, 인터넷, 책에는 사람들의 은밀하고 어두운 비밀이 넘쳐난다. 수천 명의 시청자, 청취자, 독자 앞에서 성도착증상이나 성폭행, 폭력, 악마 숭배의식 같은 선정적인 사건과 경험을 고백한다.

정신적 차원의 경험을 공개적으로 전하는 목소리도 커지고 있다. 과거에는 공개 석상에서 임사 체험이나 영적 존재를 만난 이야기를 하면 웃음거리가 되거나 정신 나간 사람 취급을 받았다. 하지만 죽음 너머 세계를 다녀온 이야기나 절망스러운 시기에 빛의 존재 또는 천사를 만나 위안을 얻었다는 경험담에 공통된 요소가 워낙 많다보니 점차 그런 이야기를 진지하게 여기는 분위기가 형성되고 있으며 개중에는 베스트셀러 반열에 오르는 책도 있다.

사람들이 달라지고 있다. 사람들의 마음 깊은 곳에는 보이는 세계, 보이지 않는 세계와 인간의 관계 또는 인간의 본성 같은 주제를 통찰하고 싶은 소망이 존재한다. 이런 관심은 국경을 초월하여 전 세계 사람이 공유하며, 인터넷이라는 전 지구적 의사소통 체계 덕분에 더욱 빠르게 확산, 강화되고 있다.

정신적 경험을 이해하려는 욕구와 함께 인간은 자신의 행동 유형을 이해하고 더 높은 차원으로 변형할 수 있는 존재라는 인식도 강화하고 있다. 인간 생애는 가장 저급한 욕망에서 나온 행동과 가장 고귀한 의도에서 나온 행동이 엎치락뒤치락하는 한 편의 드라마다. 우리에게는 로켓과 위성으로 지구 밖 세계를 구석구석 탐사하고 싶은 열망만큼이나 영혼의 거처인 내면 공간을 향한 강렬한 호기심이 있다.

지난 수백 년 동안 인간을 육체와 정신 또는 육체와 영혼, 육체와 마음으로 구성된 이중적 존재로 보는 시각이 지배해왔다. 이처럼 동떨어진 두 부분으로 바라보는 태도는 오랫동안 일상에도 반영되어왔다. 주중 대부분의 시간은 직장과 가정을 위한 책임에 몰두하다가 주말에는 내면생활을 위해 교회나 절을 찾는 식으로 외면생활과 내면생활을 위한 날을 아예 분리하기도 한다.

오스트리아 출신의 철학자, 정신과학자, 교육자인 루돌프 슈타이너(1861~1925)는 이 이원론을 대체하기 위해 온전한 인간상에 좀 더 가까운 인간 본성의 삼중성에 대해 이야기했다. 삼중성을 기준으로 보면 인간의 내적, 외적 본성의 상호연관성을 더 잘 이해할 수 있다.

이에 따르면 인간은 육체, 영혼, 정신으로 이루어져있다. 물질육체에는 성별, 인종, 키, 골격 구조, 색깔, 외모 특징, 심지어 특정 질병의 경향성처럼 유전으로 결정되는 특성이 포함된다.

정신은 우리 안의 영원불멸한 부분이다. 진리나 선 같은 이상의 빛이 사고 속에 비쳐들 때, 신에 대해 명상할 때, 양심의 소리에 귀기울일 때, 타인의 내면에 존재하는 더 높은 본성을 알아차릴 때 우리는 정신적 자아와 연결된다. 기도와 명상, 헌신은 정신을 위한 행위다.

지상의 삶을 사는 동안 육체와 정신의 상호작용이 이루어지는 곳이 바로 영혼 영역이다. 행위와 감정, 생각, 즉 의지, 느낌, 사고 속에서 경험하는 모든 사건 역시 영혼 속에서 벌어진다. 배고픔, 갈증, 성욕 등의 욕구는 아스트랄체 또는 영혼에서 솟아나지만 그 욕구를 충족하는 영역은 물질육체다. 그런 욕망 위에 이상, 정신적 가치, 진리의 빛이 비쳐 들어오면서 팽팽한 긴장이 형성된다.

자아 또는 에고라고도 부르는 '나'(일반 대명사가 아닌 고유한 자아를 지칭할 때는 작은따옴표를 붙인 '나' 또는 '자아'로 표기한다)는 영혼과 육체를 넘어서는 존재다. 자아 활동은 시간과 공간을 초월한 영역, 순수한 정신에서 기인하며, 우리에게 영원함과 연속성의 느낌을 부여한다. 이에 비해 우리 주변과 내면의 다른 모든 것은 잠시도 쉬지 않고 계속해서 변화한다. '나'의 활동을 통해 육체와 영혼은 하나로 엮인다. 물질육체는 '자아'가 거하는 집이다. '나'는 영혼 활동의 중심으로, 사고와 느낌 그리고 그것들을 변형시키기 위한 행위를 통해 작용한다. '나'는 사고를 통해 작용하며 그로 인해 우리는 정신과 연결된다. 또한 느낌을 통해 작용하며 그로 인해 우리는 자신이 개별 존재인 동시에 공동체의 일원임을 의식한다. 의지의 열매인 행위 속에서 '나'가 활동한 결과로 우리는 각 발달 단계에 적합한 형태로 개별성을 표현한다.

'나'는 인간 안에 살면서 인간을 빚고 조형하며 창조한다. 영혼의 영역에서 '나'가 드러나는 양태를 개성이라고 한다.

'나'를 향해 다가오는 모든 유혹에 굴복하는가? 절제하는가? 소망이나 꿈을 이루기 위해 목표를 세우는가?

한 마디로 우리는 어떤 모습으로 삶을 살아가고 있는가? '나'를 통해 어떤 노력을 해야 낮은 차원의 자아를 변형시키고, 육체와 영혼, 정신이 균형을 이루는 건강하고 조화로운 삶을 살 수 있을까?

사고, 느낌, 의지

살아가면서 인간은 사고, 느낌, 의지를 통해 자신을 표현한다. 하지만 이 세 영혼 활동 중 하나가 유독 두드러지는 시기가 있다. 예를 들어 영유아기에는 의지 또는 행동이 가장 강하다. 이 시기 아이들은 대개 의식적인 사고나 감정 없이 행동한다. 다른 사람의 행동을 보며 생각하거나 판단하지 않고 그대로 따라 한다. 이런 모방을 통해 아이는 걷기와 말하기를 배운다. 모방은 아이의 사고와 언어 습득 행위 속에서 작용한다.

7세부터 14세 아이들의 영혼 발달에서 가장 지배적인 것은 감정(느낌) 영역이다. 기쁨, 슬픔, 흥분, 차분함, 경이감, 공포를 느낄 때 아이들과 세상의 관계는 자극을 받고 활발해진다. 영혼의 감정 영역을 강화시키는데 아주 강력하면서도 효과적인 수단은 이야기다. 어떤 이야기(또는 영화, TV 프로그램, 비디오 게임)를 선택하느냐가 아이들의 도덕성 성장을 크게 좌우한다는 것도 이런 이유 때문이다. 폭력을 경험하는지 공감을 경험하는지에 따라 감정의 결은 크게 달라진다. 감정 영역이 건강하고 활발할 때 내면의 상상 세계 역시 건강하게 성장할 수 있다. 건강한 힘이건 그렇지 않은 힘이건 이 시기에 키워진 감정의 힘은 성인이 될 때까지 아이의 영혼 생활에 지속적으로 영향을 미친다.

14세부터 21세까지는 사고의 힘이 영혼 발달의 중심을 차지한다. 청소년은 사고 활동을 통해 의지를 통제하고 감정에 객관성을 부여하는 법을 배우고 사고 능력의 발달을 통해 아름다움이나 진리 같은 보편적 법칙을 탐구한다. 유아기에 건강한 움직임과 활발한 의지 활동을, 아동기에 도덕적 이야기와 풍부한 상상의 세계를 충분히 경험하는 것은 청소년기에 사고 능력을 발달시킬 수 있는 튼튼한 토대가 된다.

태어나서 21세까지 경험하는 의지, 느낌, 사고 활동은 성인기에 본격적으로 펼쳐질 삶의 씨앗이 된다.

사고, 느낌, 의지와 기질, 영혼 특성, 영혼 원형의 관계

이 책에서는 영혼의 세 가지 측면 즉, 기질, 영혼 특성, 영혼 원형에 대해 살펴볼 것이다. 세 측면은 각각 사고, 느낌, 의지라는 영혼의 힘 중 하나와 밀접하게 연결된다. 물론 하나가 전면에 드러나는 것일 뿐 다른 두 가지 힘도 늘 함께 작용하고 있음을 잊어서는 안 된다.

의지-기질

기질은 영혼에서 물질육체, 즉 의지와 가장 강하게 연결된 부분이다. 의지가 무의식적인 것처럼 기질 역시 그러하다. 기질은 습관처럼 내면에 깊이 뿌리 박혀 있으며 그만큼 바꾸기 어렵다. 기질은 아동기부터 본격적으로 발현되며 청소년기까지 삶을 대하는 방식에서 가장 주된 요인으로 작용한다. 청소년기 이후에도 기질의 영향력은 사라지지 않지만 그 때부터는 다른 요인들도 개성의 내용에 크게 작용한다. 성인이 된 후에는 '자아' 활동을 통해 주된 기질의 긍정적 측면을 발전시켜 타고난 기질을 변형할 수 있다.

감정(느낌)-영혼 특성

영혼 특성은 감정 패턴, 태도, 의사 표현 방식을 만든다. 일반적으로 사고의 유형이나 사고방식의 존재는 보편하게 인정하고 고려한다. 마찬가지로 감정에도 각자의 패턴이 있다. 감정 습관 또는 감정 패턴을 보면 만나는 사람이나 처한 상황, 하는 일과 어떤 식으로 감정적 관계를 맺는지를 알 수 있다. 이것을 '영혼 특성'이라고 부른다. 영혼 특성은 사춘기부터 발현되어 아동기부터 강하게 작용해온 기질과 영향을 주고받는다. 7가지 영혼 특성에 대한 이해가 깊어지면 배우가 다양한 인물을 소화하듯 각각의 특성을 자유롭게 이용할 수 있을 것이다.

사고-영혼 원형

영혼 원형은 인간에게 세상을 바라보는 12가지 시각을 제공한다. 원형은 사고방식과 세상 속에서 '나'는 누구인가에 관한 생각과 연결된다. 원형은 보편적이며 전 세계 동화, 신화, 전설에 두루 등장한다. 원형은 여러 방식으로 드러난다. 모든 사람의 배후에는 정신적 차원에 속한 그 사람만의 순수한 정신 원형, 이데아가 존재한다. 영혼 원형은 개인의 내면세계 속에 있는 것으로, 인생을 살다가 겪는 사건뿐 아니라 정신세계에서 가져온 요소에도 영향을 받는다. '자아'는 영혼 원형의 가장 높은 측면을 끌어내어 인간 존재의 핵심, 개인의 정신 원형을 최대한 가깝게 구현하도록 돕는다.

기질, 영혼 특성, 영혼 원형을 엮어 우리는 삶이라는 태피스트리를 짜나간다.

Ⅰ 성인기의 기질
_타고난 재능과 과제

우리의 과제는 기질을 통해 나와 다른 사람을 이해하는 것이지 기질 그 자체를 보는 것이 아니다. 우리의 목표는 다른 사람 역시 우리와 똑같이 정신을 가진 존재이며, 각자의 욕구와 관심, 이상과 해결해야 하는 과제를 지닌 귀한 존재임을 알아보는 데 있다. 다시 말해 인간 정신을 가능한 한 밀접하게 느끼고 지각하는 것이다.

본문 121쪽

기질이란?

갓 태어난 아기를 보면 물질육체의 완벽함에 탄성을 지르게 된다. 모든 출생은 하나의 기적이며, 모든 아기는 세상 누구와도 다른 유일무이한 존재다. 우리에게는 이런 개별성뿐만 아니라 세상 모든 사람과 공유하는 행동 양식도 있다. 생후 5, 6세까지 아이의 생명력은 물질육체 성장에 집중된다. 모든 아이는 보편 법칙에 따라 성장한다. 신생아 때는 머리도 못 가누다가 조금씩 목을 세우고 주위를 둘러본다. 그러다가 앉고, 기고, 마침내 두 발로 선다. 새로운 단계에 접어들 때마다 홀로서기를 향해 차근차근 성장해가는 아이에게 사람들은 환호를 보내며 기뻐한다. 이 시기 아이의 행동은 물질육체의 성장 및 성숙을 중심으로 이루어진다.

6, 7세 무렵부터 물질육체의 성장은 조금씩 정체되고, 젖니가 빠지기 시작한다. 이런 현상은 월경이 사춘기의 신체, 정서적 변화가 시작된다는 신호인 것처럼, 근본적인 차원에서 변화가 일어나고 있다는 신호다. 지금 아이에

게 새로운 능력이 탄생하는 중이다. 출생 후 지금까지 생명육체 (슈타이너 표현에 따르면 에테르체)의 형성력은 물질육체의 성장이라는 첫 번째 큰 과제에 집중해왔다. 첫 번째 과제가 일단락되어 가면 이제 그 힘은 새로운 과제에 쓰일 가능성을 갖게 된다. 에테르체의 '탄생' 또는 해방과 함께 자유로워진 생명력은 사고 활동에 쓰이기 시작한다. 또 신체 성장이라는 과제에서 풀려난 에테르체로 인해 아이 안에 있던 새로운 측면이 깨어난다. 이것이 바로 기질이다. 기질은 물질육체와 에테르체의 상호작용에서 생겨난다.

루돌프 슈타이너는 고대 그리스인들이 말한 것처럼 기질에 담즙, 점액, 다혈, 우울이라는 네 종류가 있다고 했다. 각 기질은 물질육체의 특정 부분과 연결된다.

점액질은 무거운 신체, 체액과 상관있다. 점액질 아이는 그 무거움을 강하게 느끼기 때문에 말도, 행동거지도 느리고 무겁다. 흔히 이 기질을 고요한 연못(하지만 잔잔한 물은 깊게 흐르는 법) 또는 큰 바다의 리드미컬한 파도에 비유한다. 가끔 거센 폭풍우가 치는 날도 있지만 그런 특별한 경우를 제외하면 이들은 한결같은 사람들이라 맘 놓고 믿고 의지할 수 있다. 자기 속도에 따라 찬찬히 일을 처리하고, 삶을 질서 정연하게 꾸리며, 쫓기며 일하는 것을 싫어하고, 소속 집단에 차분하고 안정된 분위기를 전파하며, 현재 상태를 유지하는데서 만족을 찾는다.

우울질은 신체를 무거운 짐으로 느낀다. 우울질 아이는 땅이 아래에서 잡아당기거나 근심 걱정이 짓누르기라도 하는 것처럼 고개를 푹 숙이고 걷는 경우가 많다. 이들은 신체와 깊이 연결되어 있으며, 까칠하거나 부드러운 옷의 감촉과 음식 질감에 예민하게 반응한다. 어떤 사람들은 우울질을 지나치게 섬세하거나 심지어 까다롭다고 여기지만 일부러 그러는 것은 아니다. 물질육체가 느끼는 바를 강하게 자각하기 때문에 어쩔 수 없이 나타나는 반응이다. 이런 관점에서 보면 우울질 아이가 두통이나 복통을 자주 호소하는 것을 충분히 이해할 수 있다.

다혈질 아이는 공기처럼 가벼우며 이 꽃 저 꽃 팔랑팔랑 날아다니는 나비를 닮았다. 의식이 신체 속에 차분히 자리 잡지 못하고 주위에 퍼져 있다. 발밑의 땅을 느끼기보다 주위에 존재하는 감정의 온기에 화답하듯 가볍게 사뿐사뿐 걷는다. 이들의 중심은 신경체계에 있기 때문에 시선이 끊임없이 이곳저곳을 옮겨 다니며 더듬는다. 작은 자극에도 쉽게 산만해지고 물건을 어디에 두었는지 잘 기억하지 못한다.

담즙질 아이는 신체에 온전히 중심을 잡고 근육 속에 단단히 뿌리를 내리고 있다. 다부지게 걸음을 내딛고 언제라도 행동에 나설 태세를 갖추고 있다. 그들은 불꽃처럼 뜨겁다. 폭발하기 쉽고, 순식간에 집단을 사로잡고 휘두르며, 자기만이 일을 되게 만들 수 있는 사람이라고 확신한다. 자기가 가장 옳고, 가장 강하며, 제일 먼저다. 이들은 무슨 일을 해도 자신의 신체가 감당할 거라고 믿어 의심치 않는다.

모든 아이가 네 가지 기질을 잠재적으로 모두 지니고 있지만 보통 한 가지 기질이 두드러진다. 사춘기에 접어들어 영혼 특성이 발현되면 기질과 영혼 특성은 함께 춤을 추며 엎치락뒤치락 어우러진다.

기질과 인생 주기

탁자 위에 빨강, 노랑, 파랑, 초록 물감이 담긴 네 개의 병, 그 옆에는 붓과 도화지가 있다. 모두가 잘 아는 이름을 대며 그 사람의 성격을 그림으로 표현해달라고 요청한다. 그는 말과 행동이 거칠고 공격적인 것으로 유명하다. 한 가지 색만 써도 되고 여러 색을 섞어 써도 상관없다. 완성된 그림을 보면 대부분 도화지 어딘가에 아주 강한 빨강을 사용했을 것이다. 반면 온화한 성품으로 평판이 자자한 사람을 생각하며 그린 그림에는 파랑이 단연 우세할 것이다. 그리고 그 사람을 개인적으로 얼마나 잘 아는지, 다른 모습을 볼 기회가 얼마나 많은지에 따라 다른 색을 조금씩 다른 비율로 사용할 것이다.

다음 날 같은 그림을 한 번 더 그려본다. 전날 그림과 비교해보면 조금 달라졌을 것이다. 셋째 날도 같은 그림을 그린다. 네 가지 색깔의 비율과 관계는 계속 달라져도 중심 색조는 큰 차이 없이 비슷할 것이다. 색깔 선택은 결국 자신의 문제이기 때문이다. 우리의 사고, 감정, 이상, 질투 등 타인과

삶을 대하는 기본 태도와 스스로에 대한 느낌이 색을 통해 역동적으로 표현
된다. 여기서 드러나는 것은 물질 색이 아니라 영혼의 색이다. 물감의 색을
고르면서 표현하려하는 것이 바로 기질이다.

다른 사람을 대할 때도 성향에 따라 각기 다른 반응을 보인다. 문이 열
리면 누굴까 궁금한 마음에 자리에서 벌떡 일어나는 사람이 있다. 언짢아하
며 들어오려는 사람 면전에서 문을 쾅 닫는 사람도 있다. 누가 오든지 말든
지 아랑곳하지 않고 안락의자에 몸을 파묻은 채 책만 읽는 사람도 있고, 위
험한 일이나 문제가 생겼을까봐 반사적으로 방어 자세를 취하며 뒤로 주춤
물러나는 사람도 있다. 이런 태도는 모두 기질의 표현이다.

기질을 처음 언급한 사람은 히포크라테스Hippocrates다. 2세기 경 그리
스의 의사 갈렌Galen도 기질에 주목했다. 기질Temperament은 '섞다, 결합시
키다. 혼합하다'라는 뜻의 라틴어 동사 템페라레temperare에서 유래한 단어
로, 체액의 혼합과 균형, 그것이 영혼에 미치는 영향을 가리킨다. 물질육체
가 영혼에 영향을 준다는 개념은 (조금씩 변형되기는 했지만) 19세기까지 보편
하게 인정받았다. 하지만 존 로크John Locke를 필두로 한 계몽주의의 관점은
달랐다. 계몽주의자들은 인간이란 아무 것도 쓰지 않은 하얀 종이 같은 존
재이며, 주변에서 오는 감각 인상으로 채워진다고 설명했다. 로크를 비롯한
계몽주의 사상가들은 신체 조직이 영혼에 영향을 미칠 뿐 그 반대는 성립
하지 않는다고 보았다. 1900년대 이후 이른바 '선천성 대 후천성' 논쟁은 후
천성 쪽으로 완전히 기울어 1900년부터 1970년대까지는 후천적 양육이 인
격 형성에 가장 지배적인 요인이라는 견해가 주도했다. 이런 주장을 펼친 사
람들 중에는 이반 파블로프Ivan Pavlov나 B.F.스키너Skinner와 같은 행동주

I 성인기의 기질_타고난 재능과 과제

의자도 있다. 지그문트 프로이드Sigmund Freud는 모든 아이가 태어날 때는 동일하지만 부모의 태도와 환경 때문에 반응과 행동이 달라진다고 설명했다. 외부영향을 이처럼 중요하게 강조하는 현대 심리학 이론에서 기질은 고려 대상에서 완전히 제외되었다.

미국 심리학계에서 기질에 대한 관심이 시들해진 데는 신체생리학이 행동에 영향을 미친다는 견해가 인종에 따라 열등한 집단과 우월한 집단이 있다는 주장의 근거로 악용될지 모른다는 우려도 한 몫을 했다. 이 때문에 모든 아이가 태어날 때는 동등하며, 사람마다 행동양식이 다른 것은 후천적 환경과 기회의 문제일 뿐이라는 주장이 전면에 부각되었다.

하지만 1970년대부터 기질에 주목하는 심리학자들이 생겨났다. 영유아를 연구하는 과정에서 그들은 생물학적, 신경학적 영향에서 기인한 것으로 보이는 행동의 질적인 차이에 주목했다. 동일한(또는 유사한) 환경에서 자란 동물과 인간이 행동양식에서 엄청난 차이를 보이는 사례를 접하면서 그 차이가 어디서 오는지 의문을 갖게 되었고, 기질별 전형적 행동에서 드러나는 생리학적, 유전적 차이를 찾기 시작했다. 하버드 대학 심리학 교수 제롬 케이건Jerome Kagan은 이렇게 말했다.

인간 기질에 대한 연구는 지금까지 지엽적인 차원에 머물러왔다… 기질이라는 현상은 과학 실험 대상으로 삼기가 용이하지 않으며, 보편한 현상이 아닌 사람들 간의 차이를 다루기 때문이다. 하지만 나는 이런 분위기가 미래에는 달라질 거라고 생각한다. 심리학이 뇌 과학과 아직 밀접한 관계를 유지하고 있기 때문이다. 신경과학은 생물학의 한 분야이며, 생물학은 예외를 다루는 학문이다. 모든 생물종은 생리학, 해부학, 행동의 세부사항이 저마다 다르다. 심리학자들이 이 사실에 주목한다면 인간 행동의 영역에서도 대부분 어떤 사건에 특정한 방식으로 반응하는 것은 극히 소수에 불과하며, 항상 똑같은 결과가 나오리라 기대할 수 없음을 깨닫게 될 것이다. 이런 원칙을 받아들이는 순간 '왜 그런가?' 하는 질문이 생길 수밖에 없다. 그런 때가 온다면 기질에 대한 연구는 고대 그리스와 로마, 중세와 르네상스 시대처럼 심리학 연구의 주요 관심사가 될 것이다. 이런 변화의 조짐이 1960년대부터 시작되고 있다. (제롬 케이건, 『갤런의 예언: 인간 본성에 있어서의 기질Galen's Prophecy: Temperament in Human Nature』New York: Basic Books, 1924, p 28)

루돌프 슈타이너는 1919년 발도르프 교육을 시작하면서 기질에 대해 이야기했다. 교사가 기질을 이해하면 아이들의 행동을 예리하게 관찰하는 눈이 생기며, 특정 행동이 고집스러운 성격 또는 어떤 외부 요인이 아니라 생리적-심리적 원인의 산물임을 알아볼 수 있게 된다는 것이다. 또 모든 사람이 4기질의 영향을 모두 받으며, 지배적 기질은 특정 행동을 결정짓는 요인이라기보다 경향성으로 보아야 한다는 점을 강조했다. 슈타이너의 관점에 따르면 특정 행동의 원인은 아이 내부와 외부 양쪽에 존재한다. 슈타이너는 타고난 개별성을 존중하는 한편 아이의 성장 발달에 환경과 교육 방법론 모두 중요함을 역설했다. 여기서 핵심은 선천성(본성)과 후천성(양육) 중 무엇이 맞고 틀리냐가 아니라 둘 다 중요하다는 점이다.

기질은 심리적, 신체적 특성을 통해 드러나며, 크게 우울질, 점액질, 다혈질, 담즙질이라는 네 가지 범주로 나눈다. 모든 사람이 네 기질 전체로 생각과 의도를 표현할 잠재력을 갖고 있지만, 대부분 특정 시기마다 한두 가지

I 성인기의 기질_타고난 재능과 과제

기질이 지배적으로 작용한다. 좋은 기질이나 나쁜 기질은 없다. '자아'가 어떤 기질에 더 쉽게 침투할 수 있는 시기와 상황이 있다. '성숙도'에 따라 '자아'는 지배적 기질에 종속되지 않고 이타성이라는 가장 고귀한 인간 자질을 펼칠 수 있다. 성숙 정도가 낮을 때는 기질이 이타성의 발현을 가로막는 장애물이나 이기주의 또는 자기중심주의의 원천이 된다. 성숙을 향한 여러 단계를 거치면서 '자아'는 기질을 통제하는 힘을 얻고, 기질을 변형시키기 위해 노력한다. 주변 사람이 나이가 들면서 친절하고 괜찮아진다고 느낄 때 우리는 그들 역시 이런 발달 과정을 거치며 노력하는 존재라는 사실을 깨닫는다.

* "롤린스 부인은 예전에 정말 일방적이고 공격적이었는데 나이가 들면서 아주 부드러워지셨어요. 이제는 그분과 같이 시간을 보내는 것이 즐거운 일이 되었답니다." "한스테드 씨는 말도 못하게 부산하고 정신없었지요. 뭘 시작하면 끝내는 적이 없었어요. 하지만 얼마나 유쾌하고 매력적인 분이었는지 몰라요. 도저히 모질게 대하지를 못하고 자꾸 봐드리게 되더군요. 이제 나이가 들더니 훨씬 믿음직하고 책임감 있는 사람이 되었어요." "스톤 할머니는 아주 다정하고 친절한 분이에요. 그분이 옛날에 자기연민에 빠진 고집불통이었다는 게 믿기지가 않아요."

* "앤드류는 한결같고 언제나 날 받아주는 친구야. 얼마나 고마운지 몰라." 이 말을 듣고 앤드류를 어릴 때부터 알고 지내던 다른 친구가 이렇게 대꾸한다. "정말 그래. 하지만 어렸을 땐 그렇게 인내심이 많지 않았어. 그땐 냉정하고 자기밖에 모르는 녀석이었지."

기질은 유아기 동안 천천히 발달하다가 5~7세 무렵 처음 모습을 드러낸다. 기질이 가장 강하게 발현되는 것은 7~14세 시기다. 이는 아이들이 주변 영향을 가장 많이 받는 시기이기도 하다. 14세가 지나면 자신이 어떻게 행동하는지를 점차 의식하고, '자아'가 탄생하는 21세 이후부터는 의식적으로든 무의식적으로든 기질에 적극적으로 관여하기 시작한다. 이 노력은 삶을 마치는 순간까지 계속 된다.

덴마크 심리학자 크누트 아스본 룬트Knud Asbjorn Lund의 『다른 사람 이해하기Understanding Our Fellow Men』는 인생의 주요 단계마다 기질이 어떻게 달라지는지를 이해하는데 많은 도움을 준 귀중한 책이다. 기질의 변형 과정을 이해하기 위해 인생을 세 시기로 나누어 살펴보자.

1단계 *자기중심기 혹은 미성숙기* 이 단계에서 인간의 행동은 기본적으로 이기심에서 비롯한다. 자신을 최우선하는 것(이기주의)이 당연하다고 믿으며, 자신의 중요성(자기중심주의)을 지나치리만큼 강하게 느낀다. '내'가 세계의 중심이고, 세상 모든 일이 어떤 식으로든 '나'를 중심으로 돌아간다. 성장 중인 물질육체의 영향을 강하게 받으며, 물질육체를 자신과 동일시한다.

2단계 *인생 경험기* 인생 경험이 쌓이면서 나뿐만 아니라 다른 사람도 배려해야 함을 깨닫는다. 두 번째 단계는 영혼 발달에서 아주 중요한 시기다. 자아의 정체성은 느낌, 사고, 행동 및 내적, 외적 경험과 연결되며 확장된다. 자신을 위한 욕구와 고귀하고 이타적인 가치 사이에서 갈등한다.

3단계 *성숙기* 지금까지 쌓은 경험을 통해 자신만의 관점을 얻고, 보다 넓고 명확한 시야로 세상을 바라본다. 영혼을 통제하는 힘이 생기면서 자아의 높은 측면이 분명하게 드러날 수 있도록 영혼을 가꾸고 다듬는다. 더 많이 베풀고 요구를 적게 할수록 큰 기쁨을 얻는다고 여긴다.

나이를 먹으면서 자연스럽게 미성숙에서 성숙 단계로 넘어가는 것이 보통이지만, 어릴 때부터 이타성을 자연스럽게 실천하는 사람도 있고, 나이가 아무리 많이 들어도 여전히 이기적이고 철없이 행동하는 사람도 있다.
이제부터는 네 기질의 변형 과정을 하나씩 살펴볼 것이다. 대부분의 사람들에게 주된 기질이 하나 이상 있음을 기억해두자.

우울질

1단계　일반적으로 우울질들은 스스로에게 완전히 몰두한 나머지 다른 사람의 상태를 잘 알아차리지 못한다. 인생을 슬프고 우울한 것이라 여긴다. 이 단계 우울질들은 연민을 요구하고, 자기 내면만을 바라본다. 자신에 대해서는 공감을 바라면서도 다른 사람에게는 별로 공감을 베풀지 않는다.

2단계　이 단계에 접어든 우울질들은 이기심과 자기희생 사이에서 갈등한다. 이기적으로 굴지 않으려 노력은 하지만 그 상태를 유지할 힘이 부족하기 때문에 결국 이기심에 굴복하고 만다. 위기와 번민을 되풀이 하는 것이 이 시기의 주요 특징이다.

3단계　이제는 다른 사람에게 가치 있게 쓰일 때 가장 큰 만족을 얻으며, 이런 방향으로 행동할수록 풍요로워진다고 느낀다.

점액질

1단계   자기 울타리 안에 안전하게 머무르고 싶어 한다. 균형 잡힌 생활을 영위하면서 낯선 요소나 외부에서 들어오는 모든 자극을 무시한다. 고집불통에다 자기 몸 편한 것이 최대 관심사다.

2단계   조금씩 다른 사람의 요구에 귀기울이기 시작한다. 변화의 가능성이 열리기는 했지만 아직은 기꺼이 받아들이지 못하고 저항한다. 낯설고 새로운 것을 만나면 경계하면서 아주 조금씩 다가간다. 그것도 제 발로 찾아나서는 일은 없고 다른 사람이 가져온 자극에 반응하는 정도다. 변화를 불편하게 느끼면서도 때로는 변화가 필요하다는 사실을 인정한다.

3단계   자신뿐 아니라 타인의 필요에도 민감하게 반응한다. 이들은 보수적이며, 신의 있고, 강직하며, 지조 있고, 맡은 일을 작은 부분까지 꼼꼼하고 끈기 있게 수행하고, 주변 사람과의 관계에서도 참을성을 발휘한다.

다혈질

1단계   감정적이며 극도로 변덕이 심하다. 새로운 건 다 해보고, 계속해서 신기하고 재미있는 것을 찾아 헤맨다. 타고난 매력을 무기로 사람들 마음을 사로잡고, 필요하면 다른 사람을 이용한다. 유리할 때는 관대하고 태평스럽게 넘어가다가 책임을 져야할 상황이 되면 다른 사람에게 떠넘긴다. 수많은 프로젝트를 시작하지만 끝내는 것은 거의 없다.

2단계   좋은 의도는 많지만 계획을 끝까지 끌고 갈 힘이 부족하다. 온 갖 근사한 생각을 멋진 말솜씨로 늘어놓지만 막상 그 계획들 이 실현되지 않으면 어떤 상황에서도 변명거리를 찾고 빠져나 갈 구멍을 만든다. 재미나게 살고 싶은 욕구와 책임감 사이에 서 갈등한다.

3단계   이제는 어느 정도 자기를 통제할 줄 안다. 사랑스럽고 관대하며 직관이 뛰어나다. 여전히 새로움과 도전을 즐기면서도 다른 사 람들에게 도움이 될 결과를 내고 싶어 한다.

담즙질

1단계   고집이 세고 의지가 강하다. 뭐든 자기 방식으로 밀고 나가려고 한다. 이견이나 반대를 만나면 더 강압적으로, 때로는 난폭하게 자기중심성을 드러낸다. 지도자 자질을 타고난 사람들이지만 혼 자 모든 걸 독점하고 위압적인 태도로 군림하려 든다.

2단계   다른 사람들에게 관심을 갖기 시작하고 자신들도 충분한 지성 과 능력을 갖춘 존재임을 깨닫는다. 너무 나서지 않으려고 애를 쓰지만 자기가 하면 더 잘할 수 있다는 생각과 타인을 존중하 려는 마음 사이에서 갈등한다. 여전히 권력을 원하고 일이 효율 적으로 잘 진행되기 위해서는 자기가 주도권을 쥐고 있어야 한 다고 확신한다.

3단계   이제 다른 사람을 존중할 줄 안다. 자신의 기술과 조직력을 타

인을 위해 사용하는 온화한 지도자다. 겸손하게 자신을 낮출 줄
알고, 다른 사람의 성취에 진심으로 기뻐한다.

인생에도 시기마다 각각의 기질적 특징이 있다. 자의식 없는 자기중심주
의와 무한한 기쁨으로 넘치는 아동기는 다혈질의 특성을 지닌다. 행동하고
미래를 세워나가는 시기인 청년기는 담즙질이다. 시련과 좌절, 불안과 걱정
으로 가득 찬 중년은 우울질이다. 삶을 있는 그대로 수용하고 야망과 번뇌
에서 초연해지는 노년은 점액질이다. 우울질에게 삶은 근심걱정이고, 점액질
에게는 편안함, 다혈질에게는 모험, 담즙질에게는 일이다.

{ 우울질 } '왜 난 뭘 해도 되는 일이 없을까?'

우울질의 특징 중 하나는 '잔에 물이 반 밖에 안 남았다'는 부정적인 시선
과 자신을 희생자로 여기는 태도다. 어린아이도 노인네처럼 터덜터덜 무겁
게 걷는다. 체형은 보통 호리호리하고 발걸음은 망설이듯 머뭇거린다. 얼굴
과 어깨를 축 늘어뜨리고 고개를 푹 숙인 자세가 전형적이다. 자기 생각 안
에 갇혀 있으며 작고 억눌린 듯한 소리로 말한다. 우물거리거나 말끝을 흐
리는 경향이 있다.
　우울질은 자기 신체를 불편하게 여기기 때문에 조그만 통증과 이상 증
상도 민감하게 느낀다. 옷이 잘 맞는지 옷감이 까칠한지 부드러운지에 과도
하리만큼 예민하게 반응한다. 몸이 좋지 않다고 자주 하소연하고 활기가 없
다. 사소한 감기 증상까지 자각하고 들어주는 사람만 있으면 어디가 어떻게

아픈지 미주알고주알 얘기하고 싶어 한다. 극단적인 우울질들은 자기 안에 완전히 사로잡혀서 다른 사람에게 전혀 주의를 기울이지 못한다. 이런 특징 때문에 우울질을 부정적이고 나쁜 성격으로 간주하기도 한다.

하지만 긍정적인 측면도 많다. 균형 잡힌 우울질들은 타인의 상태에 민감하게 반응하고, 다른 기질들은 못보고 넘어가거나 심지어 우습게 여기는 특성을 이해한다. 다른 사람들보다 훨씬 사려 깊고 다정하게 돌보기도 한다. 이런 모습은 특히 우울질 아이에게서 자주 볼 수 있다. 이들이 성인이 되면 예민한 감지 능력을 타인을 이해하는데 의식적으로 활용할 수 있다. 이들은 아무도 자기를 알아봐주지 않는 기분이나, 항상 웃지 않는다는 이유만으로 화나거나 기분이 상했냐고 넘겨짚는 말을 듣는 기분이 어떤지 잘 안다. 특히 다른 우울질들과 함께 일할 때 중재 역할을 할 수 있다.

우울질들은 미적 감각이 뛰어나고 주변 분위기를 잘 맞춰주는 경우가 많다. 아름다움을 갈망하며 미적 가치를 가진 것을 알아본다.

잠은 우울질들에게 피난처다. 옆 사람이 깰 정도로 코를 골며 잘 자놓고도 늘 잠이 충분하지 않다고 느낀다. 쉽게 일어나지 못하고 이불 속에서 뭉그적대고, 억지로 깨우는 것을 싫어한다. 새로운 하루라고 해봤자 골치 아픈 문제가 어제보다 몇 개 더 생기거나 심하면 새로운 실패를 맛볼 가능성만 늘어날 뿐이기 때문이다. 이렇게 암울한 세상을 대면하기 위해서는 엄청난 의지를 내야 할 텐데 생각만 해도 온 몸에 힘이 빠지고 의욕이 꺾인다. 이러니 이불 밖으로 나오기가 그렇게 어려울 수밖에. 이들에게 자연의 아름다움을 만끽하거나 다른 사람을 위해 특별한 일을 할 기회를 주면 새로운 하루를 기쁜 마음으로 적극적으로 맞이하는데 큰 도움이 된다.

실제로 우울질들은 다른 사람보다 훨씬 무거운 짐을 지고 살아간다고 생각하며, 그런 느낌을 체념하는 태도로 받아들인다. 사람들이 일부러 상처를 주거나 인생을 비참하게 만든다고 생각하는 경향이 있다. 온갖 걱정을 사서 하며 오늘은 또 무슨 일이 내 하루를 망치고 앞길을 방해할까 찾아다닌다. 우울질 아이는 집 밖에서 자는 캠프나 수학여행, 친구 집에서 열리는 잠옷 파티에 가기를 꺼린다. 일이 잘못 되거나 불행한 일이 생길 모든 경우의 수를 상상한다. 어른이 되어서도 실패에 대한 두려움 때문에 새로운 기술을 익히거나 낯선 분야에 도전하지 못하고, 아무도 말을 걸어주지 않을지 모른다는 두려움 때문에 새로운 집단에 들어가기를 꺼린다. 지난 세월을 돌아볼 때 우울질들은 힘들고 괴로웠던 기억, 일이 제대로 풀리지 않았던 부분만 주로 떠올린다. 좋은 친구가 있어 그런 기억에 맞장구치는 동시에 농담과 유머로 새롭게 바라보게 해준다면 큰 도움이 될 것이다. 자기 모습을 보며 웃음을 터뜨리는 것은 우울질들에게 엄청난 성장이다.

우울질에는 전형적인 완벽주의자가 많다. 일처리가 꼼꼼하며 맡은 일이 흠잡을 데 없이 완벽하게 진행되기를 바란다. 어쩌다 실수라도 저지르면 원래 자기는 제대로 하는 일이 없는 실패자였다며 될 대로 되라는 심정으로 아예 일을 망쳐버리기도 한다. 우울질 아이의 방을 청소하다가 휴지통에서 숙제뭉치를 발견할 수도 있다. 전날 밤 끙끙거리며 수없이 시도하다가 아무래도 성에 차지 않아 결국 전부 쓰레기통에 처박아버리고 그냥 학교에 간 것이다. 아이가 빈손으로 학교에 왔을 때 교사는 단순히 숙제를 안했다고 생각하겠지만 실상은 달랐다. 우울질 청소년은 이렇게 완성하지 못한 과제를 '실패'의 기억으로 마음에 차곡차곡 쌓아놓는다. 그러면서 어차피 결과가 형편없을 테니 애쓰고 노력할 이유가 없다고 되뇐다. 엄청난 과제를 만나면 중압감에 그대로 얼어버리기도 한다. 우울질 성인도 똑같은 이유로 인해 프로

I 성인기의 기질_타고난 재능과 과제

젝트에 손도 대지 못하고 차일피일 미루며 미적거리기도 한다.

하지만 일단 흥미가 생기면 그 일에 완전히 몰입할 수 있다. 우울질들에게는 깊이 숙고하고 철저히 연구할 수 있는 힘이 있다. 그들은 깜짝 놀랄만한 에너지를 발휘하고 가능한 모든 수단을 강구해 철두철미하게 일을 처리한다. 우울질 특유의 꼼꼼함이 빛을 발하는 순간이다. 독창적이고 기발한 해결책을 찾아내는 경우도 많다.

우울질들에게는 친구 사귀기가 쉬운 일이 아니다. 일반적으로 우울질들은 혼자 있기를 좋아하며 속을 터놓을 친구는 많아봐야 한두 명에 불과하다. 이들에게는 신의 있고 진실하게 대한다. 하지만 어쩌다 믿었던 친구에게 배신을 당하거나 그렇게 느끼면 깊이 상처받고 '사람을 믿어서는 안 된다'는 평소의 신념을 더욱 공고히 다진다. 관심사가 같은 사람과는 강한 유대감을 형성하지만 그 영역 밖에 있는 다른 사람들에게는 전혀 신경 쓰지 않는다. 이 같은 외톨이 기질과 잘 어울리지 못하고 겉도는 느낌으로 인해 주변에서는 이유없이 괴롭히거나 놀려먹고 싶은 마음을 갖기도 한다. 이는 세상이 거칠고 살기 힘든 곳이라는 믿음을 강화시키는 역할을 한다.

앨런 밀른A.A. Milne은 『아기 곰 푸』에서 우울질을 아름답게 묘사했다. (The Complete Tales & Pomes of Winnie-the-Pooh. NY:Dutton, 2001)

늙은 회색 당나귀 이요르는 개울가에 서서 물에 비친 자기 모습을 가만히 들여다보았어요. "처량하다. 정말 처량해. 어쩜 이렇게 애처롭고 처량한 몰골일까."
이요르는 몸을 돌려 천천히 터벅터벅 길을 따라 한 20미터쯤 내려간 다음, 철벅철벅 개울을 건너 개울 반대편으로 갔어요. 그리고 물에 비친 자기 모습을 다시 한 번 들여다보았지요.

"역시 그럴 줄 알았어. 여기서 봐도 똑같네. 하지만 누가 신경이나 쓰나. 아무도 나한테 관심 갖지 않아. 처량해. 정말 처량해."(70쪽)

다음은 얼마 뒤 이요르의 생일날 아침에 친구와 나눈 대화다.

"좋은 아침이야. 이요르." 피글렛이 큰 소리로 말했어요.

"좋은 아침이야, 피글렛. 좋은 아침이란 게 있다면 말이지. 잘 모르겠네. 뭐 그게 중요하단 얘긴 아니고."(82쪽)

우울질 성인은 이런 기분으로 하루하루를 산다. '인생은 계속해서 요 모양 요 꼴일 테고, 결국에는 모두 자기에게서 등을 돌릴 테고.' 이런 불길한 예감과 자기 연민이 언젠간 모두 현실로 입증될 거라 확신한다.

*제임스는 동료들이 의도적으로 따돌린다고 느낀다. 스키 타러 가자는 초대장이 왔는데, 프린터로 출력한 종이를 봉투도 없이 모두의 편지함에 한 장씩 꽂아놓았기 때문이다. 누굴 초대하려면 직접 찾아와 꼭 참석했으면 좋겠다고 정중히 부탁해야 하는 거 아닌가. 얼굴을 보고 초대하는 것과 단체 편지를 보내는 건 전혀 다른 일이다.

누구나 가끔은 우울한 생각에 빠질 때가 있지만 강한 우울질들은 매일 그런 기분에 사로잡혀 산다. 생각이 한쪽으로 고정되면 관점을 바꾸기가 무척이나 어렵다. 자기를 너무 중요하게 여기기 때문에 객관적인 눈으로 상황을 보거나 자기 실수를 알아보지 못한다. 스스로를 농담거리로 삼거나 자기 모습을 보며 웃기가 어렵다. 쉽게 결단을 내리지 못하기 때문에 (혹시 잘못된

I 성인기의 기질_타고난 재능과 과제

결정을 내리면 어쩌지?) 행동이 굼뜨고 망설이기만 하는 경우가 많다.

우울질들은 공감을 간절히 원한다. 누군가 자기 마음을 알아주면 전적으로 매달린다. 지지하던 사람이 질려서 도망갈 정도로 집착하기도 한다.

이 기질은 지금껏 살면서 인생에 대한 실망을 무수히 겪은 중년이나 노년들에게서 두드러진다. 아직 살아갈 날이 많이 남은 아이들이 이런 우울한 정서를 갖는 것은 썩 어울리지 않아 보인다. 하지만 사는 게 힘들다고 느끼는 아이들은 분명히 있으며, '기운 내!' 같은 격려는 (우울질 어른들이 그런 충고에 콧방귀를 뀌듯이) 아무런 도움이 되지 않는다.

1단계

이 단계 우울질의 관심대상은 오직 자신뿐이다. 마음 깊은 곳에서는 그들도 타인을 위해 손을 내밀고, 노인이나 다친 동물, 실망과 고통을 겪는 사람들에게 깊은 공감을 보이며 보살펴주고 싶지만, 뿌리 깊은 이기심이 다른 사람들로 향하는 길을 가로막는다. 자기가 우주의 중심이고, 모든 행동의 목적은 자신을 향한다. 자기 안에 갇혀 그 너머를 보지 못한다.

일생일대의 기회가 늘 비껴간다고 생각한다. 자기 연민에 사로잡혀 돈과 권력의 정점에 서보겠다고 이를 악물고 노력하기도 한다. 하지만 안타깝게도 기질을 변형시키지 못하면 그 한계로 인해 원하는 열매를 거두기가 어렵다. 동료는 제대로 도와주지 않고 부하 직원은 자기를 넘어뜨릴 기회만 호시탐탐 엿보기 때문에 실패는 불 보듯 당연하다고 여긴다. 들어주는 사람이 있으면 몇 시간이고 우는 소리를 늘어놓는다. 그런 유형이 반복되면 친구들조차 슬슬 피하기 시작한다.

이런 상황을 극복하도록 도와줄 몇 가지 방법이 있다. 신세를 한탄하거나 어려움을 호소할 때 무시당한다고 느끼게 하지 말아야 한다. 그런 반응은 외톨이라는 느낌만 가중시킬 뿐이다. 오히려 적극적으로 질문을 하는 것이 좋다. 충분히 대답할 시간을 주고 문제가 어느 정도 분명해지면 바로 다른 측면에 대해 질문하고, 대답이 끝나면 또 다른 측면에 대해 묻는다. 다른 사람과 대화하다보면 갇혀있던 자기 시야에서 자유로워질 수 있고, 하소연을 하면서도 그 속에 빠져 허우적거리지 않을 수 있다. 한참 속 시원히 털어놓고 더 이상 할 말이 없어지면 만족스럽고 편안해진다.

친구의 선의를 악용하는 버릇이 들면 아예 타인을 맘대로 조종하려 들거나, 모든 일을 제 멋대로 하는 독재자가 되기도 한다. 친구와 가족은 적당한 선을 긋고 '이제 그만하면 됐다'고 단호하게 말할 줄 알아야 한다. 우울질들은 예민하고 쉽게 상처받기 때문에 뜻이 좌절되면 회복할 수 없을 거라 오해하는 경우가 많지만 사실은 정반대다. 이들에게는 경계가 반드시 필요하다. 적절한 경계를 세워주지 않으면 자기애의 늪에 사로잡혀 더 이상 성장하지 못한다.

가끔씩 우울의 나락에 떨어지면 지금까지 애써 관계를 만들며 다가가려 했던 사람들과 연락을 끊고 잠적해버리기도 한다. "어차피 아무도 신경 안쓸 거잖아." 스스로를 학대하고 괴롭히면서 지켜보는 사람들의 마음이 아팠으면 좋겠다고 생각한다. "후회하겠지. 다들 내 장례식에 와서 눈물을 뚝뚝흘리며 미안해할 거야." "두고 봐. 완전히 망가져줄 테니까. 그러면 나를 함부로 대했던 걸 정말로 후회하게 될 거야." 1단계에 머물러 있는 우울질들에게 삶은 불안과 자기 연민으로 점철되어 있다.

1단계에서 2단계로 넘어가는 이정표는 공감이다. 다른 사람에게 공감을 느끼고 관심을 가질 때 우울질은 이기주의를 극복하고 깊은 자기애에서 벗어날 수 있다. 취미나 큰 과제에 몰입하는 것도 자신을 잊어버리는 좋은 방법이다. 그럴 때는 조언이 필요한 사람을 기쁜 마음으로 돕고, 상대방에게 인내심과 참을성을 발휘한다. 공통 관심사로 연결될 때 우울질들은 아주 멋진 대화상대가 될 수 있다. 그런 순간에는 늘 따라다니던 우울과 고뇌를 잊는다.

2단계

이 단계에서도 우울질들은 여전히 힘들어한다. 다른 사람을 이해하고 공감한다는 게 어떤 느낌인지 분명히 경험하고 덕분에 가끔은 이기심을 넘어설 수 있지만, 이기심과 이타심 사이의 갈등은 아직 현재진행형이다. 이 갈등이 일상에서 볼 수 있는 낮은 자아와 높은 자아 사이의 격렬한 투쟁으로 증폭되기도 한다. 이럴 때 우울질들은 자기중심적 태도와 자기를 내려놓으려는 마음 사이에서 롤러코스터를 탄다.

이럴 때 주위에서 안쓰럽게 여기면서 한결같은 공감을 보내주는 것보다 오히려 주변 사람들을 위해 뭔가를 해달라고 적극적으로 요청하는 편이 훨씬 낫다. 이들에게 요구하는 것을 겁내지 말라. 처음에는 할 일이 얼마나 많은지 아냐며 바빠서 안 된다고 손사래를 칠지 모르지만 사실은 부탁받은 일을 제대로 못할까봐 두려워하는 것일 수 있다. 일단 수락하면 다른 사람을 위해 시간과 에너지를 쓸 기회가 온 것을 감사하고 기뻐할 것이다. 특유의 자기애가 틈만 나면 고개를 쳐들고 훼방을 놓지만 근본적으로 우울질들은 타인을 위해 봉사하기를 갈망한다. 이타적으로 행동할 기회를 만나는 것이 다른 어떤 기질보다 우울질에게 큰 축복이다.

이들의 행동을 잘못 해석하기가 쉽다. 사실은 부탁을 들어줄 생각이면서 입으로는 안한다고 말할 때가 있다. 왜 그럴까? 사람들이 간청하거나 적어도 설득해주기를 원하기 때문이다. 자신이 간절히 필요하다는 확신을 얻고 싶어 한다. 몸이 안 좋다거나 시간이 없다며 거절하는 시늉을 했는데 곧이곧대로 듣고 부탁을 거둬들이면 실망하거나 심지어 화를 내기도 한다. 우울질 친구를 둔 사람들은 짐짓 밀어낼 때와 진짜로 거절할 때의 미묘한 차이를 잘 구분해야 한다.

자신을 이해해주는 믿음직한 친구 집단을 만드는 것은 우울질들에게 엄청난 성장이다. 이기심을 완전히 극복하고 자기희생이라는 세 번째 단계로 넘어가는 것은 이들에게 대단히 어려운 일이다.

도움이 필요한 상황을 파악하고 누가 부탁하지 않아도 스스로 나설 때 세 번째 단계로 가는 큰 문턱을 넘는다. 이렇게 행동할 때 훨씬 편안해진다. 마음 깊은 곳에서는 타인을 위해 일할 때 자기 삶이 진정으로 가치 있게 됨을 알기 때문이다. 이런 인식이 세 번째 단계로 들어섰다는 신호다. 하지만 '다른 사람에게 손을 내밀까 아니면 모른 척 물러날까?' 하는 두 본성 사이의 힘겨루기는 여전히 끝나지 않는다. 주변 사람들이 이런 마음 속 갈등을 이해하지 못한다면 이들이 스스로를 극복하도록 도와 줄 기회를 놓칠 수 있다.

3단계

두 자아의 싸움에서 높은 자아가 승리하면 (물론 가끔씩은 옛날 모습이 튀어나올 때도 있지만) 세 번째 단계에 접어들었다고 할 수 있다. 이제는 자신보다 다른 사람들에게 훨씬 많은 관심을 갖는다. 타인에게 도움이 되는 것이 살아가는 목표가 되고, 그 속에서 진정한 의미를 찾는다. 이 단계에 이른 우울질들은 온화하고 자상하며 사랑이 가득하다. 이전 단계의 비관적인 태도가 변형된다. 더 이상 도와달라는 요청이 올 때까지 앉아서 기다리지 않는다. 다른 사람에게 공감과 이해를 표현하기 시작한다. 한 마디로 자기중심성을 벗어나 타인의 필요를 느끼고 거기에 반응할 수 있는 사람이 된다.

시간이 지날수록 타인의 요구에 귀기울이고, 인생에 좋을 때와 나쁠 때가 있다는 것과 주어진 삶을 어떤 태도로 대할지는 각자의 선택이라는 인식이 점차 두 번째 천성으로 자리 잡는다. 완벽한 인간의 경지에 이르렀다는 뜻이 아니라 세 번째 단계의 상태를 편안하게 받아들이게 되었다는 뜻이다. 이제는 일이 생길 때마다 이기와 이타 사이에서 갈등을 겪지는 않는다. 우울 기질로 인해 겪었던 경험의 정수를 모아 삶의 고차적 의미를 위해 주위에 기꺼이 내놓는다. 자신의 기질을 귀하게 여기며, 내면의 다른 기질로 균형과 조화를 만든다. 상황이 요구하는 바에 따라 그때 그때 적절한 기질을 전면에 내세울 수 있다.

* 버지니아는 성숙한 우울질이다. 뛰어난 미적 감각과 회화에 대한 식견을 갖고 있으며, 악기를 연주하는 실력도 수준급이다. 다른 사람의 아픔에 깊이 공감하며 힘이 닿는 한 최선을 다해 돕는다. 목소리는 지루할 정도로 느리고 차분하다. 누가 묻기 전에는 자기 고민을 먼저 털어놓지 않는다. 질문을 받으면 깊은 한숨을 내쉬면서 속내를 이야기한다. 하지만 너무 과장하지 않으려 경계하고 조심한다. 말이 좀 길어진다 싶으면 미안하다고 사과한다. 신경이 예민하며 몸이 좋지 않은 날이 많다. 그러나 아름다운 영혼을 지닌 사람으로, 다른 이들이 외면하는 십자가를 자진해서 맡는다. 혼자 다 짊어지려는 경향이 있다는 것을 알기에 적절한 선을 유지하려고 노력한다. 진심으로 다른 이를 돕거나 챙겨주기 때문에 주변 사람들에게 아주 귀하고 고마운 존재다.

우울과 함께 다혈 기질이 강한 경우에는 가끔씩 무거움을 벗고 자기 모습을 가볍게 웃어넘긴다. 그럴 때면 기쁨과 낙천적 기분을 느낀다. 다혈 기질 덕분에 다른 사람과 어울리는 자리에 참석해 즐겁게 놀면서 자신에게만 향한 시선을 잠시나마 밖으로 돌린다.

담즙 기질이 함께 있을 때는 자기중심성, 이기심이 더 강화되어 일이 맘에 들지 않을 상황에서 무섭게 화를 내거나 싸늘하게 복수를 다짐하기도 한다. 하지만 우울질의 이기심을 극복하고 나면 관심사를 세상과 삶으로 돌리고, 담즙질의 추진력을 바탕으로 목표한 바를 완수하고 다른 이들을 돕는데 기꺼이 힘을 쓴다.

우울질들은 세상의 무섭고 두려운 면만 보는 경향이 있다.

*레마는 늘 주위 사람들에게 밤길은 아주 위험하니 조심해야한다고 신신당부한다. 동네에서 '엄청나게 많은 사건'이 벌어지고 있다고 주장하지만 자세히 들어보면 정작 수십 년 전에 딱 한 번 일어났던 사건만 되풀이해서 이야기한다. 레마에게는 그 때의 공포가 어제 일처럼 생생하고, 그 위험이 언제나 따라다닌다고 느낀다. 눈발이 하나둘씩 날리기 시작하면 곧바로 빙판길에서 차들이 충돌하는 장면을 상상한다. 친구 하나가 직장을 잃으면 자기도 곧 똑같은 처지가 될 거라며 불안해한다. 승진 면접이 다가오면 당연히 누락될 거라 생각한다. 집세가 조금이라도 오르면 가족이 거리에 나앉을지 모른다는 공포에 사로잡힌다. 레마에게 인생은 위험과 위협의 연속이다. 가족들은 이런 일을 자주 겪었기 때문에 불안을 잠재워주려 노력한다. 귀가가 늦어지면 혹시 사고가 났을까 안절부절 하지만 남편은 나쁜 일이 생기면 당연히 연락이 갈 테니 생기지도 않은 일을 미리 걱정할 필요 없다고 안심시킨다. 레마는 그 충고를 받아들여 최악의 상황을 미리 가정할 필요는 없다고 스스로를 타일렀다. 시간이 지나면서 불안한 상

황에 점점 침착하게 대처하게 되었고, 마침내 두려움을 다스리는 법을 터득했다. 일이 생기면 지나치리만큼 깊이 생각하는 경향이 있지만 이제는 그 습관을 적극 활용해 문제를 다른 시각에서 바라보는 건강한 태도를 훈련했다. 조그만 일에도 안절부절 하던 과거의 자아에 점액과 다혈 경향을 통합시켜 나간다. 기계공학자인 리치에게 장문의 보고서를 써야할 일이 생겼다. 여기저기 묻고 확인할 게 너무 많아 아무리 해도 끝이 안 난다며 투덜댔다. 보고서를 쥐고 있는 시간이 길어질수록 못 끝내면 어쩌나하는 불안은 점차 확신으로 바뀌어갔다. 긴장감에 짓눌리다가 얼마 못 가 손 하나 까딱할 수 없는 지독한 무력감에 빠지고 말았다. 급기야 직장을 잃을지 모를 지경으로 상황이 악화되었다. 친구들이 나서서 보고서를 쓰는 동안 곁을 지켜준 덕에 간신히 일을 마무리하고 해고 위기도 넘겼다. 친구들에게 무척 고마워하면서 리치는 자신의 상태가 얼마나 심각한지를 새삼 깨닫게 되었다. 집에서도 비슷한 양상이었다. 할 일이 산더미라고 우는 소리를 하면서도 저녁이면 TV 앞에 늘어져있거나 인터넷에 빠져서 시간을 보냈다. 그러던 어느 날 친한 친구가 여름 동안 집짓는 일을 도와달라고 부탁을 했다. 이는 리치에게 큰 전환점이 되었다. 꼭 필요했던 부수입도 생겼지만 그간의 무기력한 모습을 털고 의욕을 되찾은 것이 더 큰 수확이었다. 집짓는 일에 열정적으로 임하면서 자신을 좋아하는 든든한 친구와 함께 농담을 주고받고, 짬짬이 농구도 하고, 공기 좋은 곳에서 여름 주말을 보낸 것 모두가 좋은 자극이 되었다. 하루 일과를 마칠 무렵이면 피곤에 지쳐 짜증을 낼 법도 했지만 예전처럼 자기 연민에 빠져 불평을 늘어놓지 않았다. 매일 성취해야할 구체적인 목표가 있었기 때문이다. 그 여름 동안 그는 친구를 도왔다. 그리고 자신을 도왔다.

* 그레이스는 자상함과 자기 연민 사이에서 자주 갈등한다. 평소 선물하는 것을 좋아하는 그녀가 아들이 특별히 좋아할 선물을 찾느라 몇 시간씩 발품을 팔며 정성을 들였는데 아들의 반응이 (기대보다) 시큰둥했다. 별로 고마워하지

도 않는데 괜히 쓸데없는 짓을 했다고 생각하며 다시는 이러지 않으리라 다짐했다. 다행히 언짢은 심기를 오래 끌지 않고 혼자서 잘 풀기는 했다. 딱히 우울질이라서가 아니라 누구나 가끔씩은 이런 우울한 기분에 빠질 수 있다. 마틴은 우울질의 두 번째 단계에서 세 번째 단계로 넘어가는 중이다. 얼마 전 은퇴한 그는 집 근처 양로원을 찾아가 말동무하는 자원봉사를 시작했다. 처음에는 일주일에 한 번씩 방문해서 노인들과 체스를 두었다. 이런저런 이야기를 나누면서 노인들 중 대부분이 자기보다 훨씬 심각한 문제를 갖고 있다는 것을 알게 된 뒤로는 매일 찾아가기 시작했다. 편지 써주는 봉사도 하면서 양로원 거주자들의 기운을 북돋아줄 방법을 여러 가지로 모색했다. 마틴의 온화하고 따뜻한 미소가 양로원 곳곳에 스며들자 직원들은 그의 방문을 손꼽아 기다리기 시작했다. 마틴은 봉사를 마치고 양로원 문을 나설 때마다 이상을 실현하고 있다고 느낀다.

여성의 삶은 대개 자녀가 성인이 되면서 크게 달라진다. 이제 뭘 하지? 누굴 돌봐야하지? 누굴 걱정해주지? 특히 우울질들은 이런 전환기를 힘들어 한다.

*엘렌은 자상한 점액질 남자와 결혼했다. 이제껏 살면서 둘 사이에서 언성을 높일 일은 거의 없었다. 결혼 기간 동안 다양한 취미생활과 함께 음악, 시, 예술, 요리를 즐겼고, 친하게 지내는 친구들도 있다. 여러 마리의 개를 키우며 정원도 아름답고 풍성하게 가꾸었다. 사람들 앞에 나서는 대표직 같은 건 맡지 않았지만 아이들 학교에서 도움이 필요할 땐 언제나 기꺼이 나가 손을 보탰다. 하지만 사람들은 그녀를 시선이 불안정하게 흔들리는 유약한 사람이라고 기억했다. 막내가 학교를 졸업하자 엘렌은 항상 꿈꾸던 일을 시작했다. 유치원 교사교육 과정을 밟기 시작한 것이다. 이제 엘렌의 모든 재능은 꽃을 피울 것이다. 그녀는

I 성인기의 기질_타고난 재능과 과제

우울질의 장점을 모두 갖춘 성숙한 우울질이다. 타인을 섬세하게 헤아리는 능력을 가진 그녀는 훌륭한 동료가 될 것이고, 다정한 성품은 어린아이들을 포근하게 감싸줄 것이다. 온화함 밑에 감추어진 강인함은 말썽꾸러기들을 다룰 때 중심을 잃지 않도록 도와줄 것이다. 그녀는 모든 장점을 새로 시작한 일에서 발휘할 것이다.

*에밀리의 상황은 조금 다르다. 그녀는 담즙질 남편과 25년 이상 결혼 생활을 지속하면서 늘 남편의 기에 눌려 위축된 채 살아왔다. 일반적으로 다혈질은 담즙질과 잘 지내지만 우울질들은 위압감을 느끼고 주눅들기 쉽다. 해가 갈수록 에밀리는 스스로를 평가절하하며 점점 더 자기 안으로 숨어들어갔다. 외모도 가꾸지 않고 취미 생활도 전혀 하지 않았다. 아이들이 다 커서 독립한 뒤에도 자기 일을 찾아볼 엄두를 내지 못했다. 우울증에 빠진 그녀는 의사를 찾아갔다. 그러던 중 예상치 못한 일이 일어났다. 남편이 그녀를 떠난 것이다. 처음에는 우울증 증상이 더 악화되었다. 어떻게 해야 이혼의 슬픔을 딛고 일어설 수 있을지 몰랐다. 몇 달이 지나고 우울증이 조금씩 진정되면서 난생 처음 진정한 자유를 느끼고 인생을 새로운 관점에서 바라보기 시작했다. 매사를 자기 뜻대로 좌지우지하던 남편이 사라졌으니 이제 뭐든 원하는 대로 하면서 시간을 보낼 수 있다.

젊은 시절 에밀리는 식물학과 동물학에 관심이 많았다. 에밀리는 마치지 못한 학위를 받기 위해 대학에서 공부를 다시 시작하기로 결심했다. 처음에는 두렵고 겁나는 일투성이였지만 하루하루 있는 힘을 다해 버텼다. 수업을 들으면서 조금씩 공부에 재미가 붙었다. 시간이 지날수록 점점 힘과 자신감이 생겼다. 학교 공부가 안정되고 꽃을 피우자 전에는 자신 없어 시도하지 못했던 일에 도전하기 시작했다. 혼자서 배낭을 꾸려 먼 곳으로 답사여행을 떠난 그녀는 혼자 있는 시간뿐만 아니라 사람들과 함께 어울리는 것도 좋아한다는 것을 깨달았다. 결혼 생활 마지막 10년 동안 늘어난 체중을 빼고 자기 모습을 아끼며 돌보기 시작했다.

학업을 마친 뒤에는 다친 동물을 구조하는 단체를 설립하고, 석유유출 사고 지역에서 새의 날개 닦는 일을 조직하고, 청소년들에게 부러진 새 날개를 맞추는 방법을 훈련시켰다. 참을성 있는 태도와 작은 부분도 소홀히 하지 않는 꼼꼼함이 큰 힘이 되었다. 이로써 타고난 기질을 변형시키는 것뿐 아니라 자기도 몰랐던 자기 안의 다른 측면(다른 기질)을 끌어내는데 성공했다. 성숙한 우울질은 인류의 큰 축복이다.

{ **점액질** } '다 괜찮으니 저를 가만히 내버려 두세요'

우울질처럼 점액질도 내향적이다. 하지만 세상 고민을 다 떠안고 사는 우울질과 달리 점액질들은 태평하고 편안하다. 체형이 둥글고 체중이 많이 나가는 편이다. 움직임이 느리고 신중하다. 열심히 운동해서 몸을 만들지 않는 한 근육은 부드럽고 물렁하다. 보폭은 길면서 여유롭다. 우울질이 지구 중력을 몸으로 느낀다면 점액질은 신체 리듬과 상태를 민감하게 느낀다. 알고 보면 아주 똑똑한데 가끔 눈빛이 멍청해 보일 정도로 흐릿하기 때문에 오해받는 경우가 많다. 고뇌에 찬 우울질과 달리 표정이 차분하고 편안하다. 말소리는 또렷하지만 어조 변화가 거의 없다. 단조로운 목소리로 길게 말하기 때문에 아주 흥미진진한 이야기를 하는데도 상대방을 하품하게 만들 수 있다. 질문을 받으면 길게 대답하고 중간에 누가 자기 말을 끊는 것을 싫어한다.

점액질의 최대 관심사는 평안하고 안락한 일상이다. 이들은 규칙적인 일과와 습관으로 이루어져있다고 할 수 있다. 식사 시간은 매일 똑같아야 한다. 그건 아주 당연하고 기본적인 요소다. 음식이 삶에서 큰 비중을 차지하며 맛있게 양껏 먹는다. 낯선 음식에 도전하기보다는 익숙한 맛을 고집한다. 집은 최대한 단순하고 편안하며, 햇빛이 잘 들어오고 편안하게 낮잠 잘 수 있는 곳이어야 한다. 좋아하는 의자에 한 번 앉으면 몇 시간이고 자리를 뜨지 않는다. 자고 깨는 리듬이 규칙적이고, 누우면 쉽게 잠드는 편이다. 외부 요인 때문에 일상의 리듬이 깨지면 성질부리고 짜증을 낸다.

점액질의 모든 특성은 시간과 관계있다. 움직임이 상대적으로 느리고, 서두르거나 재촉 받는 것을 싫어한다. 매사가 여유롭고 신중하며 어딘지 '잠들어' 있는 것처럼 보인다. 이 때문에 게으르고 무신경하다는 인상을 주지만 실제는 외양과 다른 경우가 대부분이다. 과제를 맡으면 모든 준비를 갖추고 할 일을 정확하게 파악하는데 오랜 시간이 걸린다. 그리고 무엇보다 충분한 시간을 갖고 꼼꼼하고 차분하게 일하고 싶어 한다. 어떤 방식으로 일을 처리할지 결정하는데 뜸을 많이 들인다. 일단 시작하면 아주 체계적이고 믿을 수 있는 사람들이다. 사소한 것까지 찬찬히 챙기면서 중도에 쉬거나 그만두지 않고 꾸준히 일한다. 한 번에 한 가지 일밖에 집중하지 못한다. 단순하고 반복적인 일을 꺼리지 않는다. 익숙하고 편안하기 때문이다. 똑같은 일을 몇 번이고 반복하면서도 싫증내지 않는다. 오히려 그런 상황에서 만족감을 느낀다.

점액질 중에 정리정돈에 까다로운 사람도 있지만, 필요한 물건만 제자리에 있으면 난장판 속에서도 아무 상관없이 제 할 일을 하는 사람도 있다. 주변 상황을 민감하게 느끼거나 신경 쓰지 않기 때문에 다른 사람이 방해하지만 않으면 무슨 일이 벌어져도 태평하게 지낼 수 있다.

점액질들은 몽상에 빠지는 것을 좋아하며, 매사를 별 일 아닌 듯 받아들인다. 삶을 즐기지만 그렇다고 애착을 갖고 애써서 뭘 해보려 하지도 않는다. 이런 이유 때문에 이들은 아주 고집불통이며 변화를 싫어한다. 한번 변화를 받아들이면 모든 일을 새로운 균형 상태에 맞춰 재편하고 싶어 한다. 우울질처럼 팔에 난 사마귀가 혹시 암은 아닐까, 청소년 자녀가 집에 오다가 사고는 나지 않았을까 걱정하며 초조하게 방안을 서성이지 않는다. 그럴 때 점액질은 "일어날 일은 결국 일어나는 법이야. 그러니 걱정해봐야 소용없어."라며 하던 일을 계속 한다.

* 점액질의 특성을 많이 보이는 마이클은 침착하면서 쾌활하고 감정을 별로 드러내지 않는다. 그의 영혼 세계는 분명히 존재하지만 다른 사람이 쉽게 접근할 수 없는 곳에 감춰져있다. 요즘 직장 일이 잘 안 풀리지만 아무에게도 내색하지 않는다. 공연히 걱정을 끼치거나 불평을 늘어놓고 싶지 않기 때문에 그냥 혼자 감정을 삭인다. 주변에서는 이런 사정을 까맣게 모르도록 겉으론 평온하지만 속에서는 부대끼다보니 위궤양이 생겼다. 아내가 병원에 가보라고 닦달을 해서 결국 가긴 했지만, 처방해준 약은 안 먹겠다고 고집을 부린다.

점액질은 배우는 속도가 느리긴 해도 확실하게 배운다. 한번 이해하면 오랫동안 잊어버리지 않는다. 정보를 소화하는데 시간이 많이 걸리지만 함께 일하는 다혈질이나 담즙질이 그런 여유를 허락하는 경우는 별로 없다. 어떤 정보를 찾으려면 기억을 한참 더듬어야 하지만 그런 사정을 쉽게 고백하지도 않는다. 그러다가 좌절하고 포기하거나, 화를 내며 마구 성질을 부린다.

이들은 말과 행동이 보수적이다. 모든 일을 합리적이지만 어딘지 시대에 뒤떨어진 방식으로 처리한다. 아주 설득력 있는 이유가 있지 않은 한 익숙한 방식을 버리려하지 않고, 어쩌다 바꾸더라도 하루아침에 적응하지 않는다.

I 성인기의 기질_타고난 재능과 과제

'지금까지 하던 방식도 별문제 없었다. 그냥 좀 가만히 두자.' 이들은 무슨 결정을 내리기 전에 모든 측면을 다 검토하고 싶어 한다. 서둘러 결정을 내릴 수는 없다. 이들이 돈 주고 물건을 산다면 단순히 분위기를 바꾸고 싶어서가 아니라 꼭 필요하기 때문이다. 배우자가 커튼이나 자동차를 새로 사자고 하면 점액질들은 반문한다. "왜? 지금 쓰는 게 무슨 문제라도 있나?" 배우자가 "여보, 당신 생일 선물로 뭘 사줄까?" 하고 물으면 "아무 것도 필요하지 않아. 다 멀쩡하고 쓸 만해."라고 대답할 것이다. (이들이 멀쩡하다는 물건에는 아직도 즐겨 입는, 여기저기 덧대고 기운 25년 된 스웨터 같은 것도 포함된다) 하지만 좋아하는 커피나 차, 초콜릿, 소시지를 선물하면 아주 기뻐한다. 이들이 좋아하는 식당에서 식사를 대접하는 것도 좋은 방법이다.

일상을 잘 정돈하고 유지하는 것은 규칙적인 일상을 원하는 점액질의 성향에 잘 맞는 일이다. 망가진 물건은 수리하고 (아무리 시간이 오래 걸려도), 서류를 잘 분류해서 파일에 정리하고, 청구서를 기한 내에 납부하고 (잊어버려서 아예 납부를 못하는 경우는 있어도), 공구를 잘 손질해서 필요할 때 금방 찾을 수 있도록 제자리에 걸어둔다.

*마리온은 평소와 똑같은 순서와 내용으로 아침 일과를 시작하고, 남편이 하루를 기분 좋게 시작할 수 있도록 향긋한 차나 커피를 준비해 깨우러 들어갈 때 행복하다고 느낀다. 식탁에 앉아 차를 마시면서 그녀는 '세상 모든 게 다 제자리에 있다'고 생각한다.

점액질 주변이 유난히 엉망진창일 때가 있다. 대부분 맘먹고 정리하려면 시간이 엄청 많이 걸리는데 그만한 시간이 없기 때문에 아예 손을 안 댄 경우다. 시간을 이리저리 잘 쪼개 쓰는 담즙질이나 다혈질과 달리 점액질은 필요한 것을 다 갖춰놓거나 체계를 만든 다음에야 본격적으로 일에 달려든다. 하지만 채비를 갖추다보면 정작 일할 시간이 부족해진다. 완벽하게 마무리하기에 시간이 충분하지 않다고 여기면 아예 시작도 하지 않으려든다.

직장에서도 기존에 하던 일을 계속 유지하는 편을 선호하며, 스스로 변화를 주도하는 일은 별로 없다. 직접 명령을 내리기보다 다른 사람 지시를 수행하는 위치를 편안하게 여긴다. 실제로 점액질들은 지도자 역할을 힘들어 한다. 말과 행동이 강하지 않기 때문에 자신이 다른 사람을 이끄는 역할에 적합하지 않다고 여긴다. 다른 사람들이 일을 끝내보려고 이리 뛰고 저리 뛰는 것을 보면 우울해진다. 각자 자기 방식대로 살게 내버려 두면 이렇게 서두를 필요가 없을 거라고 생각하기 때문이다. 점액질에게 재촉을 하면 그들은 쇠심줄처럼 버티며 저항할 것이다. 항의를 하거나 논쟁을 벌이지도 않는다. 아무 것도 못 들은 사람마냥 그냥 꿈쩍도 하지 않는다. 계속 질책을 받으면 그제야 마지못해 정말 최소한의 일만 해서 상황을 무마시키려 하지만, 주변 사람들은 이미 머리끝까지 화가 난 상태다. 어떤 방법을 써서든 자기 의지와 상관없이 억지로 빨리 움직이게 만들면 점액질은 어찌할 바를 몰라 허둥댄다. 심하면 완전히 이성을 잃고 말도 안 되는 실수를 저지르기도 한다.

삶을 바라보는 태도만 보수적인 것이 아니라 융통성도 없어서 매사를 액면 그대로 받아들인다. 말로 정확하게 표현하지 않고 분위기나 문맥으로 알아채주길 바라며 넌지시 전한 의도에 반응할 거라 기대해서는 안 된다. 직접 분명히 요청한 것만 받을 수 있다. 결코 관심이나 선의가 부족해서가 아니다. 사실 점액질은 선의가 넘치는 사람들이다. 하지만 고집스럽고 답답한

I 성인기의 기질_타고난 재능과 과제

성격 때문에 점액질을 아주 짜증나는 사람들이라고 여기는 경우도 많다.

*셀리아는 편안한 것을 정말 좋아한다. 백화점 신발 매장에서 일하는 셀리아는 버스를 타고 퇴근한다. 저녁이면 몹시 피곤하고 발이 아프다. 어느 날 승강기를 타고 막 집에 올라가려는데, 젊은 남자가 급히 따라 들어오더니 한 발로 승강기 문을 잡고 돈을 내놓으라고 위협했다. 빨리 집에 가서 쉬고 싶은 마음에 울화가 치민 그녀는 남자에게 자기가 하루 종일 얼마나 힘들게 일했는지, 발이 얼마나 아픈지 같은 얘기를 퍼붓기 시작했다. 급기야 서서 일하느라 발바닥에 생긴 못을 보여주려 신발을 벗기까지 했다. 눈썹 하나 까딱하지 않고 그 자리에 서서 쥐꼬리만한 월급을 벌기 위해 얼마나 열심히 일해야 하는지를 지칠 줄 모르고 늘어놓았다. 셀리아는 승강기 한쪽 구석에 고집스럽게 팔짱을 끼고 서서 지갑을 내줄 수 없다고 버텼다. 한결같은 어조로 끝없이 이어지는 이야기에 질려 도둑은 결국 포기하고 그 자리를 떠났다.

점액질은 두드러지지 않기 때문에 집단 속에 조용히 묻히는 경우가 많다. 하지만 정작 그들은 집단 안에서 일어나는 일을 놓치지 않고 관찰한다. 보통은 끼어들지 않고 가만히 지켜보지만 어쩌다 입을 열면 포복절도하게 웃기거나 정확히 핵심을 찌르는 말을 던진다. 자세를 바꾸거나 움직이는 것을 귀찮아하기 때문에 재치를 공격과 방어 양방향으로 이용한다.

점액질은 똑같이 말하라고 요구하지만 않으면 배우자가 하루 일과를 장황하게 늘어놓아도 얼마든지 조용히 앉아 들어줄 수 있다. 그런 수다는 배경 음악 같은 것이기 때문이다. 하지만 정작 자신은 그날 있었던 일 중에 별로 전하고 싶은 말이 없고, 뒷담화나 소문에도 시큰둥하다. 기질이 다른 상대방이라면 소소한 일상을 나누는 데 관심도 없고 참여도 하지 않는 점액질의 태도를 참지 못하고 화를 낼 수도 있다. 하지만 배우자 역시 점액질이라면 둘이 함께 조용한 생활을 즐길 수도 있다. 외부에서 뭔가를 해야 한다는 압력이 오지 않으면 점액질은 얼마든지, 언제까지나 편안히 앉아 만족하며 지낼 수 있다. 하지만 점액질이 담즙질이나 다혈질 사람에게 끌려 결혼하는 일이 드물지 않다. 자기보고 주도적으로 참여하라고만 하지 않으면 주위에서 여러 가지 일이 벌어지는 것을 좋아하기 때문이다.

*레이첼은 아주 편안하고 성격 좋은 점액질 톰과 결혼했다. 결혼생활은 순조로웠지만 딱 하나 불만이 있다. 그녀는 남편이 근사한 식당이나 영화관에 가자고 제안해주기를 언제나 목이 빠지게 기다리는데 생전 그러는 일이 없다는 점이다. 이런 남편이 갈수록 못마땅해진 레이첼은 친구에게 불만을 터뜨렸다. "우리 집에서는 뭘 하든 언제나 내가 먼저 말을 꺼내야 해. 이젠 더 이상 못 참겠어." 레이첼은 남편이 먼저 놀러나가자고 할 때까지 절대로 먼저 나서지 않으리라 결심하고 몇 주 동안 꾹 참고 기다렸지만 도무지 그럴 기미가 보이지 않았다. 참다못해 레이첼은 폭발하고 말았다. "당신은 맨날 똑같은 밥 먹고 집에만 있는 게 아무렇지도 않아? 근사한 외출도 하고 재미있고 신 나는 데도 가고, 뭐 그럴 생각이라곤 없어? 나랑 같이 시간 보내는 게 싫어서 그래? 정말 속 터져서 못 살겠어."
톰한테는 날벼락이었다. 아무 불만이 없었기 때문이다. 그는 집에 있는 것을 좋아했고 특별히 외출할 필요를 느끼지 못했다. 레이첼이 그동안 딱히 불만을 토로한 적이 없었던 터라 그녀도 이런 생활을 좋아하는 줄 알았다. 이를 계기로 두 사람은 진지한 대화를 나누며 속마음을 털어놓았다. 이제야 상황을 파악한 톰은 이렇게 제안했다. "여보, 당신하고 시간 보내는 거 정말 즐거워. 그런데 나는 우리 둘이 함께 집에 있을 때도 아주 행복해. 빈둥빈둥 느긋하게 쉬고, 차도 마시면서 말이야. 난 그런 걸 좋아해. 당신이 원한다면 외식하거나 영화 보는 것도

I 성인기의 기질_타고난 재능과 과제

대환영이야. 그런데 그런 생각이 먼저 떠오르진 않아. 외출하고 싶으면 그냥 얘기를 해줘. 기꺼이 같이 갈게. 혹시라도 나가고 싶지 않을 때는 싫다고 말할게."

이 대화는 레이첼에게도 도움이 되었다. 톰이 그동안 아무 제안을 하지 않은 것이 자기를 무시하거나 관심이 없어서가 아니라는 사실을 이제야 알았다. 무슨 의도가 있어서가 아니라 단지 그런 생각이 떠오르지 않았던 것이다. 톰이 앞장서기를 바라는 것이 지나친 요구였음을 깨닫고 그런 기대를 접기로 했다. 이제는 하고 싶은 일이 있으면 혼자 가거나 친구를 부른다. 톰과 함께 가고 싶을 때는 분명하게 요청을 하고, 보통은 톰도 선뜻 따라나선다. 더 이상 넌지시 암시를 하거나 알아서 해주기를 기다리지 않는다.

레이첼과 톰의 사례를 보면 점액질과 잘 지내는 요령을 배울 수 있다. 이들에게는 빗대거나 돌려서 말하지 말고 똑바로 이야기해야 한다. 이들은 현재 상태에 만족하며 변화를 추구하지 않는다. 하지만 변화의 필요성을 인식하면 흔쾌히 동참한다. 배우자가 기대하는 낭만적 애정 표현 같은 건 없을지 몰라도 상대에게 아무 감정이 없다는 뜻은 결코 아니다. 단지 속마음을 잘 표현하지 않을 뿐이다.

*패트리샤는 밝고 명랑한 성격의 점액질로 관심 분야도 다양하고 친구도 많다. 하지만 그녀에게도 점액질 특유의 몽상적이고 내성적인 부분이 있다. 특히 감정 문제에서 그렇다. 남편 잭은 스스로 똑똑하다고 자부하는 담즙-다혈질이다. 자기가 비꼬는 말을 해도 패트리샤는 깊은 바다에 던진 돌처럼 덤덤하게 받아들인다는 것을 알게 되었다. 그런 말을 들어도 담즙질처럼 되받아치거나, 우울질처럼 눈물을 터뜨리지 않고 그냥 들어 넘겼다. 비꼬는 말이 점점 강도가 높

아지다가 급기야 아이들과 친구들 앞에서도 대놓고 흉을 보거나 비난하기에 이르렀다. 가시 돋친 말로 계속 긁어댔다. 시간이 흐를수록 어딘지 불편한 기분이 들었지만 왜 그런지는 정확히 알지 못했다. 패트리샤는 남편이 상처 주고 있다는 것을 분명하게 의식하지 못하고 뭔가 꺼림칙하다고만 느꼈다. 이런 생각을 떨쳐버리기 위해 자기만의 일과 생각 속으로 도피했다. 그러다가 어떤 친구가 잭이 패트리샤를 대하는 태도 때문에 놀러오는 것이 불편하다는 말을 했다. 무슨 뜻인지 어렴풋이 알 것 같았다. 또 다른 친구가 비슷한 말을 해주자 상황이 좀 더 분명해졌다. 얼마 후 잭이 또 비아냥거리는 어조로 비판을 늘어놓았다. '이 사람이 정말로 나에게 그렇게 말하는구나. 지금까지 뭔가 이상하다고만 생각했지 나를 이렇게 대하는 것을 깨닫지 못했네.'

패트리샤가 자기감정을 인식하고 잭에게 말하기까지 5년이나 걸렸다. 그동안 남편의 습관은 인격의 일부로 굳어져버렸기 때문에 잭은 아내에게 상처 주고 있다는 사실을 결코 인정하려들지 않았다. 항의하면 별것 아닌 말에 너무 예민하게 반응하는 것일 뿐이라고 대꾸했다. 그제야 비로소 패트리샤는 자신의 처지를 똑똑히 보게 되었다. 인식이 깨어날수록 분노는 커져만 갔다. 결국 두 사람은 이혼했지만 잭은 도저히 그 이유를 이해할 수 없었다.

*필립은 어렸을 때 점액 기질이 극도로 강했다. 아무도 그를 건드리지 않고 가만히 내버려두었다. 학교 공부는 하는 둥 마는 둥이었고 집에서도 특별히 하는 일이 없었다. 늘 명랑하고 별로 말썽도 부리지 않았기 때문에 빈둥거리며 무위도식하는 상태로 방치되었다. 20대가 되어서야 깨어난 필립은 그동안 얼마나 많은 것을 놓치고 살았는지 깨달았다. 허송세월한 시간을 생각하니 참을 수 없이 화가 났다. 필립은 자기 같은 점액질들은 당사자가 좋아하지 않더라도 무기력한 상태를 억지로라도 깨워주어야 한다고 말한다.

Ⅰ 성인기의 기질_타고난 재능과 과제

조심해야 한다! 점액질에게 지나치게 잔소리하거나 다그치면 감당할 수 없는 상황이 벌어지기도 한다. 참다못한 그들이 내면에 잠들어있던 엄청난 힘을 무시무시한 분노로 쏟아낼 수도 있기 때문이다. 일단 터지면 아무도 수습할 수 없다. 하지만 한바탕 폭풍우가 지나고 나면 다시 사람 좋고 다정한 모습으로 돌아온다.

1단계

이 단계에서 점액질은 자기 세계 속에서 편하게 지내는 것을 모든 일에 우선시하는 방식으로 이기심을 드러낸다. 그들은 모든 면에서 편안하고 기분 좋은 상태를 원한다. 신체 차원에서는 천천히 차분하게 움직이고 싶어 하고, 감정 차원에서는 모든 상황을 최대한 잠잠하게 만들고 감정적으로 엮이지 않으려 한다. 사고 차원에서는 행동하기 전에 여유를 갖고 모든 측면을 꼼꼼하게 점검하기를 원한다. 이들은 툭하면 "스트레스 주지 마!" 하고 외친다. 꿀이라면 사족을 못 쓰는 곰돌이 푸처럼 맛있는 음식이 인생에서 아주 중요한 부분이다. 그들은 호빗처럼 매일 똑같은 시간에 차를 마시고 싶어 한다.

*로렌스는 성품이 아주 무던하다. 친구들은 그와 함께 있을 때 편안하다고 느낀다. 다혈 기질이 적당히 있어 성격이 밝고 유쾌하지만, 점액질 특유의 안정감 역시 충분해서 어떤 상황에서도 믿고 의지할 수 있다. 그도 자기 모습을 편안하게 받아들인다.

점액질은 편안하다고 느끼는 한 어울리기 쉽고 성격 좋은 사람이다. 하지만 안전지대를 벗어나는 순간 심통스럽고 까다로운 사람이 된다. 낯선 음식에 손대지 않고, 낯선 상황 앞에서 머뭇거리며, 낯선 생각을 만나면 외면한다. 경우에 따라 완고한 고집불통이 되기도 한다. 결정에 이르기까지 오랜 시간이 걸리기는 하지만 마침내 결단을 내리면 재검토하거나 뒤돌아보지 않는다. 고집스런 태도가 긍정적인 기능을 할 때도 있고, 주변 사람들이 등을 돌리게 만들기도 한다.

*도서관 사서인 아르투로는 후원하는 단체에서 책을 관리하는 자원봉사를 한다. 오랜 기간 열심히 일해 왔는데 얼마 전 다른 봉사자들이 그가 일하는 방식에 문제를 제기했다. 몹시 기분이 상한 동시에 그간의 헌신에 대해 사람들이 고마워하지 않는다고 느꼈다. 그는 작은 부분에 특히 주의를 기울이며 빈틈없이 챙긴다. 동료들은 그가 융통성이라곤 눈곱만큼도 없이 원칙만 들이대는 꽉 막힌 사람이라고 말한다. 하지만 아르투로의 관점에서 보면, 자기는 원칙을 일관성 있게 지키려 노력하는 데 비해 다른 사람들은 그저 빠져나갈 핑계만 찾는다. 자기가 옳다는 것을 알고 원칙을 굽힐 생각도 없지만 사람들을 상대로 말싸움 할 마음도 없다. 불편한 상황을 피하기 위해 더 이상 자원봉사를 가지 않기로 결심했다.

2단계

이 단계에 접어든 점액질들은 전보다 훨씬 유연해졌다. 나가도 괜찮을까 안전지대 밖을 기웃거린다. 두 번째 단계로 넘어가는 전환점은 새로운 것을 용감하게 시도하고, 익숙한 방식에 변화가 필요한지 고민하기 시작할 때이다. 아직은 변화의 필요성을 자발적으로 이끌어내지는 못하고 다른 사람들이 요구할 때 염두에 두는 정도다. 처음에는 변화가 정말 필요한지 잘 모르겠다며 신중하게 접근하지만 시간이 지나면서 조금씩 관심을 보인다. "좋아,

I 성인기의 기질_타고난 재능과 과제

한 번 해보자. 하지만 몰아붙이지는 마." 이들이 변화를 실제로 구현하게 만들고 싶다면 부드럽게 접근해야 한다. 어떻게 해야 한다고 명령해서는 안 된다. 억지로 끌고 간다 싶으면 있는 힘을 다해 버티면서 저항하기 때문이다. 다른 사람이 일 하는 방식을 찬찬히 관찰한 다음 모방하는 방식이 가장 효율적이다. 점액질에게 부족한 것은 지적 능력이 아니라 자기 주도성이다. 하지만 다른 사람이 과제를 수행하는 과정을 관찰한 다음 충분한 시간을 주면 더 좋은 방법을 찾아내기도 한다. 일하는 동안에는 가만히 두는 게 좋다.

*애론은 홍보회사에서 일한다. 그는 과제를 맡으면 느리고 신중하게 접근한다. 광고 기획을 할 때도 한 단계 한 단계 차근차근 만들어간다. 번뜩이는 통찰로 한 번에 해치우는 유형이 아니라 한 걸음씩 정직하게 밟아나간다. 다른 사무실 동료들은 흥미진진한 새 프로젝트를 기획하고 고객의 마음을 사로잡을 혁신적인 방법을 찾는다. 하지만 우리의 점액질 친구는 우직하지만 흔들림 없는 발걸음으로 뚜벅뚜벅 자기 길을 갈 뿐이다. 그러던 어느 날 다른 사무실에 들렀다가 동료들의 논의를 우연히 들었다. 새로운 체계로 사업 계획 짜는 것을 유심히 관찰한다. 그 뒤로 며칠 동안 업무를 바꿔볼 여지가 있는지 검토한다. 몇 주 동안 매달려 이리저리 고민한 끝에 기존 계획을 획기적으로 개선할 방안을 찾아냈다.

*루스는 손으로 만드는 일을 좋아하지만 일을 계획하고 시작하는 주도성은 떨어진다. 친구 중에 창의력이 뛰어나고 항상 재미있는 일을 궁리하고 벌이는 사람이 있다. 루스는 그의 작업장에 자주 놀러간다. 그 친구와 함께 있을 때면 능동적으로 이런저런 물건을 만든다. 손이 빠른 친구는 하나를 끝내고 다음 작업으로 옮겨 가는 동안 루스는 패턴을 정확하게 자르거나 솔기를 마무리하는 새로운 방법을 찾아내는 데에 골몰하고, 완벽하고 꼼꼼하게 마무리하는데 몇 시간씩 매달린다. 그러다보니 하루 종일 겨우 하나밖에 못 만들지만 완성도는 아주 뛰어

나다. 이런 일이 재미있고 성취감도 높지만 그렇다고 스스로 알아서 새로운 작업을 벌이지는 않는다.

두 번째 단계에서 점액질들은 익숙하고 편안함과 새로움 사이에서 갈등한다. 가만히 놔두면 편안한 울타리 안에 머무르며 기존 삶의 방식을 고수한 채 똑같은 일상을 언제까지고 되풀이 한다. 이들은 타인과 주변 세상에 관심 갖는 법을 다른 사람들에게서 배워야 한다. 점액질은 존경하는 사람이 생기면 진심으로 신의를 지키며 그가 살아가는 모습을 보고 배운다. 이런 관계를 통해 세상 속으로 발을 들인다. 처음에는 친목 모임에 억지로 끌려 나가다가 어느 순간 그런 자리를 즐긴다. 단, 거기서 어떤 역할을 맡으라는 압력이 없어야 한다. 맛있는 음식이 나오는 모임이면 더 신 나서 달려 나간다. 사실 점액질들도 마음 깊은 곳에서는 새로운 일을 시도해보고 싶은 열망이 있다. 우리는 점액질들이 사람이나 일을 모방하고 새로운 사람들과 어울리도록 제안하면서 자기도 몰랐던 새로운 모습을 발견하는 데 도움을 줄 수 있다. 새로운 경험이 마음에 들면 제안한 사람의 친절에 고마워하며, 숫기 없고 소극적인 태도를 극복하도록 도와준 그 사람에게 지극정성을 다할 것이다. 물론 옛날 모습이 되돌아올 때도 있다. 점액질들은 아무리 근사한 보상이 따라온다 해도 꼼짝도 하고 싶지 않을 때가 가끔씩 있다.

*평소에 수잔은 성품이 온화하고 모든 일에 낙천적이지만, 요즘은 직장일 때문에 속상하고 우울하다. 얼마 전 추진하던 일에 문제가 생겼는데 어떻게 해결해야 좋을지 도무지 판단이 서지 않는다. 마침 다른 사람이 문제 해결에 도움이 될 것 같은 계획을 제안했고 수잔은 그 의견을 적극 수용했다. 기회가 있을 때마다 추

I 성인기의 기질_타고난 재능과 과제

천했고 마침내 팀에서 그 제안을 채택하기로 결정했다. 그런데 몇 달 후 치명적인 문제점이 드러나 처음 발의했던 사람조차 제안을 철회했다. 하지만 수잔은 문제를 수정 보완할 방안을 내놓지도, 그렇다고 계획을 포기하지도 못하고 계속 쥐고만 있었다. 과거에 원했던 것과 미래에 필요할 것 사이에서 결단을 내리지 못하고 우물쭈물하는 것이다. 사실 그 계획을 맘에 들어 했던 것도 자기 필요에 딱 들어맞았기 때문이다. 시간이 지나면서 그것이 다른 사람들의 요구는 전혀 해결해 주지 않는다는 점을 조금씩 이해하게 되었다. 이런 깨달음을 겪으면서 점액질들은 조금씩 이기심에서 벗어난다.

행복하고 안온한 느낌을 좋아하는 점액질은 두 번째 단계에서는 그 느낌을 다른 사람과 함께 나누고 싶어 한다. 로널드는 가족 모임마다 기가 막히게 맛있는 사과파이를 구워온다. 가족들이 완벽한 모양의 파이 크러스트와 군침 도는 파이 속에 감탄사를 연발하는 것을 보며 세상에서 가장 행복한 미소를 짓는다. 제이슨은 취미로 기차 시간표를 수집한다. 모아둔 정보를 활용해서 주변 사람들에게 다양한 (그리고 최선의) 여행 경로를 알려주는 것이 삶의 낙이다. 상대방이 감당 못할 정도로 많은 정보를 한도 끝도 없이 늘어놓아 오히려 성가시고 피곤하게 할 때도 있다. 하지만 어디까지나 도와주려는 선의에서 나온 행동이다. 이렇듯 두 번째 단계의 점액질들은 여전히 자기에게 만족을 주는 일(맛있는 파이 굽기나 기차 시간표 수집 등)에 시간과 정성을 쏟는다. 하지만 이제는 자기만을 위해서가 아니라 다른 사람들과 그 기쁨을 함께 나눈다.

3단계

이 단계에 접어든 점액질은 다른 사람의 필요를 민감하게 느낀다. 자기 한 몸의 안락만이 아니라 다른 사람의 평안을 위해 일하고 노력하며, 명예로운 사회 구성원으로 존경과 신뢰를 받는다. 안정감 있고 보수적인 태도로 인생을 살며 의리 있고 강직하며 믿음직하다. 빈틈없이 꼼꼼하다. 신중하게 인생 계획을 짜고 끝까지 실천한다. 침착하고 완벽한 일처리로 주변 사람들을 편안하게 한다. 맡은 일에 헌신하는 태도로 젊은 직원들에게 귀감이 되며, 경험이 부족한 동료들에게 차근차근 일을 가르친다. 조언이나 도움을 청하면 반갑게 맞이하고, 시범을 보여 달라고 하면 마다하지 않고 나서서 숙련된 솜씨를 제대로 발휘한다. 단, 충분히 설명할 시간을 보장해주어야 한다. 다른 사람이 편하게 잘 지내도록 세심하게 배려하는 안주인 같은 사람이다. 인생의 섬세한 결을 볼 줄 알고 사소하지만 소중한 것에 대해 이야기하고 그 기쁨을 함께 나누는 것을 좋아한다.

*캐롤은 점액질의 장점을 모두 갖춘 사람이다. 절로 마음이 편해지는 온화한 성품에 끌려 아이들은 캐롤 주변을 떠나지 않는다. 사소한 것까지 세심하게 챙기면서 아이들을 최대한 행복하고 편안하도록 돌본다. 어려운 문제가 생겨도 중심을 잃지 않고 침착하게 처리하며 거리를 두고 차분하게 바라본다. 캐롤은 존재만으로도 평화와 안정감을 준다.

점액질은 긴장을 풀고 여유를 즐길 줄 안다. 그 곁에 있으면 평화와 고요함, 질서와 리듬을 느낄 수 있다. 세 번째 단계 점액질의 특성은 우리가 흔히 노년의 성숙함이라고 말하는 모습과 많이 닮았다. 삶을 있는 그대로 받아들이고, 주어진 조건에서 최대로 즐긴다. 헌신적인 태도로 주위 사람들에게 큰 축복을 선사한다. 살면서 터득한 지혜를 다른 사람을 위해 조건 없이 나누어준다. 첫 번째 단계에서 자신의 안위를 위해 동원했던 모든 방법이 세 번째 단계에서는 다른 사람을 위한 것으로 변형된다.

{ 다혈질 } '정말 재미있어! 그런데 왜 완성한 게 하나도 없지?'

우울질, 점액질과 달리 다혈질과 담즙질은 외부에 집중한다. 다혈질은 공기를 닮은 기질이다. 공기는 언제나 위와 바깥쪽을 향한다. 전형적인 다혈질들은 호리호리하고 균형 잡힌 몸매를 가지고 있다. 손과 발은 가늘고 예쁘며, 사뿐사뿐 가볍게 걷는다. 걷는다기보다 뛰는 것처럼 보일 때도 많다. 다혈질이 강한 아이들은 발바닥 전체로 땅을 딛지 않고 발끝으로만 걷기도 한다. 앉을 때도 책상 위에 다리를 올리거나 의자 옆에 비껴 앉아 다리를 대롱대롱 흔든다. 한마디로 발밑의 땅과 별로 연결되지 않았다.

얼굴은 환하고 총명한 인상을 준다. 눈이 반짝반짝 빛나고 잘 웃는다. 말소리가 빠르고 어조가 다양하며, 높낮이로 여러 가지 느낌을 표현한다. 자기 목소리를 좋아하고 자꾸 듣고 싶어서 누가 있거나 말거나 상관없이 혼자 재잘거리기도 한다. 손을 가만히 두지 않고 목이나 얼굴, 머리카락을 가볍게 만지작거린다. 다혈질은 모든 새로운 경험을 하나의 모험이라 여긴다. 작은 새처럼 팔랑팔랑 뛰어다니며 잠깐 땅을 디뎠다가 금세 포르르 날아가 버린다.

다혈질은 산만하고 정신없는 경향이 있다. 감각 인상을 빨리 파악하지만 그만큼 쉽게 잊어버린다. 주변에서 일어나는 모든 일에 신경을 쓰기 때문에 집중하기가 힘들다. 자기감정과 사실을 뒤죽박죽 섞기 때문에 상황을 객관적으로 인식하기 어렵다. 객관적인 태도를 유지하려고 노력하다가도 어느 틈에 맘대로 과장하기 시작한다. 그러다가 다시 정신을 차리고는 씩 웃으며 제대로 말하려고 애쓴다.

이름이나 사건을 제대로 기억하지 못하는 경우가 많다. 가라앉은 기억을 불러오는데 필요한 시간만큼 한 가지 생각을 오래 부여잡지 못하기 때문이다. "아, 그게 뭐였더라!" 하며 잠깐 안타까워하다가 곧바로 다른 생각으로 넘어가버린다. 다혈질은 여러 가지를 한꺼번에 생각하기 때문에 집중력이 약하고 생각의 연결고리를 놓치기 쉽다. 점액질들이 한 가지 생각에 너무 골몰하다가 행동으로 전환시키지 못하는 반면, 다혈질들은 하나의 생각에 초점을 맞추지 못한다. 이 생각 저 생각을 넘나들면서 새로움, 변화무쌍함의 스릴을 즐긴다. "모든 건 눈 깜짝할 새에 사라진다!" 이것이 그들의 좌우명이다. 다혈질들은 반복을 지겨워하며 의식적으로 피한다. 딱 한번 해본 것만으로도 충분히 경험했다고 생각한다. "나도 겪을 만큼 겪고 할 만큼 다 해봤어!" 이런 말을 자주 한다. 그들은 언제라도 다른 일로 넘어갈 준비가 되어 있다.

다혈질은 주변 물건을 어떻게 대할까? 그들은 아름다운 것을 좋아하며 곁에 두고 싶어 한다. 수시로 배치를 바꾸며 다양성을 즐긴다. 자기 물건을 아끼지만 별로 애착을 갖지는 않기 때문에 잃어버리거나 흘리는 일이 많다. 물건이 없어졌는지도 모르고 있다가 필요한 순간에 '짠'하고 나타나지 않으면 그제야 당황하고 놀란다.

친구 사귀기는 이들의 전문 분야다. 사람들 모이는 자리가 있으면 열 일 제치고 참석해서 신 나게 웃고 떠든다. 정확히 말하자면 그런 자리에 가야

기운을 얻는다. 사람을 끄는 매력이 있으며, 처음 만난 사람과도 편안하게 잡담을 주고받는다. 이들에게는 지루한 일이 없다. 세상 어디에나 볼 것, 할 것이 넘쳐난다. 변덕스러움 때문에 문제가 생기기도 한다. 친구마다 자기가 그의 '절친'이라고 생각하게 만들기 때문이다. 다혈질 주위에는 사람이 모인다. 근사한 아이디어가 쏟아져 나오고 아무리 지루한 일도 신 나고 재미있게 만든다. 가는 곳마다 햇빛을 몰고 다니지만, 쉽게 약속을 잊어버리고 어떤 일을 끝까지 믿고 맡기기 어려운 특성(점액질의 신뢰성에 비해 상대적으로) 때문에 다른 이들의 인내심을 시험하기도 한다.

바깥세상을 향해 모든 신경이 집중된 만큼 다른 사람의 입장을 이해하는 능력이 탁월하다. 타인의 마음을 이해하고, 누가 누구를 만나야하는지, 파티에서 누가 누구 옆자리에 앉아야하는지, 상대가 무슨 말을 하고 싶은지(그런데 뜸을 너무 오래 들이고 있는지) 등을 직관적으로 파악한다.

기분이 나쁘면 불같이 화를 내고 마음에도 없는 말을 내뱉는다. 하지만 화가 쉽게 가라앉고 뒤끝 없이 금방 잊어버린다. 다른 사람의 잘못을 쉽게 용서하며, 자기도 그렇게 쉽게 용서받을 거라 기대한다. 사이가 틀어졌던 친구와 화해할 때 왜 과거의 오해를 먼저 풀자고 하는지를 이해하지 못한다. 환희의 절정과 우울의 나락을 오가는 등 감정기복이 심하지만 사실 이 또한 오래 가지 못한다.

다혈질들은 관심이 완전히 외부를 향하고 있어 주변에서 오는 온갖 자극에 쉽게 좌우된다. 남에게 강한 인상을 남기고 싶은 마음에 겉으로 보이는 이미지, 최신 패션, 새롭고 신기한 물건에 에너지를 쏟고 별나고 기이한 행동까지 서슴지 않는다. 자기 취향이나 느낌보다 유행을 따른다. 내면의 원천에서 원동력을 찾지 못해 다른 사람들에게 의존한다. 파격적인 용모나 말투가 그 사람 개성의 힘처럼 보이지만 자세히 들여다보면 최신 유행의 모방에 불과함을 알 수 있다. 허풍 섞인 열변을 토하면서 그럴싸한 사업 계획을 늘어놓고, 매번 '100% 확실한 일'이라며 호언장담을 하지만, 깊이 생각하고 멀리 바라보지 않기 때문에 쉽게 속아 넘어가 사기를 당하는 일이 많다. 근거 없는 낙관주의 때문에 끊임없이 어려움에 처한다.

변화는 다혈질들이 살아가는 방식이다. 변화는 놀랍고 근사한 가능성을 가져다준다. 이사, 여행, 집수리, 손님 초대, 맛집 순례, 친구 사귀기 등, 모든 일을 시도하고 다 흥미로워한다. 이들의 유연함과 상황 적응력은 한계가 없다.

직장의 근무 태도는 직업 유형에 따라 천차만별이다. 사람을 만나 대화하고, 계약을 체결하고, 강한 인상을 남겨야하는 일에서는 단연 발군의 실력을 보이지만, 매일 똑같은 시간에 출근하고 서류를 정리하고 치밀하게 동선을 짜야하는 일에서는 대책 없고 무능하다. 문서를 어느 서류철에 꽂아두었는지 기억하지 못한다. 때론 엉망진창으로 쌓인 서류더미 속에서 필요한 서류를 정확하게 끄집어내면서 개구쟁이 같은 미소를 띠고 '봐요, 엉망이라도 필요한 게 어디 있는지 다 알고 있어요.'라는 듯 상대방을 바라본다. 하지만 이런 기적이 언제나 일어나리라 기대할 수는 없다. 상황이나 사람을 대할 때 규칙을 일관성 있게 적용하기를 어려워하며, 그날의 기분에 따라 원칙과 규칙을 제멋대로 바꾸곤 한다.

다혈질에게서는 멋진 아이디어가 끊임없이 샘솟는다. 주변 사람들까지 전염시킬 정도로 열정이 넘치며, 맘만 먹으면 뭐든지 팔 수 있다. 일을 해결하고 처리하는 것보다 사람들과 대화하는 편이 더 즐겁다. 뒤를 따라다니며 이들이 벌인 일을 마무리해줄 믿음직한 직원이 있다면 직장에서 대단히 창

I 성인기의 기질_타고난 재능과 과제

의성 높은 구성원으로 제 역할을 훌륭히 해낼 것이다. 새로운 가능성을 직관적으로 파악하고 혁신을 창조하는 사람들이지만, 무책임함으로 인해 실업자 신세가 되는 경우도 많다.

＊샬롯은 체계적이지 못하고 산만하다. 중요한 서류를 잃어버려 주변 사람 모두가 식은땀을 흘리며 찾아 헤매게 만든 적도 있다. 하지만 높고 순수한 이상을 갖고 장애아를 돕는 기관에서 헌신적으로 일한다. 기금 마련을 위한 일일 찻집에 초대할 사람들을 만나고 전화하는 일을 좋아한다. 붙임성이 좋고 상대가 저절로 경계를 풀게 만드는 힘이 있어 사람들은 쉽게 마음을 열고 기부를 결심한다. 일의 마감 시한을 정해두지만 지키는 적이 없다. 어제까지 끝냈어야 하는 일을 오늘 마무리하느라 늘 시간에 쫓겨 허둥댄다.

동료들에게 큰일이라도 날 것처럼 빨리 자료를 달라고 난리법석을 피운다. 하지만 이제 동료들은 그런 호들갑에 말려들지 않으면서 샬롯이 원하는 바를 이해하는 법을 터득했다. 전화를 해서 "이거 내일까지 끝내주지 않으면 큰 일 나요!"라며 재촉을 해도 동료는 "다음 주 월요일까지 할게요. 정말 중요한 프로젝트니까 제대로 마무리 지으려면 시간이 필요해요."라고 침착하게 대답한다. "그럼 내일모레는 어때요?" 하며 협상을 걸어와도 "아뇨, 다음 주 월요일이요." 라고 단호하게 답한다.

마침내 샬롯은 상황을 받아들이고 자기 업무로 돌아간다. 이럴 때 "이봐요, 지난번에 급하다고 해서 다른 일 다 미루고 마무리해주었더니 홀랑 잃어버렸었잖아요."라든가 "맡은 부분을 끝내려고 날밤을 샜는데 그 때 당신은 자기가 맡은 부분을 시작도 안했었잖아요." 같은 말은 전혀 도움이 안 된다. 물론 마음속에서는 상대가 옳다는 걸 알지만 막상 지적을 받으면 반감만 가질 뿐이다. 동료나 부하 직원이 다혈질인 이런 상황에 가장 잘 대처하는 방법은 단호하게 경계를 세우고 열정적으로 움직이는 것이다. 샬롯은 열심히 노력하는 사람이지만 차분하게 일을 조직하고 체계를 세우지는 못한다. 어쨌든 결과는 대단히 훌륭했고, 쏟아지는 박수갈채와 칭찬을 받은 샬롯은 그간의 골치 아프고 속상했던 일을 다 잊어버렸다.

1단계

이 단계의 다혈질은 일을 끝까지 마무리할 수 있는 의지가 부족하다. 차분히 숙고하면서 지금까지 한 일을 되돌아보는 시간 없이 계속 내달리기 때문에 경험을 하고도 거기서 배움을 얻기가 어렵다. 아니, 숙고 또는 돌아보기 자체를 피하려 애쓴다는 게 더 맞을 수도 있다. 그들은 오직 현재라는 순간만을 생각한다. 진득하지 못한 태도가 실패의 가장 큰 원인이다. 어떤 일에도 무엇인가를 이룰 때까지 오래 머무르지 못한다. 끈질기게 파고드는 대신 피상적인 수준에서 만족하기 때문에 여러 분야를 조금씩 얕고 넓게 안다. 첫인상을 좋게 줄 수 있지만 깊이는 없다.

첫 번째 단계에서는 다혈질의 장점을 이기적으로 이용한다. 기분 내키는 대로만 움직이면서 모두의 관심을 한 몸에 받는 자리에 서고 싶어 한다. 일을 하다가 상대의 기분을 상하게 했다면, "뭐, 일부러 그런 건 절대 아니야." 곧바로 미안하다고 사과하며 내일은 달라지겠다고 약속한다. 하지만 내일이 돼도 전혀 달라지지 않는다. 마음먹은 바를 자주 바꾸고 기분도 수시로 달라진다. 무슨 일에나 끼고, 무엇이든 제일 먼저 하고 싶어 한다. 새롭고 재미있는 일이라면 열 일을 제치고 달려간다. 자기가 벌인 일을 다른 사람이 대신 수습하거나 책임져야하는 상황이 생기면, '미안하긴 하지만 인생이 그런

I 성인기의 기질_타고난 재능과 과제

거지 뭐.' 애교와 매력을 총동원해 온갖 변명을 늘어놓으면 화를 풀지 않을 재간이 없다. 자기 이익을 위해 다른 사람 마음을 이용하기도 한다. 하지만 사람들과의 관계가 표피적인 수준을 넘어서지 못하기 때문에 자기가 다른 사람의 마음을 얼마나 아프게 했는지 깨닫지 못하는 경우도 많다.

일이 잘 풀리지 않으면 주변 사람들이 참기 힘들 정도로 토라져서 심통을 부린다. 무엇이 잘못된 건지 깊이 파헤치고 다시 잘해보겠다 마음을 다잡는 대신 에라 모르겠다 포기해버리고 다른 사람들이 어떻게 해주기를 바란다. 적극적으로 일을 수습하러 나서지 않고 자기 생각만 하며 눈을 질끈 감는다.

이들에게는 시간 관리가 아주 어려운 일이다. 한꺼번에 많은 일을 벌이고 시간 약속에 자주 늦는 것은 고질병 수준이다. 재미있는 일이 생기면 다음 약속 따위는 금세 잊어버린다. 하지만 그럴싸한 이유를 만들어 금방 사과하고 다시 약속을 잡는다.

*엘리노어는 네 아이를 둔 전업주부다. 그녀는 무슨 일을 시작해서 제대로 끝맺은 적이 없다. 위로 세 아이가 학교에 다니는 데도 동에 번쩍 서에 번쩍 안 다니는 데가 없다. 중요한 일을 하는 중에도 계속 딴 생각에 빠지기 때문에 약속을 자주 잊어버린다. 집안일도 계속 벌이기만 하고 마무리를 못하면서 온갖 모임에서 일을 자청하고 나선다. 맡은 책임이 있어도 집중력을 요하거나 재미없는 일이면 내팽개치고 친구를 만나러 나간다. 아이들을 키우는 과정에서도 이런 기질 때문에 계속 어려움을 겪었다. 친구들은 아무리 호언장담을 해도 그녀의 말을 안심하고 믿지 못한다. 반복되는 패턴이라는 것을 미처 몰랐을 때는 선선히 잘못을 인정하고 사과하는 태도와 기본적인 호감 때문에 쉽게 용서했지만, 이제는 어떤 일을 맡길 때 훨씬 신중한 태도를 취한다. 어디를 가도 금방 친구를 사귀는 붙임성과

사람 좋아하고, 변화를 즐기고, 주변을 아름답게 꾸미는 다혈질의 특성 덕에 손님 접대만큼은 타의 추종을 불허한다. 사람들과 어울리는 능력이 정말 탁월하기 때문에 경비행기 여행에서 돌아와 몇 시간 전에 처음 본 조종사와 저녁을 먹으러 나간다고 해도 주위 사람들은 별로 놀라지 않았다. 그녀는 누구를 만나도 자신이 아주 중요한 사람이고 관심과 인정을 받고 있다는 느낌이 들게 만드는 재주가 있다. 사실 이런 느낌은 엘리노어 자신이 갈망하는 것이기도 했다. 그러나 어떤 단체에서 기금 모으는 일을 맡아 능력을 인정받았지만 무책임한 태도와 산만함 때문에 자주 어려움에 부딪쳤다.

다혈질은 사람들에게 소화할 시간도 주지 않고 새로운 아이디어들을 계속해서 쏟아낸다. 일이 자기 맘대로 되지 않으면 동료와 배우자를 들들 볶으며 짜증내고 심술을 부린다. 하지만 누가 자기 생각이 맘에 든다고 하면 그를 세상에서 가장 멋지고 환상적이며 근사한 사람이라고 여기면서 지극정성을 바친다. 그러다가도 싫증이 나거나 더 멋진 사람이 나타나면 언제 그랬냐는 듯 돌아선다. 다혈질은 순간의 감정에 근거해 판단을 내리기 때문에 판단을 신뢰할 수 없는 경우가 많다. 철석같이 약속을 해놓고 다음날 아무렇지도 않게 취소하기도 한다. 그들은 삶의 모든 기쁨을 맛보고, 다양한 경험을 쌓고, 즐거운 시간을 보내면서 행복을 느끼고 싶어 한다.

이런 자기중심적 태도로 인해 수많은 사건이 정신없는 속도로 벌어지지만, 마음속 깊은 곳에서는 그들도 삶을 질서 있고 안정감 있게 만들고 싶은 소망이 있다. 그러기 위해서는 무엇보다 의지력이 강해져야 한다. 이들을 보고 있으면 윽박을 질러서라도 일을 제대로 끝내게 만들고 싶은 마음이 자연스럽게 생긴다. 이런 간섭은 다혈질들이 우리가 그들을 좋아한다고 느낄 때만 효과를 발휘할 수 있다. 인정받거나 받아들여지지 않는다고 느끼면 변화는커녕 눈앞에서만 상황을 모면하려 드는 태도가 더 악화될 수도 있다. 이들은 자기에게 요구하는 역할을 파악하는데 능하고 상황에 따라 수시로 얼굴을 바꿀 수 있다. 순진무구한 얼굴로 잘못을 뉘우치고, 우리를 기쁘게 하려고 애쓴다는 인상을 주지만 진심인 경우는 별로 없다. 사실은 우리에게, 그리고 자기 자신에게 거짓말을 하는 중이다. 이런 태도를 지긋지긋해하며 대놓고 무시하면 다혈질은 더욱 더 현실과 동떨어지게 된다. 야단치거나 화를 내는 것은 도움이 되지 않는다.

이들에게 필요한 것은 타인에게 상처를 주지 않으면서도 자신이 중심에 서 있다고 느낄 수 있는 영역을 찾는 것이다. 주목받는 것이 허용될 뿐 아니라 그래야 마땅한 연극 동아리, 또는 골을 넣거나 패스를 잘해서 (하지만 다른 사람과 함께 움직이면서) 박수갈채를 받을 수 있는 스포츠 팀 가입을 권유해보자. 덤으로 꾸준히 연습해야 팀에 남을 자격이 생긴다는 것도 배울 수 있다. 환호와 갈채의 중심이 되었던 기억이 힘든 훈련을 계속 이어갈 동력이 되어 줄 것이다.

하지만 연극이건 운동이건 처음의 불타는 열의는 시간이 지나면서 조금씩 시들어간다. 특히 집중력과 힘을 쥐어짜야하는 어려운 고비를 만나면 급격하게 관심이 식고 어느새 다른 일을 기웃거린다. 이럴 때 다시 힘내어 도전하도록 격려하는 사람이 곁에 있으면 흩어진 의지에 중심이 생기고 깊이 파고들지 못하는 습성을 조금씩 극복하기 시작한다. 이들은 이런 상황에서 쉽게 포기하지 않고 끝까지 밀고 나가도록 격려하고 도와준 사람에게 무한한 사랑과 존경을 보낸다. 그런 코치나 감독이 다혈질의 가장 깊은 열망을 읽어주었기 때문이다. 보통 다혈질들은 어떤 일을 할 때 (주로 시작한지 얼마

안 되었을 때) 책임자보다 자기가 더 많이 안다고 자만하는 시기를 거친다. 그럴 때 좋아하지 않는 일을 하라는 말을 들으면 기분 나빠하며 일이 재미없으니 그만두겠다고 협박을 한다. 하지만 상대방의 지시가 아주 타당했으며, 자칫하면 고집을 부리다가 정말 멋진 기회를 놓칠 뻔 했다는 것을 깨달으면 그제야 상대의 진가를 인정한다.

미성숙한 다혈질들은 배우자가 아닌 이성에게 추파를 던지거나 불륜을 저질러 결혼 생활을 위기에 빠뜨리기도 한다. 점액질 배우자들이 가장 참을성 있게 이 상황에 대처할 것이다. 점액질 아내가 다혈질 남편과의 관계에 신뢰를 갖고 있다면 순간의 불장난에 지나치게 심각한 의미를 부여하지는 않을 것이다. 별다른 의도를 갖고 벌인 일이 아니라는 걸 알기 때문이다. 물론 남편을 깊이 사랑할 때만 이 상황을 수용할 수 있다. 일단 참고 얘기를 들어줄 수 있는 경우라면 다혈질 남편은 큰 자의식 없이 솔직히 털어놓을 것이다. 변명을 하거나 속이려 들지 않는다. 분명히 문제가 있는 사람이지만 아내를 정말 사랑하고 헌신한다. 아내는 자기 인생의 정신적 지주다. 점액질 남편도 한눈을 판 다혈질 아내에게 비슷한 반응을 보일 것이다. 여기서 중요한 건 배우자가 한눈팔아도 받아주었다는 부분이 아니라, 다혈질들은 자기 인생이 뿌리 없이 부유하지 않도록 붙들어줄 사람을 절실하게 원하며 그 역할을 해주는 사람에게 헌신한다는 점이다. 그러면서도 다혈질들은 그 사람과의 관계를 망가뜨릴 수 있는 온갖 행동을 무의식적으로 계속 저지른다. 그런 일이 계속되면 참다못한 점액질 배우자가 어느 날 뒤도 안 돌아보고 떠날 수 있다. 다혈질은 혼란에 빠지고, 왜 하필 상대방이 가장 필요한 시점에 떠나버렸는지 이해하지 못한다. 이런 식으로 행동하는 다혈질 배우자는 결혼 생활을 심각한 위험에 빠뜨릴 수 있다. 이를 참아낼 수 있는 사람은 극히 드물고, 그러기를 요구하는 것도 사실 어불성설이다. 동일한 행동을 담즙질 배우자에게 저질렀다면 그들은 다혈질 배우자를 당장 집에서 내쫓고, 불륜의 상대도 찾아가 혼쭐을 내줄 것이다. 우울질 배우자는 깊은 절망에 빠지고 자기가 부족해서 배우자가 다른 데서 마음 붙일 곳을 찾은 거라고 스스로를 책망할 것이다.

어떤 대상에 대해 경계를 넘어서까지 집착하는 다혈질의 이런 성향이 애정 문제 대신 술이나 약물의 형태로 나타나기도 하지만 근본 원리는 동일하다. 다혈질은 자기 행동을 통제할 줄 모르는 대책 없는 어린아이 같다. 헌신적으로 애정을 쏟은 사람(배우자나 친구)이 달라져야 한다고 지속적으로 타이르고 설득하는 것이 중심을 잡는데 큰 도움이 된다. 다혈질들은 사랑받기를 원한다. 사랑을 잃어버릴지 모른다는 불안에 휩싸이면 필사적으로 노력하게 된다. 절망의 밑바닥에서 상대방이 길을 보여주면 다혈질들은 정신을 차리고 새로 출발할 수 있다.

*브렌다는 다혈질 성향이 아주 강한 청소년이다. 시작한 일을 마치는 법이 없다. 자기는 정말 한심한 인간이라며 절망어린 자책에 빠져 있다가 또 언제 그랬냐는 듯 말도 안 되는 일을 요구하는 주변 어른들이 미워죽겠다고 분통을 터뜨린다. 숨넘어갈 정도로 성질을 부리다가 또 건방지게 고개를 빳빳이 세우고 잘난 척을 하고, 그러다가 또 어디로 도망가서 죽어버릴 거라고 협박한다. 겉으로 보면 손써 볼 도리가 없을 정도로 제멋대로다. 하지만 마음속으로는 누군가 자기를 붙잡아 주기를 간절히 바라고 있다. 그러던 중 우연히 들어간 농구 팀에서 큰 성장의 계기를 만난다. 친구나 가족 중에 브렌다가 농구 팀에 오래 붙어있을 거라고 생각한 사람은 아무도 없었다. 그래서 부모는 비싼 유니폼이나 농구화에 선뜻 큰돈을 들이려하지 않았다. 사실 연습이나 경기 중에 화가 나서 씩씩거리며 경기장을 뛰쳐

나간 적이 한두 번이 아니었고, 걸핏하면 그만둔다고 으름장을 놓았다. 코치 선생님에게 심한 말을 퍼부은 적도 있었다. 하지만 코치는 이런 태도에 아랑곳하지 않고 저녁이면 브렌다에게 전화를 해서 다음날 경기장에서 다시 보자고 이야기했다. 코치에게는 브렌다가 필요했다. 둘의 힘겨루기는 한 편의 드라마처럼 흥미진진했다. 그녀는 코치가 자신에 대한 신뢰를 버리게 만들기 위해 온갖 짓을 다했다. 하지만 코치는 브렌다라는 야생마를 인내심의 한계를 시험하는 숙제로 여기고 고삐를 있는 힘껏 쥐고 놓지 않았다. 결국 시즌이 끝날 무렵 브렌다는 상당히 괜찮은 선수로 성장했을 뿐 아니라 코치를 흠모하게 되었다. 그와 함께 열심히 노력할 때면 무슨 일이든 해낼 수 있는, 꽤 쓸모 있는 사람이라는 자신감을 얻었다.

이 자신감은 학업으로도 이어졌다. 물론 유약한 과거 모습으로 돌아가는 순간도 많았다. "난 내용을 다 알고 있기 때문에 공부할 필요가 없었던 거야. 그런 점수를 받은 건 모두 그 형편없는 선생님 때문이라고!" 아직 기복은 있지만 브렌다가 두 번째 단계로 넘어가는 중이라는 것은 분명하다.

2단계

선의는 넘치지만 끝까지 해내는 근성은 여전히 부족하다. 하지만 이 단계에서 이들의 선의는 더 이상 자신만을 향해 발현하지 않는다. 이제는 다른 사람을 도우려고 애쓴다. 처음에는 기쁜 마음으로 신 나서 일을 하지만 어려움을 만나면 다시 자기만 생각하고 싶은 유혹에 빠진다. 이 유혹을 이기고 타인을 향한 시선을 거두지 않을 때 다혈질은 변형하기 시작한다. 타인에게 보내는 관심의 몸짓에 진정성과 진심이 담긴다.

다혈질은 집이 엉망진창이고 일과가 혼돈스러워도 태연히 제 할 일을 할수 있다. 사소한 일로 별로 흔들리지 않는다. 식기세척기가 고장나고 물이 뚝뚝 흘러도 별로 개의치 않는다. "그래? 고장 난 줄도 몰랐네. 오늘 할 일

I 성인기의 기질_타고난 재능과 과제

이 워낙 많았거든." 밖에서 쇼핑이나 볼 일을 본 다음 후다닥 집으로 들어가 탁자나 침대에 물건을 던져놓고 다시 쏜살같이 집 밖으로 나간다. 차에 기름 이 떨어지거나 냉장고에 우유가 없는 날이 허다하다. 하지만 그런 다혈질의 집에 놀러가는 건 유쾌한 일이다. 사방에 물건이 어질러져 있겠지만 아무데 나 퍼질러 앉고 편하게 기대도 상관없다. 어지르거나 더럽힐까 조심할 필요 가 없다. 웃음소리, 유쾌한 농담, 기분 좋은 선의가 가득 하다. 6개월 전에 빌려준 책이 갑자기 생각나서 물어보지만 않는다면! 말이다. 다혈질 집주인 은 아무렇지도 않게 "책? 무슨 책? 분명히 여기 어디 있겠지. 세상에, 아직 펴보지도 못했네. 눈 한 번 깜빡하면 시간이 훌쩍 지난다니까."라고 대꾸할 것이다. 거실 한쪽 구석에는 햄스터 집, 다른 구석에는 어항, 또 다른 구석 에는 예쁜 조개껍질을 모아놓은 선반, 또 어딘가에는 엉망진창 뒤섞인 털실 뭉치와 뜨개질감이 굴러다닐 것이다. 하지만 집주인은 이런 집 꼴에 아랑곳 하지 않고 독거노인들에게 도시락 배달 봉사를 가거나 병원 환자들에게 위 문편지를 쓰느라 분주히 채비를 하고 나설 것이다.

*폴라는 가정과 학교생활 모두 순탄하지 않았다. 어떤 일에도 오랫동안 집중하 지 못했다. 툭하면 물건을 잃어버리고 돌아서면 배운 것을 까먹었다. 변덕스럽고 잘 토라지는 성격 때문에 주변 사람들을 불편하게 만들었다. 알츠하이머를 앓고 계신 할머니를 모셔와 함께 살게 되었을 때 어떤 친척은 이런 반응을 보였다. "어 이쿠! 그럼 이제 그 집에 정신 나간 사람이 둘이 되는 건가!"

시간이 지나면서 모두의 예상을 뒤엎는 결과가 나왔다. 폴라와 할머니가 아주 특 별한 사이가 된 것이다. 할머니가 끊임없이 현실을 혼동하는 치매증상을 보일 때 밝고 가벼우면서 상황을 직관적으로 꿰뚫어보는 폴라가 가장 능숙하게 대처했다. 자기가 나서는 게 제일 낫다는 것을 깨달으며 폴라는 할머니에 대해 책임감을 느끼기 시작했다. 할머니를 돌볼 때는 정신 차리고 최대한 집중을 해야 했다. 다혈질 특유의 활기와 상황이 눈에 띄게 호전되지 않아도 낙천적으로 바라보는 태도 때문에 할머니는 의기소침하고 낙심해 있는 다른 사람들 말고 폴라를 곁에 두고 싶어 했다. 폴라의 쾌활하고 명랑한 성격은 우울하고 힘든 시기를 보내는 나머지 가족들에게도 큰 힘이 되었다.

다혈질에게 변화의 열쇠는 존경을 갖고 대할 사람이 생기는 것이다. (이들의 영웅은 담즙질인 경우가 많다) 우러러볼 대상을 정하고 나면 다혈질들은 기꺼이 자신을 내려놓는다. (상대방이 이따금씩 자신을 인정하는 신호를 보내주는 한) 존경하는 이의 성취와 평판을 자기 것으로 받아들이며, 그를 본받기 위해 전부를 내걸고 노력한다. 하지만 우상이 자기를 홀대하거나 인정해주지 않는다싶으면 존경심이 차갑게 식는다. 헌신에 종지부를 찍고 돌아서면 그 영웅이 알고 보면 얼마나 실망스러운 인간인지를 떠들고 다닌다. 심하면 악의적인 소문과 거짓말을 퍼뜨리기도 한다.

경험이 축적되면서 (다른 기질보다 좀 오래 쌓아야 한다) 변화가 시작된다. 깊이와 집중력을 키우는 것이 얼마나 중요한지 깨닫게 되면 그런 자질을 갖춘 사람을 의식적으로 찾아다닌다. 하지만 역시 다혈질이기 때문에 진득하게 기다리지 못한다. 선택한 '멘토'가 정말 헌신을 바칠만한 가치가 있는 사람인지 알아보는 시험을 해보고 싶어 약점을 찾아 일부러 모욕을 주기도 한다. 많은 인간관계가 이 단계에서 끝난다. 정말 성숙한 사람이라면 다혈질의 말도 안 되는 도발에 휘둘리지 않고 묵묵히 자기 길을 갈 것이다. 상대방이 무례하고 어리석은 자신의 행동에도 등을 돌리지 않는다는 것을 깨달으

I 성인기의 기질_타고난 재능과 과제

면 자신이 무슨 짓을 하고 있는지 돌아보게 된다. 이는 찬찬히 생각하고 내면으로 들어가는 계기가 된다. 자기 행동을 뉘우치고 반성할 때 다혈질들은 다음 단계를 향한 중요한 문지방을 넘는다.

*매력적인 다혈질인 프레드는 항상 사람들에게 좋은 인상을 준다. 어렸을 때는 형제자매 중에서 유독 모범적이고 사랑스러운 아이였다. 이모나 삼촌을 만날 때면 한걸음에 달려가 꼭 끌어안으며 정말 보고 싶었다고 뽀뽀를 하는 등 주위 사람을 기분 좋게 하는 따뜻한 마음을 가지고 있었다. 학창 시절에는 머리 회전이 빠르고, 재치 있는 말장난과 번뜩이는 아이디어가 넘치며, 의사소통 능력이 탁월한 학생으로 친구 집단에서 구심점 역할을 했다. 하지만 숙제를 기한 안에 완성하는 것이 늘 어려웠고 전날 밤을 새서 간신히 마무리하는 경우가 허다했다.

어른이 되어 직장을 다니면서도 사람들에게 좋은 인상을 주고 일도 잘 했다. 그러다가 어느 날 갑자기 직업을 바꾸었다. 사람들과 쉽게 친해지고 잘 어울리는 재주를 십분 발휘해서 그 분야에서 '촉망받는 인재'로 성장할 기회를 박차고, 기획하고 조직하는 능력이 필요하며 마감 시간을 엄수해야하는, 또한 사람들에게 책임지고 제 때 올바른 정보를 제공해주어야 하는 일에 지원한 것이다. 게다가 스스로 빛을 발하기보다 조직 내 다른 사람들에게 도움을 줄 때만 가치가 있는 성격의 업무였다. 왜 그런 선택을 했느냐는 질문에 프레드는 이렇게 대답했다. "제가 그런 일을 감당할 수 있는 사람인지를 스스로 시험해보고 싶었어요. 사실 이건 제가 그 동안 힘들어하면서 될 수 있는 한 피하려 했던 일의 종합선물세트라고 할 수 있지요." 다혈질의 낙천성을 최대한 발휘해 신 나고 재미있게 일할 방법을 적극적으로 모색한 그는 직장에서뿐만 아니라 인격적으로도 크게 성장했다.

다혈질은 결혼 생활에 큰 기쁨이 되기도 하지만 엄청난 시련을 줄 수도 있다. 낙천적이고 삶을 즐기는 태도 덕분에 함께 사는 하루하루가 새로운 모험이 될 수 있고, 우울질이나 점액질, 심지어 담즙질 배우자를 웃게 만들어주기도 하지만, 상대의 인내심의 한계를 시험하다가 도저히 참지 못하고 폭발하게 만들기도 한다. 배우자의 기질에 따라 결혼 생활은 많이 달라진다. 배우자 역시 다혈질이라면 둘의 약점이 상승효과를 이루어 서로에게 상처를 입히면서 각자 자기중심적 쾌락과 재미만 추구하며 살 수도 있다. 성숙한 다혈질 부부라면 책임감 있는 태도로 (일상이 차분하고 질서정연하지는 않을 수 있지만) 상대방이 격려가 필요한 순간에 희망을 주는 관계가 될 수 있다. 모든 일에서 좋은 면을 찾고 언제든 다시 시작할 수 있는 낙천성과 유연성은 서로의 관계에 큰 힘이 된다.

다혈질은 주변에서 자기를 다른 사람으로 바꾸려들면 화를 내며 반발한다. 따라서 비판과 질책은 큰 효과가 없다. 인내심을 갖고 장점을 충분히 북돋아주면서 행동에 분명한 경계를 그어주는 태도가 필요하다. 다혈질에게는 빨리 완성할 수 있으면서 다양성이 있는 과제가 알맞다. 과연 일을 제대로 해낼까 의심을 받는다면 보란 듯이 자신을 입증하고자 더 분발할 것이다. 하나의 과제를 완수하면 다음 과제에 도전할 힘을 얻어 곧바로 돌진한다. 그러나 지루하거나 시간이 오래 걸리는 과제를 받으면 쉽게 의욕이 꺾이고 (자신이 아니라) 그 일을 준 상대를 원망할 것이다. 다혈질이 성숙하고 힘이 생길수록, 또 다른 사람을 위해 일하면서 긍정적이며 사랑스런 자신의 천성을 발휘할 때 세 번째 단계로 넘어가게 된다.

3단계

이전의 톡톡 튀는 매력과 쾌활함이 한결 차분해지면서 사랑스럽고 넉넉

Ⅰ 성인기의 기질_타고난 재능과 과제

한 사람이 된다. 번뜩이는 직관과 그간의 경험을 이용해서 다른 사람들을 깊이 있게 이해한다. 상대가 도움이 필요한 바로 그 순간에 곁에서 손을 잡아주는 멋진 조력자다. 옛날처럼 주목받으려 아이디어를 여기저기 뿌리고 다니는 대신, 제대로 발전시켜 줄 사람에게 선뜻 내놓는다. 더 이상 사람들의 인정을 얻으려 애쓰지 않는다. 타고난 낙천성은 나이와 상관없이 항상 젊은이로 살게 해주며, 좌절에 빠진 사람을 일으켜 세울 수 있는 힘을 선사한다. 이 단계에 접어든 다혈질은 타인을 위해 일하는 것을 즐기며, 그로 인해 찬사를 받으면 쑥스럽고 멋쩍어 한다. 첫 번째 단계에서 만났던 사람은 동일인이라는 사실을 믿기 힘들 정도다.

여전히 모임을 좋아하지만 과거에 비해 훨씬 차분하다. 사람들을 한 자리에 모으고, 그들의 이야기에 귀를 기울이고, 새로운 인간관계가 형성되는 것을 관찰하면서 기쁨을 느낀다. 젊은 사람들의 객기마저 수용하기 때문에 지나치게 허용적이라는 말도 듣지만 미래에 생길지 모르는 일에 노심초사하지 않으면서 적당한 경계를 그을 줄 안다. 주변 청소년들 중에 이런 관대함을 악용하는 경우도 있지만, 대부분 이 쾌활한 어른을 사랑하고 존경하며 마침내 마음을 연다. 성숙한 다혈질은 청소년들과 함께 일하는 곳에서 아주 훌륭한 지도자가 될 수 있다.

다혈질과 함께 다른 기질도 강한 경우, 어린아이 같은 천진함과 함께 다른 기질의 경직성이 유연하고 가벼워진다.

{ 담즙질 } '질질 끌지 말고 어서 해치워 버려!'

담즙질은 체격이 다부지고 단단하며 근육이 잘 발달한다. 탄탄한 몸은 가볍고 행동은 민첩하다. 힘이 좋으며 실제 체격보다 크다는 인상을 준다. 어깨가 넓고 목은 짧고 가슴이 떡 벌어진 체형이 많다. 강렬한 눈빛으로 가만히 응시할 때 약간의 우월감이 묻어난다. 엄숙한 표정 때문에 화가 났다는 오해를 사기도 한다. 단호한 얼굴과 꼿꼿이 치켜든 머리에서 자신감과 함께 약간의 긴장감이 느껴진다.

목소리에 힘이 있고 명령하는 투로 자신 있게 말한다. 신체 조절 능력이 뛰어나며 격렬한 운동을 즐긴다. 다혈질처럼 유연하고 가볍지는 않지만 웬만한 어려움은 쉽게 이겨낼 수 있는 강하고 튼튼한 신체를 가지고 있다. 지칠 줄 모르고 솟아나는 에너지 덕분에 자신이 상황을 책임지는 위치에 있다고 느낀다. 몸놀림이 자유롭고 신체의 협조 능력도 좋지만, 움직임이 특별히 우아하지 않고 길을 가다가 부딪치거나 물건을 넘어뜨리는 경우가 많다.

전반적으로 목표 지향적이라는 인상을 준다. 몸짓은 앞을 향해 내지르듯 짧고 단호하다. 뒤꿈치로 바닥을 쿵쿵 디디며 걷는다. 듬직하고 안정되게 서있는 것처럼 보이지만 잠시도 가만히 있지 못한다. 좀 오래 앉아있다 보면 몸이 근질근질해서 저도 모르게 벌떡 일어나 움직이게 된다. 깊이 생각할 일이 있으면 방안을 이리저리 서성인다. 이런 긴장 저변에는 담즙질의 피가 위협이나 공격에 대응하여 뿜어오를 준비를 하며 펄떡거리고 있다.

다혈질이 새로운 모험이 펼쳐질 것을 기대하며 하루를 시작한다면 담즙질은 새로운 일을 성취할 기회라 생각하며 아침을 맞이한다. 여간해서는 목표를 향한 주의가 흐트러지는 일이 없다. 할 일을 일목요연하게 정리해두고 모두 완수하겠다는 의지를 불태운다. 하는 일과 자아의식이 강하게 연결되어 있다. 1단계 담즙질은 하루를 전투에서 자신을 입증하기 위한 기회로 여긴다면, 2단계에서는 오늘 하루를 어제보다 조금 더 나아질 기회라고 여긴다. 2단계 담즙질은 삶을 경쟁이 아니라 과제로 바라본다.

*이르마는 유쾌한 성격에 저돌적이고 단호한 사람이다. 주변 사람을 자기 책임이라 여기며 돌보고 관리한다. 아침 일찍부터 하루 일과를 시작한다. 제일 먼저 부엌으로 들어가 혼잣말로 투덜투덜 중얼중얼 거리며 칼질을 하고 시끄럽게 달그락거리며 냄비와 프라이팬을 박박 문지른다. 푸짐하게 한 상을 차려놓고 우렁차게 소리친다. "아침 다 됐어. 난 정원에 일하러 나갈 거야. 다 먹고 싹 치워놔." 이르마는 화가 난 게 아니라 그저 할 일이 많을 뿐이다. 뚜렷한 목표를 세워두고 하나씩 일을 처리하며 성큼성큼 앞으로 나간다.

친구 힐다 역시 담즙질이지만 다혈질도 강하다. 힐다도 바쁘고 할 일이 많지만 이르마처럼 부엌으로 돌진해 들어가 전투하듯 아침을 차리지는 않는다. 대신 요리하고, 책 읽고, 편지 쓰고, 빨래 개는 일을 한꺼번에 해치운다. 한 순간도 허투루 보내지 않으며 할 일을 모두 해치웠다는 데서 자부심을 갖는다. 완벽하지 못해도 그 때문에 속상해하거나 좌절하지 않는다. 아무튼 전부 다 끝냈으니까! 이르마라면 모든 일이 완벽하지 않으면 성에 차지 않겠지만 힐다는 전혀 그렇지 않다. 그녀는 군대를 이끄는 대장이라기보다는 할 일 많은 마을의 이장이다.

상급 과정에 새로 전학 온 학생이 학교 오케스트라 오디션을 보고 말석인 제 3 클라리넷 자리에 배정되었다. 도저히 만족할 수 없었던 아이는 그날부터 집에서 하루에 몇 시간씩 연습하기 시작했다. 오케스트라 선생님에게 따로 도움을 청하자 선생님은 점심시간마다 지도해주겠다고 제안했다. 6주

동안 하루도 빠지지 않고 맹렬히 연습한 끝에 재심사를 받고 제 1 클라리넷 자리로 옮겼다. 몇 주 후 시립 오케스트라 오디션이 있었다. 그 오디션에도 당연히 합격했을 뿐만 아니라 당당히 제 1 클라리넷 자리를 따냈다. 남들보다 잘 하고 싶은 마음과 목표를 이루려는 투지가 밑거름이 되어 목표 지점까지 지치지 않고 올라갈 수 있었다. 음악을 사랑했고 오케스트라에서 더 중요한 역할을 맡고 싶었다. 그래서 연주가 어느 수준으로 향상될 때까지 스스로를 밀어붙였다. 우울질이었다면 오디션 결과에 실망하면서도 그 수준밖에 안 된다는 판결을 그냥 수용했을 것이다. 다혈질이었다면 어떤 자리건 아무 상관없다며 툭 털고 잊어버렸을 것이고, 점액질이었다면 별 생각 없이 제 3 클라리넷 자리를 받아들였을 것이다. 하지만 담즙질로서는 도저히 그냥 넘어갈 수가 없다. 자기는 이것보다 훌륭한 사람이어야 한다. 그리고 실제로 그런 사람이 된다.

담즙질은 자기가 최고이자 최선이라고 확신한다. 세상을 돌아가게 만드는 힘이 자기들임을 안다. 담즙질이 없었다면 우린 어떻게 되었을까? 이들은 할 일이 무엇인지, 또 어떻게 진행해야 하는지를 아는 사람들이다. 업무 때문에 주변 사람들을 다그쳤다면 분명 과제가 잘 진행되도록 도우려는 의도였을 것이다. 이들은 '그 일은 어렵겠는데요' 같은 말을 용납하지 않는다. 이들의 좌우명은 '그 무엇도 나를 가로막을 수는 없다'이다.

*담즙질인 뮤리엘은 청소년 시절 이모 집에서 며칠 머무른 적이 있다. 이모부는 유순한 점액질이고 이모는 담즙−점액이었다. 어느 날 저녁상 앞에 앉았을 때 뮤리엘이 싫어하는 음식이라며 불평을 했다. "좋든 싫든 네 몫을 다 먹을 때까진 식탁에서 일어나서는 안 된다." 이모는 단호하게 대꾸한 뒤 안쓰러워하지도 화도

Ⅰ 성인기의 기질_타고난 재능과 과제

내지 않으면서 저녁을 먹고 상을 치우는 등 침착하게 자기 볼 일을 봤다. "우리 집에서는 상에 놓인 음식은 군소리 없이 먹어야 한단다."

대여섯 시간이나 식탁 앞에 시위하듯 앉아 있었지만 아무도 신경 쓰지 않았다. 그래도 끝까지 고집을 부렸다. 왜 그랬을까? 이 상황을 일종의 힘겨루기라고 여겼기 때문이다. 한 번 맘먹은 건 이루고야 만다는 걸 보여주려 했지만 이모는 만만한 상대가 아니었다. 고집스러움에서 뮤리엘에게 결코 뒤지지 않는데다 흔들리지 않는 평정심으로 뮤리엘의 도발을 눈 하나 깜짝하지 않고 막아내고 있었다. 그동안은 담즙질 특유의 불같은 성질이나 쇠심줄 같은 고집으로 기어코 제 뜻을 관철시켜왔으나 이번 싸움에서는 어떤 방법도 먹히지 않았다. 그러나 질 땐 지더라도 명분이 있어야 했다. 그래서 상황의 주도권이 자신에게 있음을 보여주기 위해, 그리고 최소한의 자존심은 지키기 위해 식탁 앞에 그렇게 오래 앉아있었던 것이다. 이만하면 싫어하는 음식은 안 먹겠다는 말이 진심이었음을 충분히 보여주었다고 생각한 뮤리엘은 조용히 숟가락을 들고 차갑게 식어버린 저녁밥을 먹었다. 이모부는 슬프고 속상해서 안절부절못했지만 아내의 말을 무시하고 나설 엄두는 내지 못했다. 뮤리엘은 결코 호락호락한 사람이 아님을 보여주었다고 생각하면서도 다시는 음식에 대해 불평하지 않았다. 그 태도는 집으로 돌아온 후에도 계속 되었다. 기 싸움에서는 이모가 이겼지만 뮤리엘은 그렇게 오래 버틴 스스로를 대견하게 여겼다. 덤으로 음식 투정하는 버릇도 고쳤다.

1단계 담즙질은 싸움꾼이다. 자기 결정은 뭐든지 옳다고 생각한다. 2단계에 이르면 자유를 사랑하고 인류를 위해 싸우는 투사가 된다. 똑똑하고 자기 관리가 철저하며 일관성이 있다. 한 번 뱉은 말을 틀림없이 지키며 목표를 높은 곳에 둔다. 목표를 실현하는데 희생이 필요하다면 기꺼이 나선다. 치밀하게 전략을 세우고, 큰 소리로 명령을 내리고, 완성할 때까지 과제를 손에서 놓지 않는다. 정의나 도덕을 위해 싸울 때 배신하거나 신념을 저버리지 않는다. 아이디어가 많고 다른 사람과 공유하는데도 적극적이다. 단, 그 공이 자기에게 돌아와야 한다. 권력만큼이나 돈에도 별 관심이 없다. 그들의 비밀스런 소망은 없어서는 안 되는, 꼭 필요한 존재라는 인정을 받는 것이다.

*샘은 대학에서 역사를 가르친다. 체구가 작고 강단 있으며 다정한 성격이지만, 대부분의 상황에서 담즙질이 다른 모든 특성을 압도한다. 동료 교수 중에 그가 존경하고 인정하는 사람은 극히 드물다. 학과 재편을 위한 교수 회의에서 그는 해야 할 일과 필요한 일을 명확히 파악하고 주도적으로 의견을 낸다. 중요한 결정을 내리는 회의에 불참하게 되면 안절부절못한다. 자기가 없으면 십중팔구 잘못된 결정을 내리기 때문이다. 회의에서 자기 입장을 설명(속사포처럼 퍼부었다는 표현이 맞을 것이다)했는데 사람들이 동의하지 않으면, 핵심을 알아듣지 못한 거라고 확신한다. 그래서 다시 한 번, 더 큰 목소리로 더 힘주어 설명한다. 자기 의견을 완벽하게 이해했는데도 동의하지 않는다는 것을 도저히 납득할 수가 없다. 머리끝까지 화가 치밀어 쇳소리를 내다가 결국 회의장을 박차고 나가버린다. 다음 날 회의에서 어제 행동을 사과한다. 그러면서도 포기하지 못하고 다시 한 번 자기 의견을 설명하며 설득하려든다. 존경하는 소수의 교수와 따로 만나는 자리에서도 미련을 버리지 못하고 말한다. "나도 압니다. 하지만 사람들이 내 말을 제대로만 들었어도…"

담즙질들은 비판과 비난을 쉽게 받아들이지 못한다. 곰곰이 생각한 끝에 정말로 자신에게 문제가 있었음을 깨달으면 문제 해결을 위해 적극적으로 나선다. 하지만 이런 자세는 사건의 한복판이 아니라 한참 지난 후에나 가능하다. 자기 잘못과 다른 사람이 입은 피해를 인식하면 참을 수 없이 속

I 성인기의 기질_타고난 재능과 과제

상해한다. 다른 사람에게 인정과 존경을 받고 싶은 소망이 마음 깊이 자리 잡고 있기 때문이다. 문제가 발생했고 그 과정에 자기가 관여했음을 깨달으면 뒤늦게라도 분명히 사과를 한다. 하지만 그러겠다고 스스로 마음을 먹었을 때만 가능하다.

* 리타는 16살이다. 어느 날 혼자 집에 있는데 리타가 좋아하는 할아버지께서 지나는 길에 잠깐 들르셨다. 엉망인 집꼴을 보고 할아버지는 "너희 엄마가 살림꾼은 아니잖니. 네가 엄마를 도와드리면 어떻겠니?"라고 부드럽게 말씀하셨다. 대놓고 꾸지람을 하는 대신 도전 거리를 던진 것이다. 할아버지가 떠나시자마자 리타는 번개 같은 속도로 집안일을 해치우기 시작했다. 부엌 찬장에 있는 그릇을 죄다 꺼내고 싱크대에 따뜻한 비눗물을 채웠다. 순식간에 그릇을 전부 닦고, 찬장을 정리하고, 오븐을 닦고, 바닥을 솔로 문질러 닦고, 먼지를 털고 광을 냈다. 하지만 엄마가 집에 돌아오자 리타는 괜히 큰 소리로 투덜거렸다. "아무도 집안 청소를 안 하니까 내가 다 해야 하잖아!" 할아버지를 좋아하지 않았다면 절대 이렇게까지 열심히 치우지 않았을 것이다. 사랑하고 존경하는 할아버지 말씀이니까 최선을 다했던 것이다.

다음날 리타는 할머니 댁에 갔다. 현관문을 열고 들어서는 순간, 리타의 겉옷 주머니가 찢어진 것을 본 할머니가 한마디 하셨다. "거 좀, 꿰매 입고 다니려무나." 홍당무가 된 리타는 할머니께 대들었다. "할머니는 맨날 저만 보면 뭐라고 하세요! 사촌들이 잘못했을 땐 늘 그냥 넘어가시면서 제가 조그만 거 하나라도 잘못하면 꼭 야단을 치시잖아요. 벌써 몇 년째 계속 그러셨다고요." 급기야 눈물까지 뚝뚝 흘렸다. "이젠 더 못 참겠어요!"

하소연하며 눈물 흘린 것 때문에 리타가 우울질이라고 생각할 수도 있겠지만 전혀 그렇지 않다. 담즙질은 비판받는 것을 참지 못하고 담즙질답게 반응한다. 할머니를 좋아하느냐 아니냐에 따라 기쁘게 해드리기 위해 바느질을 할 수도, 꿰매든 안 꿰매든 자신이 알아서 할 문제라는 점을 주장하기 위해 찢어진 채로 놔둘 수도 있다. 이럴 때 담즙질은 찢어진 주머니를 단순히 수선이 필요한 물건이라는 객관적 눈으로 바라보지 못한다. 비판한 사람을 대립하는 상대로 보고 팽팽한 기 싸움을 벌인다. 리타는 평소 예의바른 아이였고 그동안 서운했어도 할머니께 화내지 않으려고 나름대로 참았지만 결국 그런 사단이 벌어지고 말았다. 소동이 한풀 가라앉은 다음 옆에서 지켜보던 이모가 조용히 리타에게 말했다. "네 맘 안다. 할머니가 몇 년 동안 너만 야단치신 거 이모도 알아. 그래도 내일 할머니께 사과드리는 게 좋겠다." 곰곰이 생각해본 리타는 틀린 말을 하지는 않았다고 결론지었다. 이모도 자기 생각에 동의하고 이해해주었다는데 힘입어 내일 할머니께 사과드릴 방법을 찾아보기로 했다.

1단계

성급하고 고집스러우며, 누구라도 충고를 하거나 간섭한다싶으면 곧바로 들이받는다. 비판을 수용하지 못하며, 변화를 일으킨 사람이 자신일 때만 변화를 따른다. 자기가 상황을 주도해야 직성이 풀린다. 직장에서 해고당하는 일이 드물지 않다. 고용주의 인내심과 선의를 한계까지 몰고 가는 경우가 자주 생기기 때문이다.

두 번째 단계로 넘어가기 위해서는 몇 차례 변형이 필요하다. 첫째, 상황과 사람에 적응하는 법을 배워야 한다. 자신이 주도할 수 없는 상황도 있음을 알아야 한다. 가만히 있어도 항상 우두머리 자리가 자기에게 오는 것이 아니라는 사실을 깨달을 때 담즙질은 성장을 향한 큰 산 하나를 넘는다. 그런 인식 없이 계속해서 자기가 누구보다 중요하고 뛰어난 사람이라고 여기는 한 더 이상 발전하지 못한다. 둘째, 다른 사람의 경험에 귀기울일 수 있어

I 성인기의 기질_타고난 재능과 과제

야 한다. 담즙질이 다른 사람을 귀하고 가치 있는 능력을 가진 존재로 보고 존중할 수 있다면, 이미 인식에 중요한 변화가 일어났다고 볼 수 있다.(담즙질은 이런 말을 덧붙이곤 한다. "하지만 사람이 자기 밥값은 해야지.")

담즙질은 존경과 존중을 원한다. 자기 행동이 주변 사람들에게 혐오감을 불러일으킨다는 것을 알면 비참해한다. 자신들의 기에 눌리지 않고 똑바로 행동할 것을 당당하게, 하지만 공격적이지 않은 태도로 요구하는 사람은 담즙질의 존경을 받는다. 정면으로 대립하면서도 적의를 느낄 수 없을 때 담즙질은 이기심을 내려놓고 자기 의지를 타인에게 강요하려 했던 태도를 버린다. 담대하면서도 스스로를 잘 다스릴 줄 아는 사람과 동등한 위치에서 부딪쳐보기를 열망한다. 그런 경험을 통해 담즙질의 이기심은 한풀 꺾이고 타인과 힘을 합쳐 일할 줄 아는 사람이 된다.

* 빅터는 자신이 회사 일을 아주 열심히 하고 있으며 회사에도 자기가 필요하다는 사실을 잘 안다. 경제적으로 힘들어지면서 부업을 결심했는데, 직장에 있는 장비를 사용해야 하는 종류의 일이었다. 빅터는 부업을 시작하거나 장비를 사용하는데 회사의 허락을 얻어야 한다고 생각하지 않았다. '추가 근무를 밥먹듯 하면서 회사 일을 하고 내가 없으면 일이 제대로 돌아가지 않을 정도인데 누가 뭐라고 하겠어? 회사가 이만큼 된 것도 다 내 덕인데.' 하지만 시간이 갈수록 직원들은 그가 개인 용도로 회사 장비를 쓰는 것에 문제를 제기하기 시작했다. 복사를 해야 하는데 빅터가 복사기를 독점하고 있어 기다려야 하는 경우도 있었다. 상황이 이렇게 되자 빅터가 존경하는 성숙한 담즙질의 상사가 따로 불렀다. "친구로서 자네에게 할 얘기가 있네. 근무 시간에 부업을 하는 것 때문에 몇 가지 문제가 생기고 있어. 물론 아주 심각한 건 아니지만 자네를 존경하고 따르는 직원들조차 문제를 제기하고 있네. 자네를 워낙 존경하기 때문에 대놓고 비판을 하진 않

을 걸세. 하지만 이런 상황을 자네가 생각해볼 필요는 있는 것 같네." 이것은 빅터의 마음을 흔드는데 가장 적절한 방식이었다.

며칠 동안 고민한 끝에 빅터는 직원 회의에서 직접 이 문제를 꺼내 왜 그랬는지 어떻게 해결할지를 설명했다. 퇴근 후에도 본업의 업무를 위해 많은 시간을 일하고 있으며, 부업을 위해 회사 장비를 사용하는 일이 가끔씩 발생한다고 했다. 지금까지 사용한 물품에 대해 정당한 비용을 치를 것이며, 다른 직원이 쓸 일이 있을 때는 언제든 사용을 중지하겠다고 했다. 또한 어떤 제안이나 비판에 대해서도 받아들일 자세가 되어 있으며, 동료들과 함께 문제를 해결하기 바란다고도 했다. 이리하여 모든 문제가 해결되었다. 빅터는 동료의 신망을 잃지 않았을 뿐만 아니라, 타인의 요구와 감정을 배려한다는 점에서 인격적으로도 크게 성장했다. 자기 행동에 책임을 지고 직원 회의에서 스스로 문제를 제기하고, 해결책 또한 스스로 제안하였다는 점에서 역시 믿을 만한 사람이라는 것을 입증했다. 지도력을 손상시키지 않고 문제를 해결한 빅터는 지금 담즙질의 두 번째 단계로 넘어가는 중이다.

2단계

자기 본래의 모습을 중요하게 여기며, 고유한 개성을 지닌 사람이 되기를 원한다. 어떤 집단에서든 지도자로 앞장서고 싶어 한다. 두 번째 단계로 성장해가면서 자신이 주변의 인정과 존경을 근거로 움직이고 있음을 깨닫는다. 주위에서 알아봐주지 않으면 더 훌륭한 성과를 내고자 한층 열심히 노력한다. 사람들이 자신의 진가를 알아봐준다는 확신이 들 때까지 노력을 멈추지 않는다. 그러다가 다시 첫 번째 단계로 미끄러져버리기도 한다. 특히 유약해 보이는 사람을 처음 만나면 옛날 버릇이 나오기 쉽다. 적어도 그들이 똑 부러지게 자기주장을 펼치기 전까지는 의견을 무시하고 지배하려 든다.

Ⅰ 성인기의 기질_타고난 재능과 과제

담즙질은 찔러도 피 한 방울 안 나오는 냉정하고 차가운 사람일까? 그렇지 않다! 이들의 따뜻하고 선한 마음이 금방 드러나지 않는 데는 두 가지 이유가 있다. 첫째, 과제를 제대로 해내는 데 모든 에너지를 집중하기 때문에 차가워 보일 수 있다. 둘째, 다그치고 밀어붙이는 태도와 주변의 공격(실제로 존재할 수도, 혼자 생각일 수도 있다)에 맞서 자신을 보호해야한다는 생각 때문에 사람들의 반감을 사는 경우가 많다. 이들은 섬세하고 부드러운 내면을 퉁명스런 말투로 감춘다. 다정하고 재치 있는 말로 마음을 편하게 해주면 부드러운 면을 쉽게 내보일 것이다.

자기 연민에 빠져 허우적거리는 사람들을 보면 담즙질은 전혀 공감하거나 어리광을 받아주지 않는다. 왜 계속 징징거리는 거지? 왜 자기 인생의 주도권을 쥐지 못하고 우는 소리만 늘어놓는 거지? 담즙질은 사람들이 무기력하게 상황을 탓하고 무작정 주변에 기대는 것을 못 견딘다. 그런 나약한 태도는 존중할 가치가 없다고 여긴다. 하지만 진정한 슬픔에 대해서는 마음 깊이 공감한다. 정말로 도움이 필요하다고 느끼면 한없이 관대해진다.

담즙질의 위협적인 표정 밑에 감추어진 기사도 정신에 호소함으로써 이들의 성장을 도울 수 있다. 이들에게 이런 자질이 숨어있다는 생각을 갖고 대하면서 우리(또는 자신)의 기대에 부응하는 사람으로 만드는 것이다. 담대함과 너그러움은 담즙질이 가진 두 가지 큰 미덕이다. 하지만 발현이 되기 위해서는 자극이 필요하다. 그런 자질의 존재를 알고 있음을 밝히는 것도 좋은 방법이다.

여성 담즙질에게는 삶이 특히 어려울 수 있다. 자기만큼 강한 남자를 찾지만 남자들이 겁을 먹고 도망가기 일쑤다. 강한 남자는 자기보다 덜 지배적이고 여성성이 강한 여자를 원하는 경우가 많다. 담즙질 여성과 한 팀으로 일하는 것은 좋아도 결혼까지는 원하지 않는다. 담즙질 여성의 자신감, 높은 기준, 바른말하는 태도 때문에 삶이 팽팽한 경쟁이 될 수 있기 때문이다. 담즙질 여성은 끊임없이 요구하고 여간해서는 만족할 줄 모른다. 자신과 대등하게 맞설 수 있는 남자, 자신이 지나치게 격렬할 때 침착함을 유지하는 남자, 자신이 똑똑할 때 지혜로운 남자, 자신이 짜증낼 때 참을성 있게 대응하는 남자를 갈망한다.

화가 머리끝까지 치밀어오를 때 1단계 담즙질은 상대에게 모욕을 퍼붓고 괴롭히고, 벽을 부수고, 귀중한 문서를 갈기갈기 찢으면서 그동안 공들여 쌓은 모든 것을 한 순간에 무너뜨린다. 자제심이나 통제력이 부족하다. 1단계 담즙질이 사는 집의 분위기는 살얼음판처럼 조마조마할 수 있다. 담즙질 부모는 소리를 버럭버럭 지른다. 아이들도 지지 않고 큰 소리로 대들거나 겁에 질려 벌벌 떤다. 비판의 말이 비수처럼 날아든다. 반면 2단계 담즙질의 가정은 조화롭고 활기차다. 배낭여행이며 등산, 래프팅 등 다양한 체험과 여행을 계획하고, 무료 급식소나 장애인 시설에 자원봉사를 하면서 타인을 위해 기꺼이 힘과 시간을 쓴다. 이들은 인생이 주는 도전을 즐기며, 일을 성취하는데서 기쁨을 느낀다. 정원을 갈아엎거나 집을 새로 꾸밀 때면 깔깔 거리는 웃음소리와 시끌벅적한 농담 속에서 일이 착착 진행된다. 담즙질 부모는 직설적인 발언과 비판을 아이들이 사랑과 관심으로 여길 수 있도록 힘을 잘 조절할 것이다.

3단계

담즙질이 주변 사람들의 개성을 존중하고 그 가치를 알아볼 수 있으면 3단계로 접어든 것이다. 물론 처음부터 쉽지는 않다. 담즙질은 청년기의 무

I 성인기의 기질_타고난 재능과 과제

모험을 비롯해서 용기라면 어디에도 뒤지지 않는 사람들이지만, 이런 근본적 변화를 위한 용기는 성격이 전혀 다르다. 실패를 다른 사람 탓으로 돌리는 한 변화는 아직 요원하다. 가장 중요한 순간은 잘못이 자신에게 있음을, 다시 말해 자기도 틀릴 때가 있으며 항상 맞는 건 아니라는 사실을 가슴 깊이 자각할 때다. 그 순간 담즙질은 완전히 자포자기하고 내면으로 침잠해 모든 잘못을 자기 탓으로 돌린다. 무릎에 힘이 빠지고 등줄기에 식은땀이 흐르면서 그 많던 용기가 연기처럼 사라진다. 그동안 생각했던 것처럼 그렇게 유능하지도, 희생적이지도, 강하지도 않다는 것을 깨달으면서 스스로에게 질문하기 시작한다. 어떤 담즙질들은 이런 자각을 계기로 정신적 삶에 눈뜨기도 한다. 이 때가 친구들의 이해와 도움이 무엇보다 필요한 순간이다. 이럴 때 날선 비판은 예전의 파괴적 분노만 되살릴 뿐이다. 이들은 이미 스스로에 대해 누구보다 혹독한 비판을 하며 자책하고 있다.

어떻게 도울 수 있을까? 이들에게 타고난 재능을 적극 활용하라고 요구해야 한다. 이들의 영민함과 능력이면 이 난관을 충분히 헤쳐 나갈 수 있음을 우리는 안다. 이 중요한 순간에 자신을 변화시킬 수만 있으면 늘 소망하고 동경하는 모든 가치에 부합하는 사람이 될 것이다. 지금껏 이상으로 추구해온 것이 사실 일종의 이타심이었다. 이들은 언제나 자신이 생각하는 최선의 방식으로 인류를 위해 헌신하고 봉사하기를 소망해왔다. 위기를 겪으면서 잘못된 것은 목표가 아니라 방법이었음을 깨닫는다. 지금껏 타인에게 요구했던 노력을 자신에게 요구해야만 한다. 하지만 그 전에 단점과 오류를 인정하고 자신을 다스리는 법을 배워야 한다. 완벽에 이르는 길은 힘들고 고된 노력으로 한 걸음 한 걸음 걸어가야 함을 깨달아야 한다. 다른 사람을 이끌 재목이 되기 위해서는 먼저 경험을 통해 자신을 이끌고 자기 관리하는 법을 배워야 한다.

*자넷은 얼마 전 아주 힘든 이혼을 겪었다. 지금껏 어떤 일이 생겨도 능숙하고 침착하게 처리하며 살아왔지만 이혼의 고통 앞에서는 속수무책이었다. 그런 그녀에게 몇 년 동안 알고 지내온 사람이 말했다. "요즘은 당신에게 편안히 말을 붙일 수 있어요. 그동안은 너무 모든 일에 빈틈없고 완벽해서 다가가지 못했는데 어려운 일을 겪으면서 정말 부드러워졌어요. 이제는 옛날처럼 그렇게 높고 위압적인 느낌을 주지 않아요." 고통을 겪으면서 자신을 변화시킨 덕에 자넷은 타인의 고통을 이해하는 힘을 얻었다. 이제 다른 사람에게 손을 내밀고 함께 기뻐하고 슬퍼한다. 과거에는 할 수 없던 일이다.

담즙질은 타고난 지도자지만 그 능력을 온전히 펼치기 위해서는 해결할 과제가 있다. 주변 사람들에 대해서는 공감하고 관용을 베풀며 용서하는 힘을 키우고, 스스로에 대해서는 객관적인 눈으로 바라보는 한편 자기 행동에 책임을 질 수 있어야 한다. 이것이 세 번째 단계로 넘어가기 위해 필요한 자질이다. 이전 단계의 많은 부분을 극복해야하는 담즙질에게는 쉽지 않은 과제다. 근본적인 변화를 이루지 못하고 권력 투쟁에 매몰되는 야심가에 그치는 경우도 많다. 정치판에서 이런 사람들을 흔하게 볼 수 있다. 이 어려운 변형에 성공하면 자신의 능력을 세상을 이롭게 하는데 쓸 수 있다.

자아 인식과 수양을 통해 세 번째 단계에 도달한 담즙질은 사람이나 일을 흘러가는 대로 내버려둘 줄 안다. 아직도 가끔씩은 팔을 걷고 나서서 일이 제대로 돌아가게 만들고 싶은 충동이 일지만, 이제는 그런 마음을 다스리면서 뒤에서 도움을 주고 필요한 순간에 자신감을 불어넣는다. 일이 어떻게 진행되는지 물을 때도 자기 뜻대로 좌지우지하고 싶어서가 아니라 정말

I 성인기의 기질_타고난 재능과 과제

잘 됐으면 하는 마음에서 질문한다.

3단계 담즙질들은 탁월한 자질을 가진 젊은이를 알아보고 격려한다. 멘토와 조언자로 의지하며 찾아오는 젊은이들에게 존경하고 신뢰할 수 있는 부모 같은 친구가 되어준다. 그들이 보내는 존경을 감사히 여기지만 예전처럼 갈구하거나 찾아다니지 않는다.

세 번째 단계에 이르기 전까지는 직설적이고 따지는 태도 때문에 사람들이 피하는 경우가 많다. 진정으로 원하는 것이 사람들의 인정과 존경이지만 오히려 정반대로 두려움과 질식할 것 같은 느낌을 불러일으킨다. 그런 말을 들으면 마음 깊이 상처를 입지만 왜 그런 반응을 보이는지 이해하지 못한다. 이들은 자기 전부를 내걸고 밤낮없이 일한다. 맡은 바 책임을 완수하기 위해 모든 경험을 쏟아 부으며, 오직 올바른 일만 하기를 원한다. 하지만 말이나 행동에서 약간 화난 것 같은 느낌을 풍기는 경우가 많다. 담즙질 친구 또는 상사와 친해지려면 진심에서 우러나는 인정과 존중을 보여주어야 한다. (진심이 아니면 금방 알아챈다) 친해지고 신뢰하는 상대에게는 아낌없이 호의와 친절을 베풀 것이다. 종업원이나 친구가 일을 망쳐도 잘못을 인정만 하면 흔쾌히 관용의 손길을 내밀 것이다. 사실 알고 보면 담즙질은 대단히 너그럽고 남에게 베풀 기회를 기다리는 사람들이다. 나약해 보일까봐 이런 감정을 숨기는 경우가 많지만, 여린 속내를 보여줄 상황이 생기면 은근히 좋아한다.

담즙질을 어떻게 도와줄 수 있을까? 두려워하며 피해 다니는 것은 당연히 아무 도움이 되지 않는다. 담즙질을 움직이는 힘이 어디서 나오는지를 알아야 한다. 이들은 권력에 대한 욕구가 아니라 타인과 세상에 기여하고 싶은 마음에서 일한다. 이들이 비판을 한다면 순수하게 다른 사람이 한 일에서 잘못된 점을 발견했기 때문이고, 지금보다 조금이라도 좋게 만들고 싶기 때문이다. 따라서 담즙질의 비판은 완벽을 추구하는 자세 때문이라는 것을 이해할 필요가 있다.

다른 사람과 함께 일할 때 담즙질은 자기 감정과 행동을 통제하고 다른 사람의 마음을 이해하는 법을 배워야 한다. 통제력이 부족할 때는 혼자서 이리 뛰고 저리 뛰고 안달복달하며 주위에 온통 무능하고 게으른 사람들밖에 없다고 생각한다. 성숙한 담즙질은 세상을 위해 많은 기여를 할 수 있는 사람들이기에 이들의 성장을 돕는 것은 충분히 가치 있는 일이다.

이들을 무시하거나 계속 일을 방해하고 막아서면 갇혔다고 느끼며 억지로라도 뚫고나갈 방법을 찾을 것이다. 이럴 때 자기 안위만을 위한 완고함, 권력 투쟁, 타인을 짓밟는 태도 등 담즙질 최악의 모습을 보게 된다.

기질별 고유성_지푸라기를 황금으로

한 가지 기질이 유독 강한 사람들이 있다. 전형적인 우울질, 점액질, 다혈질, 담즙질은 어떤 모습일까? 모든 사람이 네 가지 기질을 모두 갖고 있다. 어떤 상황에서 어떤 기질이 강하게 발현되는지 알아볼 수 있도록 기질별 특성을 살펴보자.

다음에 나오는 사례마다 가장 두드러지는 기질이 무엇일까?

*비오는 토요일이다. 특별한 일정이 없어 오랜만에 벽장을 정리했다. 서두를 필요는 전혀 없다. 물건을 전부 꺼내고 구석구석 먼지를 닦는다. 다시 선반을 끼우고 새 종이를 바닥에 깐다. 신발을 닦고 상자에 차곡차곡 정리한다. 셔츠는 셔츠끼리, 블라우스는 블라우스끼리, 재킷은 재킷끼리 모아 건다. 수선할 곳이나 얼룩이 있는지 하나하나 꼼꼼하게 살핀다.

시간이 쏜살같이 지난다. 시계를 보니 어느 새 오후가 다 지났다. 하지만 괜찮다. 시간에 쫓기지 않고 느긋하게 일하니 얼마나 좋은지 모른다. 재킷에 묻은 얼룩을 발견해서 뿌듯하다. 바쁘게 외출 준비하는 중이 아니라 손질할 시간

있을 때 알게 되어 얼마나 다행인지. 눈에 안보이게 벽장에 대충 쑤셔 넣지 않고 하나하나 차근차근 정리하니 마음이 정말 편안하다. 흐트러진 일상을 다시 반듯하게 정돈하는 것은 정말 기분 좋고 행복한 일이다.

이제 자리에 앉아 차 한 잔을 마시며 쉰다. 점액질이 좋아하는 느낌이란 게 이런 건가 싶다. 그러고 보면 나한테도 점액질적인 부분이 있는가보다.

* 어제와 똑같은 하루가 다시 시작되었다. 자명종을 끈다. 샤워를 하고 옷을 챙겨 입고 아침을 먹는다. 주차장에 가보니 타이어에 바람이 빠졌다. 늘 두던 곳에 펌프가 없다. 지각이다. 여기저기 뒤져 간신히 펌프를 찾아 타이어에 바람을 넣는다. 고속도로에 진입했는데 사고 때문에 차들이 꼼짝을 못한다. 거북이 속도로 사고 현장을 빠져나가는데 완전히 박살난 차와 구급차가 보인다. 정말 끔찍하다! 부디 내가 아는 사람이 아니길. 생존자가 있을 것 같지 않은 사고. 갑자기 걱정이 밀려든다. 혹시라도 남편이 저런 사고를 당하면 어떻게 하지? 간신히 사무실에 도착했다. 책상 위에 쪽지가 있다. 어제 제출한 보고서에 오류가 너무 많으니 수정해달라는 내용이다. 해고될지도 모른다는 생각에 가슴이 쿵 내려앉는다. 직장을 잃으면 얼마나 비참할까. 그러면 뭘 먹고 살지? 오전밖에 지나지 않았는데 오늘도 기억에서 지워버리고 싶은 하루가 되겠군.

오후에도 일진은 계속 나쁘다. 아버지의 이웃이 전화를 했다. 아버지가 병원에 실려 가셨다고 한다. 뇌졸중일지도 모른다. 퇴근하면 병원에 가봐야겠다. 혼자 사는 아버지 걱정이 머릿속을 떠나지 않는다. 마비라도 되시면 어떻게 하지? 집으로 모셔 와야 할까? 공간 배치를 다 다시 해야 할 텐데. 사람을 불러야겠네. 돈은 어떻게 마련하지? 다시 업무를 시작하지만 걱정이 꼬리를 물고 밀려든다. 손발이 차가워지면서 머리가 욱신욱신, 어깨도 쑤신다. 나도 어디가 안 좋은가?

전화벨이 울린다. 친구의 비서가 오늘 저녁 약속을 취소한다는 말을 전한다.

Ⅰ 성인기의 기질_타고난 재능과 과제

친구를 만나 얼마나 짜증이 났는지, 아버지 때문에 얼마나 걱정인지 하소연이라도 하고 싶었는데. 비서는 달랑 그 말만 전하더니 전화를 끊었다. 일이 손에 잡히질 않는다. 이렇게 또 하루가 가는구나. 이런 날이면 우울질들이 늘 안고 사는 걱정이 뭔지 알 것 같다. 누구나 살면서 힘들고 어려운 일을 겪고, 모두가 가끔은 우울질적 경향에 사로잡힐 때가 있다. 보통 그런 우울과 불안을 극복하며 하루하루를 살아가지만, 문제가 해결되거나 사라진 뒤에도 비참한 기분에서 헤어나지 못하는 우울질들에게는 쉽지 않은 일일 것이다.

*요즘 들어 사는 게 너무 단조롭다. 일상을 벗어나 색다르고 신 나는 일을 해봐야겠다. 오늘은 시내에 가서 기분 좀 내보자. 마음 내키는 대로 하루를 보내자. 아무 계획 없이 발길 닿는 대로 가서 돈 생각하지 말고 놀자. 식구들 걱정 같은 것도 다 잊어버리자. 재빨리 옷을 갈아입고 외출 준비를 했다. 들뜬 마음으로 막 현관문을 나서려는 참에 전화벨이 울린다. 시동생이다. 오늘 부모님 댁 마당의 잔디를 깎고 돌봐드릴 차례가 우리라고 알려준다. "안 돼요. 오늘은 못 가요." "아니, 무슨 그런 무책임한 말씀을 하세요. 토요일마다 돌아가며 일하기로 약속했잖아요."
지난 3년 동안 토요일을 비웠다. 시동생의 항의를 이해는 하지만 오늘을 망치고 싶지 않다. 오늘 신 나는 모험을 떠날 거다. 집안일 따위가 나를 막을 순 없다! 그렇게 집을 나서서 멋진 하루를 보낸다. 친구네 불쑥 찾아가고, 쇼핑도 하고, 미술관도 둘러본다. 세상 모든 게 다 새롭고 활기차 보인다. 피곤하지만 행복한 기분으로, 몇 년은 젊어진 느낌으로 집에 돌아온다. 자주 이렇게 나가놀면 어떨까? 오늘 나는 다혈질이었다. 다혈질들은 하루하루를 이런 식으로 산다. 누가 책임감이나 의무에 대해 말하면 지루하고 따분해하며 귓등으로 흘려듣는다. 누구도 재미있고 신 나는 하루를 망치게 놔두지 않는다.

*연기 냄새를 맡고 잠에서 깼다. 어디서 나는 냄새지? 부엌? 아이 방? 심각한 상황임을 깨닫자 아드레날린이 치솟는다. 침대에서 뛰어내리며 제일 먼저 떠오른 생각은 아이들 걱정. 아이들을 데리고 나와야 한다. 팔다리에 초인적 에너지가 넘치고 세상에 못할 일이 없다. 연기가 집안에 차오른다. 먼저 둘째 방으로 가서 아기를 품에 안고 서둘러 큰 애 방으로 간다. 세 살 된 아들은 아직 자고 있다. 한 손으로 번쩍 들어올린다. 두 아이를 양 팔에 끼고 거실로 달려간다. 문이 잠겨있다. 심장이 터질 듯 빠르게 고동친다. 미친 듯이 아들을 내려놓고 현관문 자물쇠를 연다. 다시 아들을 안고 집을 나와서 뒷발로 문을 닫는다. 다행히 밖으로 나왔다. 아이들은 안전하다.

옆집으로 달려가 도움을 청하고 소방서에 신고를 부탁한다. 잠이 깬 아이들이 울음을 터뜨린다. 따뜻한 담요로 덮어주고 마실 것을 준다. 바삐 손을 움직이면서도 머릿속으로는 남편에게 어떻게 연락할지, 보험사 담당 직원 이름이 뭔지, 중요한 서류들이 어디 있는지, 아이가 먹는 약은 어디에 있는지 같은 생각을 번개처럼 떠올린다. 소방관이 오면 전해줄 수 있도록 깨끗하게 정리해 종이에 적어놓는다.

돌이켜보니 어떻게 그 상황에서 그렇게 침착하게 대처했는지 신기할 따름이다. 내 안에 있는 담즙 기질이 발동한 것이다. 담즙질들은 항상 이런 느낌으로 살아간다. 허투루 보낼 시간이 없다. 중요한 일이면 어떤 난관이 와도 어떻게든 해낸다. 행동하라! 화재처럼 물리적인 위험이건 회사 로고를 바꾸는 일이건 항상 중요한 일이 벌어지고 있고 일분일초가 아깝다.

다른 사람의 강한 기질을 이해하면 도와줄 방법을 찾거나 적어도 마음을 헤아려 줄 수 있다. 기질에 대한 상이 분명해지면 자신의 행동을 명확하게 바라볼 수 있다. 자신의 기질을 이해한다는 것은 단순한 호기심 충족 차

I 성인기의 기질_타고난 재능과 과제

원의 일이 아니다. 기질을 알아갈수록 성숙도에 따라 기질이 삶에서 어떤 역할을 하는지 깨닫게 된다. 아이들은 주변 자극에 민감하기 때문에 부모와 교사의 기질이 큰 영향을 미친다. 개인적으로는 교사다보니 교사의 기질이 아이들에게 미치는 영향에 특히 관심이 많다. 당연히 어느 기질이건 미성숙한 자기중심적 단계에서는 부정적 영향을 미친다.

학교와 직장에서 만나는 사람들

학교에서 만나는 사람들

우울질 교사

성숙한 우울질은 훌륭한 교사가 될 수 있다. 뛰어난 감수성과 직관을 지닌 이들은 교실 한 귀퉁이에 있는 듯 없는 듯 앉아있는 내성적인 아이들에게 특히 마음을 쓴다. 다정한 태도, 아이들을 향한 관심, 자연과 아름다움에 대한 사랑이 교실을 환히 비춘다. 시끄럽고 목소리 큰 아이들을 다루기 벅찰 때도 있지만 그들도 얼마 안 가 선생님이 보여주는 동물에 대한 사랑에 끌려 거북이나 햄스터 먹이 주는 일을 자청한다. 큰 소리로 떠들고 싶은 욕구가 사라지니 저절로 조용해진다. 부모들은 문제가 있을 때 선뜻 교사를 찾아온다. 공감하는 태도로 귀기울이고, 조언을 요청하면 부드럽게 의견을 말하기 때문이다. 아이들 그림과 글에 묘사가 섬세해지며, 공감하는 힘이 자란다. 도움이 필요한 사람들을 위한 일에 교사가 솔선수범하면서 아이들과 함께 지진 피해자를 위해 옷을 모으고, 양로원을 정기적으로 찾아가고, 아파서 학교에 못 온 친구들을 위해 예쁜 카드를 만든다.

성숙한 우울질 교사는 축복이지만 미성숙한 우울질 교사는 아이들에게 큰 부담이 될 수 있다. 이들은 상대에게 끊임없이 공감, 연민, 이해를 요구한다. 교사의 두려움과 불안 속에서 자라는 아이들 역시 작은 일에도 걱정하고 불안해한다. 몸이 안 좋고 시끄러운 소리와 커튼 틈으로 햇빛이 들어오는 것을 싫어하는 우울질 교사의 심기를 거스르지 않는 법과 교사 근처에서는 발끝으로 살금살금 걸어 다니는 법을 터득할 것이다. 지우개 자국 같은 사소한 흠 때문에 숙제를 다시 해오라는 말을 들은 아이들은 숙제를 제출할 때마다 긴장한다. 이 숙제는 제대로 한 걸까? 이것도 쓰레기통 신세가 되면 어떻게 하지? 아이가 말썽을 부리면 우울질 교사는 잔소리와 함께 신세 한탄을 늘어놓고, 부모에게 연락하겠다고 겁을 준다. 수업 태도가 좋지 않으면 교실을 나가 다시 돌아오지 않겠다고 협박한다. 7학년 때 한 선생님이 우리에게 '그 끔찍한 괴성을 당장 멈추지 않으면 창문에서 뛰어내릴' 거라고 한 적이 있다. 담즙질 아이들은 어디 한 번 해보자는 식으로 더 크게 소리를 질러댔고 우울질 아이들은 선생님이 정말 뛰어내릴까 겁나서 울음을 터뜨렸다.

미성숙한 우울질 교사를 찾아온 부모는 상담 시간 내내 교사의 개인적 문제와 고충을 들어주다가 하고 싶은 말은 꺼내보지도 못하고 돌아갈 수 있다. 안쓰러운 마음이 들기도 하지만 이 사람이 왜 교사 일을 하고 있는 걸까 의아해하며 복잡한 심정으로 교실을 나선다. 반면 속마음을 실컷 털어놓고 난 교사는 기분이 한결 나아진다. 성숙한 우울질 교사는 부모의 이야기에 귀를 기울이고 이해와 공감을 보인다.

점액질 교사

미성숙한 점액질 교사의 학급은 조용할지는 몰라도 딱히 평화롭지는 않다. 교사는 교실 안에서 벌어지는 일을 전혀 눈치 채지 못한다. 1단계 점액질 교사는 아이들에게 신경을 쓰기는 해도 기본적으로 자신에게 모든 관심이 집중되어있기 때문에 다른 사람의 상태를 알아차리지 못한다. 그들은 아무런 요구도 참견도 하지 않은 채 그저 방해받지 않고 조용히 있고 싶어 한다. 아이들이 잡기 놀이를 하며 교실을 뛰어다니는 것도 모르고 자기 일만 하던 교사도 있었다. 창문마다 꼭꼭 닫혀서 교실이 참을 수 없이 후텁지근한 것도 모른다. 수업은 아주 형식적이고 지루하기 짝이 없다. 재미있는 것도 흥미로운 것도 없는 내용을 단조로운 목소리로 끝없이 읊어나간다. 학교생활은 참을 수 없이 따분하고, 아이들은 질식할 것처럼 답답하다.

성숙한 점액질은 타고난 교사다. 아이들의 다혈질적인 면에 휘둘리지 않고 평정심을 유지하며 한결같고 꼼꼼하다. 선한 성품은 아이들에게 안정감을 준다. 시간에 쫓기지 않기 때문에 차분히 아이들을 도와주고 원하면 인심 후하게 이야기도 한 편쯤 더 들려준다. 비오는 날이면 아이들과 둘러앉아 맛있는 간식을 나누어 먹는다. 교사의 편안하고 평화로운 마음 상태가 아이들에게 전달된다. 아이들은 하던 일을 끝낸 다음 새로운 일을 시작할 줄 안다. 계획한 일을 모두 마치지 못할 수는 있지만 시작한 일은 제대로 한다. 아이들과 약속한 일은 하늘이 무너져도 지킨다. 아이들은 교사가 공정하며 말한 것을 반드시 실천한다는 점에서 전적으로 믿고 의지한다. 평화롭고 아늑한 분위기에 끌려 다른 반 아이들도 점액질 교사의 교실에 자주 놀러온다. 아이들 작품에 예쁜 이름표를 붙여 보관함에 가지런히 정돈해놓는다. 아이들도 단정하고 질서 있는 교실을 좋아해 시키지 않아도 알아서 청소하고 정리한다.

다혈질 교사

미성숙한 다혈질 교사는 주변 모두를 불안하게 만든다. 부산하게 돌아다니고, 시작한 문장을 끝맺지 않고 흐지부지 얼버무리고, 수업 교재를 엉뚱한 곳에 흘리고 다닌다. 숙제를 제출하면 공책을 거꾸로 든 줄도 모르고 "우와, 진짜 훌륭한데!" 하며 호들갑을 떤다. 네다섯 개의 프로젝트를 동시에 추진한다. 학급 비품함은 엉망진창이다. 풀은 뚜껑 없이 굴러다니고 연필이 사방팔방 흩어져 있으며 붓은 사용 후 빨아놓지 않아 딱딱하게 굳었다. 교실에서는 다양한 활동이 벌어지고 아이들은 분주히 무언가를 한다. 흥분과 활기가 넘친다. 그러나 지나고 보면 지키지 않은 약속, 무산된 여행, 흐지부지된 프로젝트로 인해 아이들 마음속에 불만이 쌓여간다. 과제를 주면서 지시사항을 몇 번이나 바꾸어 모두를 혼란에 빠뜨린다. 아이들이 자리에 앉아 펜을 든 지 5분도 되지 않았는데 어느새 다음 주제로 넘어갈 시간이라며 공책을 덮으라고 재촉한다. 이야기를 들려주다가 파리 한 마리가 귀찮게 하면 주의가 흐트러지면서 줄거리를 까먹는다. 그래도 이야기는 어찌어찌 계속된다. 참 재미있기는 한데 주인공이 어떻게 됐다는 거지? 다혈질 교사는 부모들에게 매력적인 인상을 주며 요구 사항마다 시원시원하게 약속을 한다. 하지만 모두 빈말이었음을 깨달은 부모들은 속은 기분이 든다. 몇 번 그런 일을 겪고 나면 다음 학급 여행은 부모들이 나서서 준비한다. 동선을 점검하고 식단을 짜고 끼니마다 식재료가 충분한지 확인한다.

성숙한 다혈질 교사는 모두에게 기쁨을 준다. 세상에 대한 흥미와 열정으로 가득 찬 이들은 주변 사람들의 삶까지 즐겁게 만든다. 아이들에게 자연을 경외하는 마음을 일깨워주는 동시에 동물, 식물, 광물이 얼마나 아름답고 특별한지를 가르친다. 이들과 함께 하는 수업은 매시간이 신 나는 모험이다. 아이들은 교사가 보여주는 넘실대는 열정의 파도 속에서 함께 춤추며 이야기를 쓰고 그림을 그리고 연극을 만들고 작곡을 한다. 수업 속에서 다양한 분야의 능력을 키우고 재능을 발달시킨다. 각자의 관심사를 심화시킬 수 있는 개별 과제를 준다. 점액질 교사의 교실처럼 단정하지 않고 교사 책상 위가 엉망일지는 몰라도 아이들은 잘 배운다. 그리고 무엇보다 학교를 사랑한다.

담즙질 교사

1단계 담즙질 교사의 목소리는 교실 밖에서도 들리는 날이 많다. 교실이 떠나갈 듯 쩌렁쩌렁한 목소리로 명령을 내린다. 감히 맞서지 못하는 약한 아이는 쥐 잡듯 잡고, 기죽지 않고 대드는 담즙질 아이와는 말싸움을 한다. 당장 싸움이 벌어져도 이상하지 않을 정도로 아이들의 신경은 곤두서 있고 실제로도 자주 싸움이 벌어진다. 단, 교사가 아이에게 말썽을 부리면 엄하게 처벌하겠다고 미리 으름장을 놓아둔 경우는 예외다. 그냥 하는 말이 아니라는 것을 잘 알기 때문이다.

수업 시간에 질문을 하면 자신을 향한 도전이나 가르치는 내용을 잘 모른다는 지적으로 받아들인다. 그러다보니 교사와 견해가 다른 아이들이 손을 들어 의견을 말하지 않는다. 그 교실에서 올바른 답은 딱 하나, 교사의 의견뿐이다. 어쩌다 실수를 저지르면 위신이 손상될까 걱정하며 궁색한 변명을 늘어놓는다. 미성숙한 담즙질 교사는 화가 나면 귀를 잡아당기고 등짝을 때리고 떠미는 등 손찌검도 서슴지 않는다. 아이들은

I 성인기의 기질_타고난 재능과 과제

교사에 대해 분노, 울분, 공포를 느낀다.

부모들도 미성숙한 담즙질 교사와는 대화하기 어렵다. 본인이 절대적으로 옳다고 확신하기 때문에 부모 의견에 귀를 기울이지 않는다. 예의를 갖춰 제안을 해도 도리어 비난하고 협박하고 제압하려들기 때문에 부모들은 교사와 대화하기를 포기한다. 교장이나 교육청에 직접 불만을 제기할 때도 있지만 항의한 부모가 누군지 교사가 알면 아이에게 해코지할까 걱정한다.

성숙한 담즙질 교사는 아이들이 신뢰할 수 있는 믿음직한 지도자다. 그들은 불가능해 보이는 일에 도전하여 성공으로 이끈다. 자신의 장점을 찾고 거기에 집중한다. 무거운 돌을 날라 담을 쌓거나 교실에 페인트칠하는 일도 척척 해내고, 무한한 인내심과 끈기를 가지고 철자를 가르친다. 누가 제일 먼저 구구단을 외웠는지를 표로 만들어 아이들을 독려하고, 마지막 아이가 마침내 구구단을 외웠을 때도 함께 기뻐한다. 목표가 분명하고 작은 일에 흔들리지 않으며 필요할 때 아낌없는 격려와 도움을 준다. 성숙한 담즙질은 문학과 역사 속 위대한 인물에 감동하고 그런 삶을 지향한다. 용감하고 친절하며 공정한 사람이 되고자 최선을 다한다. 자유와 승리, 성취를 축하할 일이 있으면 유사한 행동을 했던 역사 속 인물을 언급하며 격려한다. 성숙한 담즙질은 자신이 대화를 주도하는 경향이 있다는 것을 인지하며 부모를 만날 때 되도록 그들의 이야기를 들으려고 노력한다. 부모의 걱정과 의견을 해소할 계획을 짜고, 수시로 연락을 취하며 아이의 변화에 대해 의견을 나눈다.

사실 완전히 성숙한 사람도, 완전히 미성숙한 사람도 없다. 대부분은 중간 어디쯤, 그러니까 잘할 때도 못할 때도 있는 2단계에서 살아간다. 게다가 한 가지 기질만 강하게 발현되는 경우도 극히 드물다. 위에 소개한 사례에는 분명 어느 정도 진실이 담겨있다. 그 속에서 우리는 자신의 모습을 깨닫는 동시에 주변 사람들의 심경을 이해할 수 있다. 학교와 사회에서 만나는 다양한 기질은 우리 삶을 다채롭게 만드는 한편 균형 있게 만들어준다. 우리는 가르치는 학생이나 자녀에게 완벽한 존재가 될 수 없다. 그렇기 때문에 다른 사람과 함께 살아가야 한다. 기질로 인해 세상을 나와 다르게 경험하는 주변 사람들 덕에 아이들은 다른 가능성을 접한다. 기질에 대한 이해가 깊어질수록 자신의 기질을 파악하고 변형시키는 것이 얼마나 중요한지, 그리고 주변 사람들을 진정으로 이해하는 것이 얼마나 중요한지 깨닫게 된다. 또한 주변 사람들의 성장을 돕기 위해 우리가 무엇을 어떻게 할 수 있는지를 배운다.

직장에서 만나는 사람들

직장에서도 기질은 중요한 역할을 한다. 기질에 따라 업무처리 방식이나 동료, 부하 직원, 상사와 관계 맺는 방식이 달라진다. 기질의 역할과 영향을 잘 이해할수록 맡은 책임을 더 잘 수행할 수 있으며 만족도도 높아진다. 직장 내 역할과 위치에 따라 기질이 발현되는 양상이 조금씩 달라진다.

우울질
우울질은 정해진 분야의 업무를 혼자 수행하는 것을 좋아한다. 그들에게는 충분히 생각할 시간이 필요하다. 하나의 과제를 여러 단계로 세분화해 놓으면 과도한 부담을 느끼지 않고 편안하게 일을 소화할 것이다. 가끔씩 마감 시간을 부드럽게 일깨워 주어야 한다. 우울질에게 업무 보조를 요청하면 너무 흔쾌히 승낙하는 바람에 도리어 상대가 놀랄 수도 있다. 미성숙한 우울질을 책임자 자리에 앉힐 때는 신중해야한다. 단호하게 결정하고 추진해야하는 상황에서 걱정만 하고 있거나, 이 일이 얼마나 어렵고 힘든지 사람들에게 토로하느라 하루를 다 보낼 수도 있다. 반면 성숙한 우울질은 자신이 어느 부분에서 막히는지, 어디에다 도움을 요청해야 하는지 섬세하게 파악할 힘이 있다.

성숙한 우울질 사장과 명랑한 점액질 또는 다혈질 비서는 아주 좋은 조합이다. 물론 서로를 잘 이해하고 진가를 알아준다는 전제가 있어야 한다. 성숙한 우울질은 다른 사람의 말을 잘 경청하며, 업무뿐만 아니라 인간관계도 폭넓은 시선으로 바라보고 사려 깊게 처신한다. 반면 어려움에 처한 사람에게 지나치게 감정을 이입하거나, 변화가 꼭 필요한 순간에 추진력이 부족해 문제를 일으킬 수 있다.

자신 또는 타인에게 비난과 원망의 화살을 돌린다. 사소한 부분에 강박적으로 매달리고 실수를 저지르지 않을까 전전긍긍한다. 업무 평가를 받을 때가 다가오면 병이 날 정도 신경을 곤두세우기도 한다. 이들의 과제는 다른 사람에게 주눅 들지 않고 용기내어 자기 의견을 펼치는 것이다. 이들은 자신이 가치 있는 사람인지 아닌지를 놓고 끊임없이 의심하고 괴로워한다. 제출한 의견이 안건으로 상정되거나 거부되는 경험을 많이 쌓으면서 자존감을 단련시켜, 거부될 때도 자신이 아니라 그저 의견이 기각되었을 뿐이라고 거리 두고 볼 수 있는 힘을 키워야 한다.

점액질

점액질은 일반적으로 안심하고 일을 맡길 수 있는 사람들이다. 이들은 한결같은 속도로 일하며 과제를 진득하게 붙잡고 하나씩 차례로 해결한다. 주위 사건에 별로 휘둘리지 않으며 말을 옮기거나 사내 정치에 끼어들지 않는다. 가끔씩 업무 처리를 점검할 필요는 있다. 생각지 못한 문제를 만나면 적극적으로 해결하는 대신 못 본 척하고 그냥 다음 과제로 넘어갈 때가 있기 때문이다. 한참 시간이 지난 다음에야 그 때 무시했던 것이 중요한 문제였음을 깨닫는다.

점액질은 생각하거나 몽상할 여유가 있는 반복적이고 일상적인 업무를 좋아한다. 따라서 한 번에 한 가지 과제만 주고 재촉하지 않는 것이 좋다. 이들은 모든 사무용품이 종류별로 잘 정돈되어 있어야 마음이 편안하다. 섬세하고 세밀한 업무를 꼼꼼하게, 천천히, 하지만 실수 없이 처리한다. 상사는 때때로 함께 업무를 점검하면서 칭찬과 함께 다음 단계를 제시해주어야 한다. 지시 사항과 기대치를 분명하게 파악만하면 상사가 요구하는 바를 정확하고 틀림없이 마무리한다.

점액질은 보통 혼자 있는 것을 좋아하지만 사람들이 사무실에 찾아오는 것을 꺼리지 않는다. (책상이나 선반을 뒤지거나 물건 위치를 바꾸지만 않는다면) 사람들은 편하게 농담을 주고받고 가족 같은 분위기를 느낄 수 있는 그들의 방에서 맛있는 간식이나 점심 도시락 파는 곳이 어딘지 정보를 공유하고 기분 좋은 속도로 일하고 쉬는 것을 좋아한다.

상사는 적당한 시점마다 점액질에게 다른 곳에서 실행해서 좋은 성과를 거둔 새로운 업무 방식을 소개해주어야 한다. 물론 단계별로 차근차근 도입한다. 그렇지 않으면 오랫동안 손에 익은 방식과 물건만을 고집할 것이다. 시간에 쫓기는 상황에서 너무 많은 결정을 한꺼번에 내리도록 요구하지 않는게 좋다. 그러나 충분히 생각할 시간을 주면 그들의 꼼꼼함과 신중함이 의

I 성인기의 기질_타고난 재능과 과제

사 결정 과정에서 중요한 기여를 할 수 있다.

미성숙한 점액질을 다른 직원을 관리하는 자리에 앉힐 때는 심사숙고해야 한다. 중요한 결정을 내릴 때나 업무에 성실하지 않은 직원과 대립하는 상황에서 문제가 생기거나, 성난 코끼리처럼 물불 안 가리고 들이받을 수도 있기 때문이다. 성숙한 점액질은 탁월한 감독관이 될 수 있다. 여간해서는 화내는 일 없이 침착함을 유지하며, 소소한 문제에 과민반응을 보이지 않고, 부하 직원들을 언제나 지지하고 도와주기 때문이다. 그러나 어렵고 복잡한 상황에 유연하게 대처할 내공을 쌓는 데는 시간이 좀 오래 걸릴 수 있다. 가장 큰 과제 중 하나는 처음 문제를 인지했을 때 주의를 기울이지 않고 그냥 넘기기 일쑤라는 점이다. 그들은 대하기 편하고 기분 좋은 사람들이며, 직원들은 면담 약속을 잡으면서 불쾌한 말을 듣거나 위압감을 느낄까 두려워하지 않는다.

다혈질

다혈질은 곁에 사람이 있는 것을 좋아하고 편하게 이야기하면서 일할 수 있는 환경을 선호한다. 수다가 너무 많아서 다른 사람 일을 방해하고 자기도 성과를 못 낼 때도 있다. 이들에게 일을 줄 때는 꼭 해야 할 일이 무엇인지 마감은 언제인지를 분명하게 해두어야 한다. 가만히 두면 모든 일을 이것저것 조금씩 건드리기만 하면서 시간을 보낼 수 있다. 덜렁대는 경향이 있기 때문에 중요한 서류를 맡길 때는 잃어버릴 경우를 대비해 복사를 해두는 편이 현명하다. 쉽게 끝낼 수 있는 작은 덩어리의 과제를 여러 개 주는 것이 효과적이다. 자기 입으로 더 큰 과제를 달라고 할 때까지는 그런 방식을 유지한다.

다혈질들은 하나의 문제에서 여러 가지 가능성을 보는 눈이 있기 때문에 자유롭게 아이디어를 나누는 단계에서 중요한 역할을 할 수 있다. 가끔은 그 상황에 너무 몰입해서 다음 단계로 넘어가지 않으려 할 때가 있다. 이럴 때는 동료들이 나서야한다. 다혈질들은 분위기를 격의 없고 유쾌하게 만드는 재주가 있다. 그들 주위에는 수다와 농담, 경쾌함이 넘친다. 너무 웃고 즐기다보니 업무가 뒷전이 되는 경우도 생기지만 대개는 긍정적인 기능이 훨씬 많다.

미성숙한 다혈질이 팀이나 부서의 책임자가 되면 체계적이지 못한 업무 처리 때문에 혼란이 생길 수 있다. 성숙한 다혈질이거나 믿음직한 부하 직원이 곁에 있으면 창의적이면서 활기 넘치는 지도자가 될 수 있다. 부하 직원은 회의를 정시에 개최하고, 편지에 제때 답장을 하고, 중요한 서류를 잘 정리해두고, 방문객을 예의 갖춰 접대하도록 곁에서 잘 챙겨주어야 한다. 다혈질들은 사람을 만나고, 새로운 흐름을 읽고, 프로젝트를 기획하고, 새로운 가능성을 창조하도록 사람들에게 영감을 불어넣는데 탁월한 능력이 있다. 이들의 과제는 의지의 힘을 키우고, 일을 끝까지 꼼꼼하게 해내고, 한 가지 일에 집중하는 것이다.

담즙질

이제 담즙질 차례다. 아직 책임자 자리에 오르지 못한 담즙질에게는 그가 아니면 해낼 수 없는 도전 거리를 듬뿍 안겨주는 것이 좋다. 업무 체계의 상하 관계를 명확하게 해두어야 한다. 그렇지 않으면 상사를 무시하고 제멋대로 하려들 수 있다. 잘한 일에 대해서는 제대로 인정해주고 업무 성과를 높이고 싶다면 정확히 무슨 일을 해야 하는지 알려준다. 당신의 업무에 훈수를 두더라도 화낼 일은 아니다. 도와주려 했을 뿐이다. 다른 직원에게 무례하거나 다그쳤다는 말이 들려왔을 때 지나치게 반응할 필요 없다. 차분히 그 사실을 알려주고 다음 날까지 해결책을 생각해오라고 요구한다.

담즙질은 기획력이 뛰어나고 지도자 자질도 있는 사람들이다. 하지만 주위에 우러러볼 사람, 바른 길을 가도록 이끌어줄 사람이 있어야 한다. 자신이 다른 사람들에게 얼마나 강한 영향을 미치는지를 깨달으면 스스로 행동을 바른 방향으로 이끌 수도 있다. 이들의 과제는 집단 속에서 합의를 끌어내면서 함께 일하는 것이다. 그러기 위해서는 너무 나서지 않도록 자제하고, 인내심을 갖고 다른 사람을 기다려주고, 소심하거나 깊이 생각하는 동료들에게 의견을 피력할 여지를 주면서 일하는 법을 익혀야 한다. 자신의 영혼 속에서 타오르는 불길이 주변을 따뜻하게 만들 수도 다 태워버릴 수도 있음을 알고 일할 때 이 점을 항상 의식하고 있어야 한다. 다른 사람을 존중하는 마음과 인내심을 키우는 것이 이들의 성장과제다.

미성숙한 담즙질은 지위와 맡은 업무에 따라 큰 골칫거리가 될 수 있다. 걸핏하면 성질을 내고 화가 나면 언어폭력, 신체 폭력을 휘두르기도 한다. 퉁명스럽고 성질 급하고 쉽게 노염을 타는 한편, 누가 지시를 내리면 가시 돋친 반응을 보인다. 자기가 더 잘 안다고 생각하며 고집대로 일을 처리하고 싶어 한다. 그 상태로 권력의 자리에 앉으면 가혹하고 비열하며 무자비한 사람이 될 수 있다. 기준치는 높고 절대적인 충성과 목표 달성을 향한 고된 노동을 요구한다.

성숙한 담즙질이라면 명확한 목표와 함께 큰 그림을 보여주고, 무슨 일을 언제까지 마쳐야 하는지 정확하게 이야기해줄 것이다. 그가 자기 팀을 신뢰하는 한 그와 함께 일하는 것이 모두에게 기쁨이 될 것이다. 믿음직한 선장이 지휘하는 배에 타고 있다는 든든한 기분으로 만족스럽게 목표를 향해 나아갈 것이다.

어떻게 도와줄까?

타인에게

우울질을 돕는 방법 중 하나는 당신의 고민을 털어놓아 공감과 연민을 불러일으키는 것이다. 상대방도 자기 문제를 털어놓게 하라. 가족, 일, 개인에 대해 질문을 하라. 한 주제에 너무 오래 머물지 말고 계속 다양한 질문을 던져라. 도움을 요청할 때는 구체적이고 분명하게 하라. 도움이 필요하다는 암시를 그가 알아챌 거라 기대하지 마라. 설령 상황이 좋지 않다는 것을 눈치챘다하더라도 구체적으로 요구하지 않으면 나서지 않을 것이다. 우리가 우울질에게 진심으로 이해하고 있음을 보여주면 자신감을 얻고 한 발 한 발 껍질을 깨고 나올 것이다.

점액질과는 강하게 대립하지 말고 부드럽게 대한다. 당신이 요구하는 바가 합리적임을 강조하라. 사거나 만들고 싶은 물품이 있으면 그 물건의 품질, 실용성, 내구성을 강조하라. 그들이 생각하고 소화할 시간을 주라.

다혈질에게는 관심분야에 좀 더 깊이 들어가도록 격려한다. 일을 잘 마무리했을 때 칭찬을 아끼지 마라. 적절한 경계를 그어주어야 함을 잊지 마라, 타고난 매력으로 당신을 마음대로 주무르려하거든 그것이 통하지 않음을 분명히 말해준다. 이들의 재능이 제대로 빛을 발할 수 있는 올바른 방법을 찾아준다.

담즙질에게는 그의 정당한 가치를 인정해주는 것이 무엇보다 중요하다. 워낙 강한 사람이니 칭찬이나 격려가 필요 없을 거라고 넘겨짚지 마라. 조언을 구할 때는 서너 명의 다른 사람과도 이야기를 나누는 중이며 모든 의견을 다 고려할 것이라고 말해두라. 그러면 당신이 자기 조언대로 움직일 거라 기대하지도, 당신의 결정에 자신이 책임이 있다고 느끼지도 않을 것이다.

자신에게

점액질의 특성인 객관성은 불안을 이길 수 있는 힘을 준다. 다혈질의 경쾌한 가벼움은 좌절과 낙심을 떨치고 희망을 볼 수 있는 힘을 준다. 담즙질의 용기는 미래를 계획할 수 있는 힘을 주고, 다른 사람을 걱정하고 공감할 줄 아는 우울질의 특성은 우리를 섬세하고 다정한 사람으로 만들어준다.

기질을 잘 이해하고 의식적으로 조절할 때 인격의 중용과 평정심을 이룰 수 있다. 각 기질은 저마다 나름의 장점이 있다. 기본적으로 이 장점의 힘을 이용해서 주된 기질의 극단적 양상을 순화하고 균형을 잡는 동시에 개인의 개별성을 발현한다. 그와 함께 (우리 안에 있지만) 상대적으로 약하게 존재하는 다른 기질의 좋은 부분을 의식적으로 키운다. 어린 시절에 주된 기질이 성인이 되면서 달라지는 경우가 많다.

점액질?　　주된 기질이 점액질인 사람이 특히 신경 쓰고 노력해야하는 지점은 주변 사람들에게 관심을 표현하고, 그들의 상태나 고민을 묻고, 사람들을 더 편하게 해줄 방법을 찾고 배려하는 것이다. 또 새로운 기술을 배우고 익히는 데 적극적이어야 단단한 껍질처럼 몸에 밴 습관에

균열을 내고 자유로워질 수 있다. 지금까지 해온 방식 또는 분야와 전혀 다른 기술을 배우면서 잠들어있는 다혈질적 측면을 활성화시킨다. 타인에게 관심을 갖고 그들의 문제와 고민을 이해하고, 타인의 입장과 공감하는 힘을 키운다면 우울질적 측면이 깨어나면서 자기밖에 모르거나 세상일에 도통 무관심하기 쉬운 점액질 성향을 극복하게 해준다. 존경할 만한 담즙질의 삶을 보고 배우려고 노력하는 것도 주변 사람 및 세상과 더 역동적이고 생기 있는 관계를 맺는데 도움이 된다.

우울질?   주된 기질이 우울질인 사람들은 적극적으로 자기주장을 펼치고 인생의 도전에 정면으로 맞서고, 과거를 돌아보기보다 미래를 향해 거침없이 나아가는 담즙질의 특성을 배울 필요가 있다. 세상만사를 항상 너무 심각하게 받아들이지 않고 조금은 '가볍게' 대하는 태도를 다혈질에게서 배우는 한편, '일어날 일은 아무리 애면글면해도 일어나게 되어있다'는 점액질의 태도에서 세상 모든 문제를 자신의 어깨에 짊어질 필요가 없음을 배워야 한다.

다혈질?   다혈질이 강한 사람들은 의지력을 키우기 위해 집중력 연습을 많이 하는 것이 좋다. 가치 있는 일을 찾아서 자발적으로 도움을 제공하고 가기로 했으면 맘대로 가다말다하지 말고 정기적으로 제시간에 방문한다. 자기가 어떤 식으로 행동하는지 의식하면서 통제하는 힘을 키워야 한다. 책임감 없이 기분 내키는 대로 행동하기 쉬운 다혈질의 습성을 다스리는 데는 담즙질적 특성이 도움이 된다. 다혈질은 원래도 다른 사람을 돕는 일에 몸을 사리지 않지만 우울질적 특성을 강화하면 타인에 대한 관심을 오래 유지하고 더 섬세하고 깊이 있게 이해하는데 도움이 될 것이다. 점액질적 특성을 키우면 일정한 시간에 잠자리에 들고

일어나고 식사하는 등 일상을 규칙적이고 율동적으로 만들 수 있다.

담즙질?　　　담즙질들은 다른 사람의 능력과 재능을 알아보고 인정하고 힘을 키워야 한다. 그러기 위해서는 다른 사람의 아픔에 성심껏 귀기울이고 공감하는 우울질에게 한 수 배울 필요가 있다. 점액질에게서는 속도를 조금 늦추고 체계적으로 꼼꼼히 일하는 태도를 배운다. 다혈질에게서는 완벽해지려는 강박을 버리고, 결점도 부족한 점도 인정하고, 자신을 있는 그대로 편안하게 받아들이는 법을 배운다.

사고, 느낌, 의지와 기질

영혼의 세 가지 활동인 사고, 느낌, 의지를 기준으로 기질을 바라볼 수도 있다. 기질마다 세 가지 활동 중 특히 강한 측면이 있으며 이 힘을 성숙을 향한 동력으로 삼을 수 있다.

특정 기질이 행동과 사고방식의 바탕이 된다고는 하지만, 인간 개별성은 그렇게 단순하지 않다. 사고, 느낌, 의지에서도 기질은 제각기 다른 영향을 미친다. 예를 들어 사고 활동은 다혈질이라 여러 가지 생각을 동시에 떠올리고 이 생각에서 저 생각으로 쉽게 넘어가는데 비해, 느낌은 우울질 성향이 강하기 때문에 다른 사람에게 쉽게 공감한다. 반면 의지 활동은 점액질이라 아무리 많은 아이디어가 떠올라도 그것을 구현하기 위해 노력하지 않고 무기력하게 바라만 본다. 이럴 때 인간은 스스로에 대해 좌절감을 느낄 수 있다. 아이디어는 끊임없이 샘솟지만 실현되는 것은 하나도 없기 때문이다.

사고 활동에서 우울질 성향이 강한 사람은 모든 사람을 공정하게 대하고 공감하는 것을 중요하게 여긴다. 느낌 영역까지 우울질이라면 공정한 대접을 받지 못하는 사람들에게 깊이 감정을 이입한다. 한편 의지 활동에서는 다혈질 성향이 강해 여러 사람의 요구를 한 번에 해결하고자 전혀 다른 상황을 한꺼번에 처리하려 들 수 있다. 의지 활동이 담즙질이라면 그런 요구에 응할 때 훨씬 목표 지향적이고 결단력 있게 행동할 것이다. 의지 활동이 점액질이라면 문제는 항상 있게 마련이고 내일은 내일의 태양이 뜬다고 반응할 것이다.

사고가 점액질이면 문제를 인식하는데 시간이 오래 걸린다. 의지가 담즙질이면 문제를 인식하는 순간 일을 바로잡으려 행동에 나설 것이다. 느낌 영역의 특성에 따라 다른 사람을 도울 것인가 내 문제에 신경을 쓸 것인가를 놓고 갈등할 수도 있다.

주된 기질을 명확하게 파악하기 힘들면 사고, 느낌, 의지 활동마다 영향을 미치는 기질이 저마다 다르기 때문일 수 있다.

각 기질이 사고, 느낌, 의지에 어떤 영향을 미치는지 살펴보자.

사고
각 기질의 장점이 잘 발휘된 사고의 특성을 생각해보자. 우울질은 숙고하는 힘, 깊이, 섬세함, 점액질은 객관성과 철저함, 다혈질은 유연함과 낙천성, 이상을 향한 담즙질의 추진력과 큰 그림을 그리는 힘, 전체를 조망하는 시야 등이 있다. 이 모든 능력을 다 발달시킨다면 우리는 매우 균형 잡힌 사고를 할 수 있을 것이다.

느낌

느낌 영역에 우울질의 친절함, 사려 깊음, 배려, 공감의 힘, 점액질의 한결같은 온화함, 다혈질의 희망과 기쁨, 담즙질의 책임감이 모두 균형 있게 존재한다면, 우리는 자연과 예술의 아름다움을 알아보고 다른 사람들과의 관계를 조화롭게 이끄는 힘을 갖게 될 것이다.

의지

우리의 의지 속에 우울질의 섬세함, 점액질의 끈기와 꾸준함, 다혈질의 다양성, 유연함, 관대함, 모험심, 담즙질의 꺾이지 않는 의지와 책임감, 높은 이상을 향해 목표를 세우고 나갈 수 있는 용기를 골고루 키운다면 엄청난 힘으로 세상 속에서 선을 행할 수 있을 것이다.

처음부터 이 모든 능력을 균형 있게 갖춘 사람은 극히 드물지만, 노력을 통해 부족한 자질을 키우는 것은 모두에게 가능하다. 기질에 조화와 균형이 갖추어지면 개별성을 실현하는데 최고의 경지에 이를 수 있다. 개별 인격 안에서의 균형도 있지만 여러 사람이 어울려 일하는 집단에서 사람들의 다양한 면모가 하나로 모이면서 기질의 균형 상태를 경험할 수도 있다. 서로의 진가를 알아보고 상대를 포용할 때 우리가 내린 결정 속에서 각자의 개별성이 빛을 발하는 동시에 더 크고 높은 공동체가 반영될 수 있다.

기질을 조금 배우고 나면 사람들을 기질이라는 좁은 틀로 쉽게 재단해 버리고 싶은 유혹이 들 수 있지만 그런 마음을 항상 경계해야 한다. 기질은 복잡하기 짝이 없는 인간 영혼을 들여다보게 해주는 작은 창문에 불과하다. 사실 기질만이 유일한 방법이 아니라 다른 방법도 많고 모두 유효하다는 생

I 성인기의 기질_타고난 재능과 과제

각으로 접근할 때만 기질은 비로소 우리에게 유용한 지혜가 될 수 있다. 게다가 기질 자체도 결코 변하지 않는 고정된 조건이 아니라 온전한 자아실현을 향한 무한한 힘이 잠재된 출발점에 불과하다는 사실을 잊어서는 안 된다.

주요 기질이 가장 무의식적으로 강하게 발현되는 시기는 아동기지만 성인이 된 이후에도 기질의 영향은 계속 된다. 하지만 성인들은 자신의 중심 기질이 다른 기질과 균형을 이루도록 의식적으로 노력할 수 있다. 우리의 과제는 기질을 통해 나와 다른 사람을 이해하는 것이지 기질 그 자체를 보는 것이 아니다. 우리의 목표는 다른 사람 역시 우리와 똑같이 정신을 가진 존재이며, 각자의 욕구와 관심, 이상과 해결해야 하는 과제를 지닌 귀한 존재임을 알아보는 데 있다. 다시 말해 인간 정신을 가능한 한 밀접하게 느끼고 지각하는 것이다.

II 7가지 영혼 특성과 인생 여정

7가지 영혼 특성은 모든 사람의 내면에 잠재하기 때문에 마음먹으면 끌어낼 수 있다는 것과 나이에 따라 특정 성향이 강하게 작용한다... 그러나 영혼 특성은 단순히 스스로를 이해하는 기준에 그치지 않고 다른 사람과 세상을 이해하는 눈을 키우는...

본문 185쪽

영혼 특성이란?

사춘기에 접어들면서 청소년들은 내면에서 무슨 일이 벌어지고 있다는 어렴
풋한 느낌을 받는다. 영혼 세계가 물질육체에서 자유로워지면서 영혼을 독
립된 개체로 경험하기 시작한다. 세상과 자신의 관계가 달라지고 있다고 느
낀다. 지금까지 성격에서 가장 지배적인 요소였던 기질의 영향력이 줄어드
는 한편, 각자의 내면세계를 외부 세계와 통합시키고 싶은 갈망이 생긴다.

루돌프 슈타이너는 인간의 이런 측면을 아스트랄체astral body라고 불렀
다. 물질육체처럼 눈으로 보고 만질 수 있는 육체가 아닌 저차원, 고차원의
영혼 생활 모두를 아우르는, 힘으로 이루어진 신체다. 인간이 욕망을 갖는
것은 아스트랄체가 있기 때문이다. 아스트랄체가 물질육체 속으로 완전히
들어오면서 2차 성징이 시작된다. 어린아이도 욕구가 있지만 사춘기 시기의

욕망과는 성격이 다르다. 어렸을 때의 욕망은 '저 과자가 먹고 싶어요, 그 장난감이 갖고 싶어요.'처럼 주로 외부 자극에서 기인한다. 사춘기를 거치면서 아스트랄체는 생식기관을 포함한 물질육체 전체를 관통한다. 음모가 자라고 여자아이들은 가슴이 커지고 남자아이들은 목소리가 변한다. 아스트랄체의 새로운 활동과 함께 내면에서 성에 대한 욕망도 깨어난다.

깨어난 아스트랄체로 인해 사고 영역에도 변화가 일어난다. 명확한 개념을 형성할 힘이 생기고 세상을 이전과 다른 방식으로 받아들이기 시작한다. 형상적으로 표현하자면 세상을 '들이 마시고' 그에 대해 각자의 방식으로 다양하게 반응한다. 처음에는 가족이나 친구, 학교처럼 가까운 관계가 관심의 대상이다. 무엇을 입을까, 뒤에서 험담하는 친구와 말을 섞을까, 주말에 아르바이트를 할까, 학교 연극이나 농구팀 오디션에 참가할까, 파티에 갈까, 남자친구를 사귈까처럼 일상적인 문제에 모든 신경을 집중한다.

그러다가 영혼 세계가 확장되면서 환경오염이나 생명복제의 윤리성, 에이즈에 감염된 아기들, 세계 기아, 신의 존재, 진리의 본질, 사랑의 의미, 인생의 목적처럼 세상과 사회의 거시적인 문제에도 관심을 갖기 시작한다. 또 사랑의 감정을 밖으로 표출하고 다른 사람과 그 사랑을 나누고 싶어 한다. 자기 마음을 이해하는 동시에 다른 사람을 이해하고 싶어 한다.

에드나 세인트 빈센트 밀레이Edna St. Vincent Millay[2]의 시 〈르네상스

2   역주: 1892~1950 미국의 시인이자 극작가

Renascence)[3]는 이런 영혼 세계의 확장을 잘 담아내고 있다.

> 좌우에 도열한 세상도
> 마음의 넓이보다 넓지는 않고
> 그 세상 위에 펼쳐진 하늘도
> 영혼의 높이보다 높지는 않네.
>
> 마음은 바다와 육지를 밀어
> 서로에게서 멀리 떨어뜨려놓을 수 있다.
> 영혼은 하늘을 둘로 쪼개어
> 신의 얼굴이 그 사이로 빛나게 할 수 있다.

새로운 영혼 생활의 또 다른 측면은 이성과 판단 능력의 발달이다. 청소년기 초기에는 부모와 친구 의견에 따라 상황을 판단하는 경향이 있다. 깊이 생각해보지 않고 그들의 의견에 동의하기도 하고, 때로는 그저 독립성을 과시하고 싶은 마음에 무턱대고 반대를 주장하기도 한다. 청소년기 후기에는 의지할 사람이 없는 상황에서도 스스로 판단을 내릴 수 있는 힘이 생긴다. 아스트랄체와 '자아'가 협력하면서 나름의 가치 기준에 따라 스스로 판단을 내린다. 객관적 추론 능력이 하루가 다르게 성장하면서 개념적인 사고를 활용해서 수업에 참여하고 추상적인 사고 내용을 파악하고, 가설을 이해하고, 수학 명제를 증명하고, 문학 작품 속 인물을 분석한다. 그러다가 마침내 그런 이성의 힘을 자기 삶에 적용한다.

---

3 『에드나 세인트 빈센트 밀레이 시 모음집』(New York: Harper&Row, 1956, p13)

II 7가지 영혼 특성과 인생 여정

아스트랄체가 깨어나면서 청소년들은 진리와 세상을 향한 이상, 미래에 대한 꿈과 희망을 펼치면서 세상과 새로운 관계를 맺는다. 시간이 지나면서 세상과의 관계는 더욱 객관화되고, 그에 따라 이상과 현실을 조절하는 법을 배운다. 청소년기에 이상을 품을 수 없다면 우리 인생은 암울하고 편협해질 것이다. 청소년기의 이상은 성적 욕망을 이성에 대한 '연정'으로 변형시킨다. 청소년기에 누군가를 동경하고 흠모하는 경험은 사랑과 성이 공존하는 복잡한 관계에 빠지기 전에 성숙할 수 있는 기회와 시간이 된다. 청소년기의 이상을 통해 이들의 사고와 느낌은 일상 영역 너머로 성장한다. 젊은 시절 마음에 품었던 꿈과 희망을 잃어버리고 싶은 사람이 어디 있겠는가? 그 이상의 힘으로 우리는 상상할 수 없는 것을 꿈꾸고, 불가능한 일을 시도하며, 정신 영역의 존재를 깨닫는다.

사춘기부터 시작하는 이런 변화는 7가지 영혼 특성으로 드러난다. 특성마다 나름의 방식으로 자기 내면 및 외부세계와 관계 맺는다. 내향성과 외향성을 비롯하여 에니어그램[4], MBTI 성격테스트[5] 등 심리학자들이 인간 특성을 유형별로 나누는 몇 가지 방법이 있다. 루돌프 슈타이너는 영혼에 7가지 유형 또는 종류가 있고 이를 '행성별 태도'라고 불렀다. 여기서는 슈타이너의 분류를 기준으로 영혼 유형을 살펴볼 것이다.

사고, 느낌, 의지 활동은 영혼에서 이루어진다. 따라서 7가지 영혼 특성이 아스트랄체에서 발현될 때 사고, 느낌, 의지 역시 제각기 독특한 특성을

---

4 역주: Enneagram. 사람을 9가지 성격으로 분류하는 성격 유형지표
5 역주: 마이어브릭스 유형지표Myers–Briggs personality scale_융의 심리유형론을 근거로 하는 심리검사. 1921~1957년 브릭스와 마이어 모녀가 개발

드러낸다. 누구나 아스트랄체 속에 7가지 영혼 특성을 모두 갖고 있지만, 어떤 특성이 느낌, 의지, 사고와 특히 강하게 연결되는지는 사람마다 다르다. 영혼 특성은 인생을 살아가는 과정에서 내면세계와 외부세계가 관계 맺는 형태로 구체화된다.

영혼 특성은 기질과 다르다. 기질은 물질육체의 영향을 많이 받는다. 몸집이 크고 움직임이 둔한 사람은 대개 점액질인 반면, 호리호리하고 마른 체형에 움직임이 빠른 사람은 다혈질일 가능성이 높다. 기질의 영향은 영혼 특성이 발현되기 시작한 이후에도 계속 이어진다. (이에 관해서 본문에서 사례로 설명할 것이다)

기질은 몸에 깊이 밴 습관의 영역이기 때문에 바꾸기가 매우 어렵다. 물론 기질도 노력하면 변형시킬 수 있지만 그러기 위해서는 '자아'가 아주 강력한 의지를 발휘해야 한다. 반면 영혼 특성은 훨씬 유연하다. 영혼 특성은 물질육체와 연결되지 않고 끊임없이 변화하는 영혼 활동에 속하기 때문이다.

일상생활에서 볼 수 있는 영혼 특성을 예로 들어보겠다.

어린이 놀이터 건축을 의논하기 위해 마을 회의가 열린다고 하자.

약속된 장소로 사람들이 속속 모여들고 있다. 어떤 사람은 자리를 정돈하러 일찌감치 와 있다. 의자를 둥글게 배치하고 탁자 위에는 꽃을 꽂는 등 회의장을 아름답고 기분 좋게 단장하느라 분주하게 움직인다. 향긋한 커피 냄새가 오는 사람들을 반갑게 맞이한다. 어떤 사람은 들어오더니 자리에 앉자마자 본론부터 꺼낸다.

"서두릅시다. 토론 따위로 낭비하기에는 사안이 너무 시급해요. 아이들이 제대로 놀 수 있는 공간을 하루빨리 만들어야 합니다. 토요일 아침부터 바로 공사에 착수하는 게 좋겠어요. 삽을 가지고 올 테니 당신은 갈퀴와 괭이를 가져오세요. 마을 사람이 전부 나서면 이틀이면 끝낼 수 있을 겁니다."

그러자 다른 사람이 말한다. "잠깐만요. 그 자리에 놀이터를 만든 적이 있었나요? 손대기 전에 먼저 시청에 가서 법규를 확인해봐야 합니다. 주로 어떤 아이들이 놀게 될까요? 영유아놀이터인가요, 아니면 9,10세 아이들을 위한 놀이터인가요? 인라인 스케이트장을 만드는 건 어떨까요?"

참을성 있게 듣고 있던 다른 사람이 입을 연다. "자, 제가 큰 종이를 준비해왔어요. 여기에다 도면을 그려봅시다. 먼저 놀이터 전체가 어떻게 생겼는지, 뭘 어떻게 배치할지를 생각해봅시다. 큰 그림을 그리지 않고 바로 각론으로 들어갈 수는 없습니다."

토요일 아침부터 일을 시작해야한다고 주장했던 사람이 점점 벌겋게 달아오르기 시작한다. "한도 끝도 없이 논의만 되풀이하면서 대체 무슨 일을 할 수가 있겠습니까! 전 당장이라도 일할 준비가 됐고, 이렇게 탁상공론을 늘어놓는 자리에 앉아서 시간을 허비하고 싶지는 않습니다."

분위기가 팽팽하게 긴장된다. 저마다 다른 사람이 쉽게 동의하거나 이해하기 힘든 의견을 강하게 주장하면서 간단해보였던 일이 복잡한 문제로 변하고 있다. 회의 시간 내내 한마디도 하지 않던 사람이 말을 꺼낸다. 그는 놀이터 만들자는 제안을 처음부터 다시 검토해야한다고 말한다.

"우리가 애초에 왜 이런 일을 벌이게 된 거죠? 아이들은 각자 자기 집 마당에서 노는 게 더 나을 수도 있지 않을까요? 놀이터가 생긴다고 문제가 해결되리란 보장도 없지 않습니까? 현실적인 문제를 짚어봅시다. 놀이터가 생기면 동네가 어떻게 달라질까요? 삶의 질을 높이는데 기여할까요, 아니면 그저 할 일 없는 사람들이 와서 빈둥대는 곳이 될까요?"

대화는 계속 된다.

"오늘 이 자리에서 무슨 결정을 내릴 수나 있을지 모르겠군요. 벌써 두 시간째 토론만 하고 있으니 말입니다."

"중요한 사안이니만큼 모두들 최대한 심사숙고하려는 거지요."

"어렵게 모인 자리에서 이렇게 날선 말이 오고가니 어떻게 해야 좋을지 모르겠네요. 저는 마을 사람이 함께 모일 좋은 기회가 될 거라고 생각했어요. 자, 이러지들 말고 커피나 한 잔씩 합시다. 잠시 쉬고 나면 흥분이 좀 가라 앉을 거예요."

"놀이터에 어떤 놀이기구를 넣을지 아직 결정하지 못했어요. 그네 의자는 고무 재질이 좋겠지요. 아참, 아이들이 다치지 않도록 그네 밑에는 모래를 깔아야 해요."

"뭐 하나라도 결정을 한 다음 다음 사안으로 넘어갈 순 없을까요?"

"여기 좀 봐주세요. 이 자리에 모래 놀이터를 만드는 게 좋을까요? 구름다리 놀이기구와 거리가 너무 가깝진 않을까요?"

"전에 나선형 미끄럼틀이 있는 멋진 놀이터를 본 적이 있어요. 그걸 어디서 샀는지 수소문해볼게요."

"저도 어렸을 때 그런 미끄럼틀에서 해질 때까지 놀았던 기억이 새삼 떠오르네요."

"로켓 위에 놀이터를 만들고 우주로 쏘아 보내는 거예요. 끝내주게 재미있지 않겠어요!"

"아유~ 동네 사람들이 이렇게 한 자리에 모이니 얼마나 좋아요. 예전부터 이런 자리가 있었으면 했는데 말이죠. 커피 한 잔 더 하실래요?"

한 사람이 도저히 못 참겠다는 듯이 방을 뛰쳐나간다. 또 다른 사람이 달래려고 뒤따라 뛰어나간다.

이 장면들을 눈앞에 그려볼 수 있는가? 이런 상황에 처해본 적이 있는

       II 7가지 영혼 특성과 인생 여정

가? 그렇다면 이제 영혼 특성이 무엇을 말하는지 조금은 짐작할 수 있을 것이다.

이번에는 가족을 예로 들어보겠다.

할머니가 돌아가신 뒤 장성한 손자손녀들이 모여서 장례식을 의논하고 있다.

"할머니, 사랑하는 할머니! 우리 가족의 구심점이셨는데. 이제 할머니 없이 어떻게 살아가지!"

"보자, 꽃가게는 정오나 되어야 문을 열지. 급히 결정해야 할 문제들이 있으니 다들 감정에만 빠져있지 말고 어서 일을 시작하자."

"그렇게 재촉하지 마. 장례식까지 3일이나 남았어. 하나씩 차근차근 처리하면 돼. 먼저 손님을 몇 명이나 초대할지 생각해보자. 누가 신문에 부고를 낼래?"

"할머니가 분홍색 좋아하셨던 거 알지? 관에는 분홍색 실크를 깔고 분홍 히아신스로 장식해야해."

"우리 생각이나 취향은 중요하지 않아. 할머니가 정말 원하셨던 걸 알아야 해. 할머니는 매장을 원하셨을까, 화장을 원하셨을까? 이건 정말 중요한 문제야. 어느 쪽이 할머니께 의미가 있었을까를 생각하고 결정하자."

"보름달이 환하게 뜬 밤중에 모두 함께 나가서 무덤을 파자!"

"쓸데없는 소리 좀 그만해. 지금 농담이 나오니? 넌 할머니가 돌아가셨는데 아무렇지도 않아?"

"나도 당연히 속상하고 슬퍼. 하지만 모두가 너무 심각하고 우울하니까 숨이 막힐 것 같아서 농담 한 마디 한 걸 가지고 그렇게 화를 낼 것 까진 없잖아."

"이건 분명해. 장례식을 어떻게 하든 3시는 안 돼. 3시는 할머니가 늘 차를 드시던 시간이야. 차를 드신 다음에 낮잠을 주무시거나 쉬셨던 거 다들 기억하지?"

"제발 덕분에 우리 뭐 하나라도 결정할 수 없겠니?"

이렇게 감정이 고조되고 흥분한 상황에서는 한 발 물러나 상황을 객관적으로 보면서 모든 사람이 나름대로 일리 있고 중요한 문제를 지적했음을 깨닫기 쉽지 않다. 모두가 각자의 의견에 사로잡혀 자기 눈에 들어온 상황만 시급한 문제라고 외치기 쉽다. 이런 풍경은 일상에서도 흔하게 일어나며, 이웃과 가족에 대해 불편하고 부정적인 감정을 갖게 만든다.

그 집단에 개개인의 장점과 고유한 재능을 알아보고 살리는 동시에 전체 일이 진행되게 만들 수 있는 사람이 있으면 사람들은 서로 협력해서 공동의 과제를 해결할 수 있을 것이다. 영혼 특성에 대한 이해가 깊고 넓어질수록 우리는 서로의 긍정적인(동시에 어이없는) 측면을 인식하고 각자가 인격의 균형을 이루도록 도울 수 있다. 우리에게는 이 특성들이 모두 필요하다. 하지만 한쪽만 지나치게 강화되면 주변 사람들을 미치고 팔짝 뛰게 만드는 장애물이 될 수도 있다.

{ **적극적 발언가** } 앞장서서 말하는 사람들

'적극적 발언가'는 창조적이며 목표 지향적인 사람들이다. 이들은 일을 눈앞에 두고 가만히 있지 못한다. 사소해도 해야 할 일이라고 마음 먹은 것은 한

Ⅱ 7가지 영혼 특성과 인생 여정

시 바삐 해결하고 싶어 한다. 세상에는 할 일이 차고 넘치기 때문이다. '적극적 발언가'는 도전 의욕을 자극하는 어려운 과제를 원한다. 현재에 안주하는 법이 없으며 시선은 언제나 미래를 향한다. 소망이나 방향이 아닌 실제 벌어지는 일을 최우선 순위에 둔다. 그러다보니 어떤 경우에는 무 자르듯 가차없이 일을 처리하기도 한다. '적극적 발언가'는 우리가 믿고 의지할 수 있는 지도자들이다.

말에 힘이 있고 목표하는 바를 상대에게 설득력 있게 전달하는 달변가다. 요점이 분명하게 드러나도록 단어와 문장을 구사할 줄도 안다. 하지만 이런 능력을 자기보다 더 좋은 의견을 가진 사람의 입을 막는데 악용하기도 한다. '적극적 발언가' 성향의 정치가는 다른 사람의 '팔을 비틀어' 자기에게 유리한 쪽으로 표를 던지게 만드는데 능하다. 회의나 모임에서 대화를 독점하고, 너무 강하게 말하는 바람에 의견이 다른 사람이 기가 질려 아예 입을 열 엄두를 못 내게 만들기도 한다. 그러면서 사람들 모두 자기 의견에 수긍했고 자기는 늘 용기내어 진실을 주장하는 사람이라며 뿌듯해한다. 하지만 실제로 사람들이 반대하지 않은 건 의견의 정당성이 아니라 웅변술 때문이었을 가능성이 높다.

'적극적 발언가'들에게는 창의적인 아이디어가 넘친다. 또 실제로 일을 벌이고 그 아이디어가 현실로 구현되는 것을 보며 즐거워한다. 하나가 실현되는 즉시 새로운 기획을 시작한다. 이들의 에너지는 집중력 있고 구심점이 뚜렷하다. 쉴 줄 모르고 계속 일하다가 본인뿐만 아니라 주변까지 탈진하게 만들기도 한다. 힘이 넘치다보니 그저 계속 움직일 핑계를 찾아 일을 벌이고 어느 정도 이루어졌다싶으면 자기 손으로 무너뜨리기를 반복하기도 한다.

이 특성만 지나치게 발달한 사람은 의견 충돌이나 기 싸움이 잦다. 욱

하는 성질 때문에 오랫동안 공들여온 일을 한 순간에 허사로 만들기도 한다. 결코 쉽지 않은 일임을 알면서도 불모지에 새로운 길을 내고 목표를 향해 나아가기를 즐기는 담대함이 있다. 이런 특성 덕분에 이들은 유능한 사업가가 될 수 있다. 삶을 경쟁으로 여기고 모험을 즐기며, 자기 능력을 증명해보이려는 열망이 있기 때문이다.

'적극적 발언가' 성향은 주로 권력 문제에서 드러난다. 가지고 있는 모든 권력을 다른 사람을 억눌러서 자기 뜻을 펴는 쪽으로 집중해온 사람은 앞길에 방해가 된다싶으면 경쟁 사업가나 동료 운동선수는 물론 친구나 가족까지 인정사정없이 몰아내고 파괴하려 든다. 핍박받던 사람들이 힘을 모아 맞서도 유쾌한 결과를 얻기는 힘들다. '적극적 발언가'는 자신의 영향력을 부인하며 다른 사람을 탓하거나, 소속 집단이나 활동에서 완전히 발을 빼겠다고 협박하면서 오히려 피해자 행세를 한다. 많은 경우 이런 전략이 효과를 발휘하기 때문에 맞섰던 사람들은 눈물을 삼키며 돌아설 수밖에 없다.

반면 균형 잡힌 '적극적 발언가'는 사람들에게 영감을 주는 지도자가 된다. 그들은 외부 장애물이 아닌 내면의 적과 맞서 싸우는 쪽으로 힘을 사용한다. 중심이 내부로 이동하면서 뾰족하고 까칠한 성격이 부드러워지고 성품이 온화해진다. 다른 이들이 힘을 키우도록 돕는 일에 기꺼이 자기 시간과 에너지를 사용한다. 이를 통해 주는 사람과 받는 사람이 함께 성장하고 '적극적 발언가'의 재능은 모두를 위해 유익하게 쓰일 수 있다.

내면을 갈고닦는 것은 특히 '적극적 발언가'에게 힘들고 어려운 과제다. 이들이 가장 돌보지 않는 영역이기 때문이다. 할 일이 너무 많아 시간이 없다는 변명으로 내면 성장에 소극적인 태도를 합리화한다. 이들은 조용한 사색보다 사람들과 시끌벅적 토론하기를 좋아한다. 세상일이라면 한 번에 열

가지도 거뜬히 처리할 수 있지만 내면을 들여다보기 위해 삶의 속도를 늦추는 건 고통스러울 정도로 힘들다.

청소년기

'적극적 발언가' 특성이 강한 청소년은 언제나 행동할 거리를 찾는다. 들끓는 에너지를 주체하지 못해 친구와 형제자매, 반 친구들, 교사와 수시로 대립하고 사사건건 부딪친다. 주변과 자주 대립 전선을 만드는 이유는 다른 사람들, 특히 권위를 가진 사람을 싸워 이겨야할 경쟁자로 여기기 때문이다. 자기가 겁쟁이가 아님을 늘 스스로와 다른 사람들에게 입증하고 싶어 한다. 참을성 있게 절차를 지키고 따르거나, 꼼꼼하게 마무리하고 고요하게 침묵하는 시간을 견디지 못한다. 에두르지 않고 곧바로 본론에 들어가고, 중단하거나 기다리지 않고 계속 나가고 싶어 한다. 이런 조급함은 학교 수업에서도 드러난다. 교사가 숙제를 다시 해오라고 돌려보내면 펄펄 뛰며 화를 내고 아무렇게나 휘갈겨 써낸다. 자기가 교사보다 더 상황을 잘 안다고 확신하면서 숙제를 다시 해오라는 근거가 뭐냐고 따질 수도 있다. 분을 이기지 못해 책을 쾅쾅 집어던지거나 얼굴이 시뻘게지도록 성질을 부리며 교실을 뛰쳐나가기도 한다. 이런 일을 한두 번 겪고 나면 교사고 친구고 되도록 그를 건드리지 않으려 할 것이다.

하지만 마음 깊은 곳에는 자기가 우러러볼 만큼 강하면서 높은 이상을 품은 사람, 어려운 과제를 척척 해결하고 큰 시련 앞에서 굴하지 않는 강한 사람을 만나고 싶은 갈망이 있다. 그렇다고 강한 어른 앞에서는 강아지마냥 납작 엎드려 꼬리를 흔들 거라는 뜻은 아니다. 오히려 그 어른이 자기와 동등하거나 그 이상이라는, 그리고 중간에 뒷걸음치고 물러나지 않을 사람이라는 확신이 들 때까지 시험하고, 약 올리며 화를 돋우고, 귀찮게 조르고, 대들고, 논쟁하고, 날카롭게 비판할 것이다. 그러다 확신이 생기는 순간부터 무시는 존경으로 바뀐다. 한번 마음을 열면 전적으로 믿고 따르는 동시에 학업과 행동거지까지 눈에 띄게 좋아질 것이다. 존경하는 영웅에게 인정받길 원하기 때문이다.

'적극적 발언가' 청소년의 도발에 상대가 똑같이 공격적인 태도로 반응하면 팽팽한 긴장과 불같은 대립만 낳을 뿐 아무 것도 얻을 수 없다. 어른은 침착함과 평정심을 유지해야 한다. 이 원칙은 '적극적 발언가' 청소년 뿐 아니라 성인을 대할 때도 동일하다.

많은 청소년, 그중에서도 '적극적 발언가' 청소년들은 권력에 큰 매력을 느낀다. 힘에서건 능력에서건 서열의 맨 윗자리를 차지하고 싶어 한다. 이런 성향을 잘 이용하면 '적극적 발언가'의 부정적 측면을 변형시킬 수 있다. 따라서 타인에게 도움이 되면서도 온 힘을 다하고 용기를 짜내야하는 도전거리를 제공해주는 것이 좋다. 모든 일에서 우두머리가 되고 싶어 하며, 그 위치를 인정받을 때까지 다른 사람을 비판하고 간섭한다. 하지만 일단 책임을 맡으면 난관을 극복하고 목표를 달성하기 위해 이를 악물고 최선을 다한다. 그런 과정을 거치면서 인내심과 통찰력이 자라고, 다른 사람의 노력을 알아보고 인정할 줄 아는 힘이 생긴다. 역경을 극복하고 뜻을 이룬 인물의 이야기는 '적극적 발언가' 청소년에게 삶의 방향과 힘의 원천이 될 수 있다. 이들은 지금껏 아무도 시도하지 않은 일, 변화를 이끌어 낼 수 있는 중요한 일을 해보고 싶어 한다. 역사나 문학 속 위대한 인물들의 이야기를 들으면서 이상을 키우며 그들의 삶을 닮고 싶다는 소망이 싹튼다.

폭력 조직 우두머리 중에는 '적극적 발언가' 성향이 매우 강함에도 불구

II 7가지 영혼 특성과 인생 여정

하고 한 번도 이상을 꿈꾸어보지 못한 사람들이 있다. 성장하면서 진리를 위해 목숨 걸고 싸운 사람들의 이야기를 들어보거나, 정의를 위해 일했을 때 어떤 상을 얻는지, 넘치는 에너지를 왜 제대로 다스릴 줄 알아야하는지 등을 배울 기회가 없었다. 그런 상태로 성인이 된 '적극적 발언가' 청소년은 어떻게든 이 치열한 세상 속에 비집고 들어가 인정받고 싶어 유일하게 보고 배운 방식, 즉 불같은 성격과 완력을 앞세워 세상을 살아간다. 하지만 습관처럼 자리잡은 분노와 무력감을 긍정적으로 변형시켜보겠다는 마음을 먹게 할 수 있으면 (가능한 방법과 함께) 그들의 강력한 에너지는 세상을 이롭게 하는데 쓰일 수 있다. 물론 그 전에 많은 치유 작업이 선행되어야 한다. 어렸을 때 자제심과 절제력의 모범이 되는 어른, 사회 파괴가 아니라 사회에 기여하려는 소망을 가진 역할 모델이 있었느냐 여부에 따라 경찰관과 범죄자로 인생이 바뀔 수도 있다. 범죄를 다루는 사법 전문가의 회고록을 보면 올바른 길로 이끌어준 스승이나 어른이 없었다면 지금쯤 법복 대신 죄수복을 입고 있었을지도 모른다는 얘기를 심심찮게 만날 수 있다.

성숙한 성인기

'적극적 발언가'가 성숙 과정에서 극복해야 하는 과제는 지나치게 편향된 과거의 행동 양식을 변형시키는 것이다. 예를 들어 지금까지 인생을 전쟁터로 인식해왔다면 늘 상대를 적으로 여기며 어떻게든 물리치려 하고, 공격하고, 지배하고, 약자를 괴롭히고, 충동적으로 반응하고, 감정을 조절하지 못해 주변 사람들에게 성질을 부리거나 불같이 화를 내면서 인생에 수많은 장애물을 만들어왔을 것이다.

30대에 접어들면서 그런 행동이 자신의 진정한 의도가 아닐뿐더러, 마음 깊숙한 곳에 자리한 높은 이상과 갈망을 충족시켜주지 못한다는 사실을 깨닫는다. 이제 타고난 엄청난 힘과 에너지를 다스리며 변형시키려 노력한다. 그와 함께 주도성, 독립성, 도덕적 용기, 자립성 같은 새로운 능력이 깨어난다.

성숙한 '적극적 발언가'는 자기 말이 얼마나 큰 영향력을 가지고 있는지 알기 때문에 신중하게 말을 한다. 생각을 명확하고 설득력 있게 표현하면서도 너무 강하게 전달되지 않도록 힘을 조절한다. 좌중을 압도할 수 있는 힘을 내려놓고 사람들이 각자 판단에 따라 자유롭게 받아들이거나 거부할 수 있도록 편안하게 의견을 제시한다. 이제 이들의 말 속에 상처 입히는 뾰족한 가시가 아니라 따스함과 배려가 담긴다.

경청하는 힘이 생기면서 자기 의견만 강하게 주장하던 태도도 달라진다. 말을 줄이고 다른 사람이 충분히 생각을 펼칠 여지를 주면서 진심으로 귀 기울이는 힘과 타인의 생각과 능력을 존중하고 인정하는 안목이 자라난다. 이런 변형을 통해 새로운 사회적 능력이 생긴다. 자기 생각을 침묵하고 귀기울여 듣는 것을 배우는 길이 특히 이들에게 멀고도 험난한 과정이지만 일단 터득하면 더없이 소중한 자산이 될 것이다.

'적극적 발언가'가 자신의 미숙한 성품을 변형시키는 것은 개인에게 큰 성취일 뿐 아니라 사회에도 큰 축복이다. 선을 행하려는 의지가 강해질수록 사람들의 존경과 우러름을 받는다. 엄청난 잠재력을 가진 사람들이기 때문에 얼마나 성숙해졌느냐에 따라 큰 차이가 있다. 이 영혼 특성은 산을 옮길 수 있는 추진력과 함께 수많은 사람을 긍정적 또는 부정적 방향으로 이끌 수 있는 영향력이 있다. (부록 도표 참고)

감정 영역이 특히 발달한 사람들이 있다. 남을 돕고, 상대의 말에 귀기울이고, 타인에게 봉사하기 위해 기꺼이 세상으로 손을 내민다. 항상 주변을 세심하게 돌보고 아름답게 장식하며, 주변 사람들이 편안하도록 신경 쓰고 배려한다. 공간을 살아있게 만들고, 실내 인테리어를 바꾸고, 새로운 일이 일어날 수 있는 분위기와 환경을 창조하는 일을 좋아한다. 하지만 공간이 완성되면 그들은 한 발 뒤로 물러나 지켜본다. 이런 사람들이 '꿈꾸는 양육자'다.

여간해서는 '적극적 발언가'들처럼 무대 중심에 서고 싶어 하지 않는다. 따뜻한 온기를 발산하며 다정다감하게 주변 사람들을 감싸 안는다. 사랑과 미의 여신 비너스처럼 사람들에게 아낌없는 사랑을 보낸다. 이들의 친절한 태도는 상대의 마음을 열고 최선의 모습을 끌어내게 하는 힘이 있다. (부록 도표 참고)

시간관념이 느슨한 편이라 몇 시간이고 앉아서 고민을 들어줄 수 있다. 하지만 그 자리를 어떻게 마무리해야할지 몰라 진땀을 뺀다. 상대의 기분을 상하게 하고 싶지 않기 때문이다. 쉽게 곁을 내주고 환영의 몸짓을 보이기 때문에 관심과 애정을 필요로 하는 사람들이 줄지어 찾아든다. 자칫하면 감당할 수 있는 선을 넘어서거나 자기 정체성을 잃어버리는 지경까지 빠져들기도 한다.

반대로 상대가 부담스러워 할 정도로 과도한 호의를 베풀며 숨막히게 만들기도 한다. 영역을 함부로 침범하거나 감정적으로 의존하게 만든다. 과하다 싶을 정도로 다른 사람을 돕고 돌보는 일에 열심인 사람 중에 균형 잃은 '꿈꾸는 양육자'가 많다. 좋은 마음으로 하는 일이지만 상대의 자유를 존중하며 물러설 때를 잘 알지 못한다.

'꿈꾸는 양육자'들은 역설적으로 인생이 언제나 유쾌하고 평화롭고 근심걱정 없기를 바라기 때문에 마음고생을 한다. '네가 모두를 다 기쁘게 할 수는 없어.'라는 말을 싫어한다. 모두를 기쁘게 하는 것이 이들의 소망이기 때문이다.

이들의 진가는 집안에 문제가 있거나 승진에서 탈락했거나 몸이 아픈 친구와 동료에게 공감하고 위로할 때처럼 겉으로 잘 드러나지 않는 상황에서 빛을 발한다. 책임자 자리에 앉았을 때는 유능하다는 평을 못 받는 경우가 많다. 주변 사람들에게 문제가 생기면 거기에 신경 쓰느라 정작 자기가 책임지고 당장 처리해야할 목표를 쉽게 잊어버리기 때문이다.

반면 아픈 친구를 돌봐야하는 상황에서는 물 만난 고기처럼 활약한다. 커피와 차를 끓이고, 잠자리를 편안하게 봐주고, 꽃병에 꽃을 꽂고, 책을 읽어주는 등 조금이라도 편하게 해주느라 동분서주한다. 입원 기간 동안은 물론 퇴원 이후에도 친구들끼리 돌아가며 음식을 해주자고 제안한다. 하지만 그것이 단순한 제안으로 그치지 않으려면 '적극적 발언가'나 '사고형 조직가'가 개입해야한다. '꿈꾸는 양육자'에게 일을 맡겨놓으면 참여할 사람 모으는 전화도 제대로 다 못 돌릴 위험이 있다. 통화를 하다가 다른 화제에 정신이 팔려 전화 건 목적까지 잊어버리는 일이 허다하기 때문이다. 그러나 일처리는 좀 미숙할지 몰라도 분명 타인을 향한 사랑의 힘으로 누구도 하지 못할 일을 해내는 사람들이다.

'꿈꾸는 양육자'의 또 다른 특징은 열정이다. 이로 인해 미성숙하거나 균형 잃은 열정은 광기로 변해 애초에 품었던 마음이나 목표를 까맣게 잊고 휩쓸려 버리기도 한다. 늘 사랑을 갈구하고, 사랑하고 돌봐줄 대상을 찾고,

　　　　　　　　Ⅱ 7가지 영혼 특성과 인생 여정

순간의 열정이나 낭만에 취해 중심을 잃고, 상대를 유혹하거나 유혹에 빠지기 쉬운 것이 미성숙한 '꿈꾸는 양육자'의 전형적 특성이다.

'꿈꾸는 양육자'의 이상과 갈망, 특히 진리와 아름다움, 선을 향한 추구는 (영혼 특성과 상관없이) 모든 청소년이 지니는 특성이다. 삶에서 이런 갈망을 충족시킬 기회를 얻지 못하면 이들이 지닌 큰 사랑의 힘은 미움으로 변해 파괴적인 힘으로 작용한다. 그럴 때 이들은 자신을 버리거나 실망을 준 사람들에게 끔찍한 짓을 저지르는 상상을 펼치곤 한다. 미성숙한 '꿈꾸는 양육자'는 세상을 향해 마음을 열지 못하고 속 좁고 옹졸하게 굴거나, 지나치게 예민해서 작은 일에도 쉽게 상처받는다.

이들이 누구보다 뛰어난 능력을 발휘하는 영역은 가정이다. 과거에는 '꿈꾸는 양육자' 여성이 가정에서 중추 역할을 담당하며, 따뜻하고 사랑 넘치는 가정을 꾸리고, 아이와 남편을 돌보고, 아름다움을 가꾸었다. 오늘날에는 그 힘이 일터에서도 유용하게 쓰인다. 이들은 주변 사람들에게 아름다운 사무실 환경과 동료끼리 서로 돕고 지지하는 직장 분위기가 얼마나 중요한지를 깨닫게 해준다. 기분 좋고 생기 넘치는 환경 속에서 일할 때 생산성이 높아질 뿐 아니라 심리적으로도 건강해진다.

이들은 자녀에게 '어머니 대지' 같은 존재가 될 수도 있고, 온갖 책임에 짓눌려 지칠 대로 지친 '순교자'가 될 수도 있다. 어깨에 짊어진 짐이 너무 무겁다고 느낄 때는 모든 걸 훌훌 털고 멀리 도망가는 상상에 빠지거나 이불을 뒤집어쓰고 현실을 도피해버리곤 한다.

약속 없는 한가한 휴일, '꿈꾸는 양육자'의 하루는 어떨까? 먼저 묵은 사진 상자를 열어 하나씩 꺼내보며 차근차근 정리한다. 몇 장을 골라 벽을 아름답게 장식한다. 그런 다음 식구들이 기분 좋은 따뜻함을 느낄 수 있게 방을 새로 꾸미고 구석구석까지 꼼꼼하게 정돈하고 장식한다. 방에 필요한 것이 뭔지 한 눈에 파악하고 그 상을 구현하기 위해 조용하고 부지런하게 움직인다. 저녁 무렵에는 손가락 하나 까딱 못할 정도로 기진맥진해졌지만 밋밋하고 개성 없던 공간을 아름답게 만들었다는 생각에 뿌듯한 기분이다.

숨가쁘게 돌아가는 현대 사회에서 '꿈꾸는 양육자'들은 타고난 재능을 발휘할 출구를 찾기 쉽지 않다. 가치를 인정받지 못할 때는 자기 연민의 늪에 빠져 허우적거리기도 한다. 그러다가 내면의 갈망을 귀하게 여겨주는 직업을 찾으면 내적으로 충만하고 책임감 있는 어른으로 거듭난다. 영유아나 도움이 필요한 사람을 돌보는 일, 사회복지사, 인테리어 디자이너, 시인, 작가, 심리학은 이들의 재능이 빛을 발할 수 있는 분야다.

요즘은 이 유형의 남성들이 과거보다 훨씬 인정받는 사회 분위기가 되었다. 어떤 집은 아내가 사회생활을 하고 남편이 가정을 돌보고 아이를 양육하는 역할을 맡는다.

'꿈꾸는 양육자'가 모두 예술가 성향을 지닌 것은 아니다. 이들 중 지적으로 뛰어난 사람들은 '신은 존재하는가? 도덕적 가치의 본질은 무엇인가? 진리는?' 같은 심오한 질문에 골몰하다가 몽상에 빠지거나 이론을 만들어 낸다. 기회만 있으면 대화중에 이런 주제를 꺼내는데 꿈만 꾸기보다 행동으로 보여주기를 원하는 다른 영혼 유형 사람들은 이런 태도에 못마땅한 반응을 보인다.

'꿈꾸는 양육자'들은 사랑과 따뜻한 인간관계를 갈망한다. 사랑받고 싶은 욕구 때문에 사람들에게 이용당하고 육체적 만족을 사랑이라고 착각하며 살기도 한다. 꿈에 그리는 완벽한 상대를 찾아 이 사람 저 사람 쉴 새 없이 옮겨 다닌다. 그렇게 깊이 없는 관계에 빠지다보면 마음 깊이 간직한 이

II 7가지 영혼 특성과 인생 여정

상을 잃어버리고 성적 매력과 순간의 유희만 찾게 된다.

이 유형의 많은 이가 암울한 현실 너머로 빛나는 한 가닥 희망을 바라보면서도 정작 그것을 손에 쥐기 위해 발 벗고 나서지는 않는다. 그러면서 인생을 계획하고 미래를 꿈꾸던 젊은 시절을 마냥 그리워한다. 아직도 꿈만 꾸고 있으며 이제는 목표를 분명히 하고 꿈을 실현시키기 위해 일해야 할 때라는 자각을 좀처럼 하지 못한다. 땅에 발을 딛고 서서 현실을 직시하지 못하다보니 집단 속에서 갈등을 겪는 경우가 많다. 그러나 동시에 이들은 젊은 날의 이상과 꿈을 생생히 유지하며 우리의 삶 속에 아름다움과 사랑의 기운을 불어넣는 존재이기도 하다.

청소년기

청소년기에 접어들면서 사랑과 자유를 펼칠 수 있는 힘이 탄생한다. 자기 정체성이 생기고 다른 사람과 다른 자기만의 감정을 느끼는 한편, 사랑과 성에 눈을 뜬다. 강렬한 감정을 느끼고 싶은 욕구, 다른 사람과 깊이 연결되고 싶은 욕구, 개인적 감정과 생각을 나누고 싶은 욕구가 생긴다. 성이란 이런 소용돌이치는 욕구의 일부일 뿐 전부는 아니다.

사춘기의 가장 강한 충동과 동력은 바로 사랑이다. 그것은 가깝고 특별한 인간관계뿐 아니라 세상과 자연, 지식과 이상, 그리고 모든 인류를 향한 사랑으로도 발현된다. '꿈꾸는 양육자' 유형 청소년을 가르치기 힘들어하는 교사들이 있다. 과학이나 수학, 역사 같은 과목에 아무런 관심도 소질도 보이지 않기 때문이다. 이들의 관심을 자극하려면 과학자나 수학자, 역사 속 인물 등 지금 배우는 과목의 주인공이 겪은 비극적 사건이나 아름다운 일화를 수업 내용과 연결시키는 것이 좋다. 이들은 아름답고 신기한 숫자 패턴에도 눈을 반짝인다. 어떤 형태로든 일단 감정이 동해야 그 과목에 마음을 열 가능성이 생긴다. 그러지 않으면 조금만 추상적인 내용이 나와도 눈길조차 주지 않는다.

교사에 대한 감정이 수업 참여도를 크게 좌우한다. 내내 시큰둥하다가 교사와 어느 부분에선가 통한다는 느낌을 받으면 갑자기 수업 속으로 들어온다. 교사가 사춘기 때 겪었던 우스꽝스러운 일화나 힘들었던 경험, 시나 음악 취향 등 개인적인 이야기를 들려주는 것도 좋은 방법이다. 야단치고 어르고 별 짓을 다해 봐도 학습에 아무 흥미를 보이지 않던 '꿈꾸는 양육자' 청소년이 교사에게 개인적 관심을 가지면서 수업에 열심히 참여하는 경우가 많다. 공상 과학이나 로맨스 소설, 판타지 소설 속에서 현실을 잊고 안식처를 찾기도 한다. 이들은 아름다움을 사랑하고 사랑이 세상을 움직이는 힘이라고 믿고 행동하는 어른을 존경한다.

이 유형의 청소년들은 진(진실), 선(선함), 미(아름다움)를 추구한다. 이런 가치를 접하지 못하면 냉소적인 태도로 세상에 등을 돌리거나 자기중심적이고 거만한 사람이 되기 쉽다. 그리고 안전하고 편안한 자기만의 내면세계, 꿈과 몽상의 세계 속으로 도피한다. 반면 선과 아름다움, 진실을 향한 동경이 튼튼하게 뿌리내린 경우에는 삶이 의미 있고 기쁨이 넘친다고 느끼며, 세상과 다른 사람들이 그들에게 베풀어준 것, 세상의 아름다움, 창조의 영광에 감사하고 귀하게 여기는 사람이 된다. 이런 느낌으로 세상에서 받은 것을 되돌려주려는 소망이 자라나고, 자신을 희생하고 고통을 무릅쓰면서 타인을 향해 사랑과 도움의 손길을 보내려는 마음이 생긴다. 이런 사람들은 집 없는 이, 학대 받는 어린이와 동물, 훼손된 지구의 아픔을 함께 느끼고 공감한다. 이들은 마음이 움직이면 행동에 나선다. 쌈짓돈을 내놓고, 골목길을 청

II 7가지 영혼 특성과 인생 여정

소하고, 노숙자들에게 식사를 제공하고, 다친 동물을 구조하는 등 다른 존재를 돕는 일에 발 벗고 나선다.

교사와 어른들은 '꿈꾸는 양육자' 청소년을 특별히 신경 써야 한다. 아름다움을 사랑하고 타인을 배려하는 성향 때문에 상대적으로 공격적인 영혼 성향을 지닌 아이들에게 치이기 쉽고, 장점이 가려지는 경우가 많기 때문이다. 표준화된 시험에서는 이런 특성이 드러나기 어려운데다, 학교나 상업 세계는 그것을 장점으로 여기지도 않는다. 타고난 재능을 인정하고 키워줄 때 청소년들은 힘과 자신감을 얻는다. '꿈꾸는 양육자' 청소년, 특히 고등학생들이 느끼는 가장 큰 슬픔은 세상이 자신의 가치를 알아주지 않는다는 느낌이다. 처음에는 사람들의 인정을 얻으려 나름대로 애를 쓰다가 결국에는 포기하고 자신과 어른들에 대한 믿음마저 잃곤 한다.

교사는 이들이 타고난 예술적, 사회적 소양을 공동체를 위해 발휘할 기회를 만들어주어야 한다. 학교 연극의 무대 배경이나 홍보용 책자 제작 같은 일을 맡기면 그림과 글쓰기 재능을 발휘하며 그 특별한 날이 더 빛날 수 있도록 최선을 다할 것이다. 탁월한 공감 능력이 적절하게 쓰일 기회를 통해 공동체에 기여하는 동시에 친구들에게서 진심어린 존경을 받을 수도 있다. 이들은 마음껏 움직일 수 있는 기회와 공간이 주어졌을 때 진정한 재능을 발휘하곤 한다.

연극은 '꿈꾸는 양육자'들에게 특히 유익한 활동이다. 평소 모습과 다른 인물을 연기하면서 내면에 숨은 여러 성격을 경험하고 그것을 밖으로 드러내볼 수 있다. 이 시기에 세상에 대한 사랑을 경험한 청소년들은 성인이 되었을 때 타인을 돌아보는 마음과 인류 전체를 향한 형제애를 훨씬 쉽게 받아들인다.

성숙한 성인기

열정이 너무 앞장서지 않도록 조절하고 그 속에 '자아'의 힘이 스며들게 할 때 '꿈꾸는 양육자'는 진정한 인간관계와 피상적인 관계를 구별할 수 있다. 또 자신의 욕구를 이해하고 상대에게 건강한 태도로 요구할 수 있다. 이들은 아주 객관적인 사람이 되기를 바라는 동시에 객관성이란 차갑고 냉정한 태도라며 의심의 눈초리를 보낸다. 감정을 자유롭게 조절하고 변형시킬 힘이 생기면 가슴의 따뜻함과 육체적 친밀함을 통일시켜 더 이상 남들에게 이용당하지 않는다. 성숙해지기 위해서는 사고의 힘을 발휘하여 감정을 조절하고 통제할 수 있어야 한다.

균형 잡힌 '꿈꾸는 양육자'는 타인이 어떤 도움이 필요한지를 올바로 파악하면서도 자신을 돌볼 줄 안다. 모든 사람의 요구를 다 맞춰주려다가 탈진하는 대신 어떤 요구에 대응할지를 선택할 줄 안다. 처음에는 자기가 너무 냉정하고 가혹해졌다고 느낄 수도 있지만, 어느 순간 이런 경계를 세웠을 때 오히려 친구들이 자신을 존중한다는 사실을 깨닫는다. 이들은 기쁨과 사랑, 따스함을 세상에 전파하고, 다정하고 사려 깊은 태도로 상대를 대하는 모범을 보여주는 사람들이다. 공동체와 사람들이 모이는 자리, 축하하거나 음식을 나누는 자리에 참석하는 것을 좋아하며, 특별한 배려와 정성을 기울여 평범한 일상을 특별하게 만들기를 좋아한다. 이들이 없는 세상은 정말 싸늘하고 외로울 것이다.

'꿈꾸는 양육자'가 손을 댄 곳은 분명하게 표시가 난다. 따뜻하고 환한 미소로 사람들의 마음을 열고 신뢰와 나눔을 이끌어낸다. 이들에게서는 타인을 향한 연민과 관심이 환하게 퍼져 나온다. 사회와 인간관계가 건강하고 튼튼해지기 위해서는 모두가 '꿈꾸는 양육자' 특성을 충분히 키워야 한다.

Ⅱ 7가지 영혼 특성과 인생 여정

{ 정신 연구자 } 본질을 탐구하는 사람들

'정신 연구자'는 우주의 가장자리에 서서 세계가 창조되는 순간까지 거슬러 올라가 우주 전체를 조망하는 사람들이다. 천천히 조금씩 땅으로 내려오지만 언제나 의식 깊은 곳에 정신에 대한 기억을 간직한다. 『그리스 신화』에 나오는 시간의 신 크로노스처럼 '정신 연구자'들의 의식 속에는 시간time과 무시간timelessness이 모두 존재한다.

혼자만의 사고 속에서 살아가는 이들은 개념의 세계에서 가장 편안함을 느낀다. 무슨 일을 할 때 늘 전체 그림을 바라본다. 내면에 중심을 둔 채 적극적으로 진리를 찾고, 세상 만물의 본질적 의미를 만나기를 소망한다. 본질을 깊이 파고드는 동시에 정성을 기울여 작은 부분까지 꼼꼼히 살핀다. '정신 연구자' 영혼 특성을 가진 사람들은 맘먹으면 쉽게 감정적으로 거리를 두고 객관성을 유지할 수 있기 때문에 자료 조사나 연구 업무에 적합하다. 이들은 아무데도 매이지 않는 자유와 읽을 책, 자료를 정리할 파일 (그리고 인터넷)을 사랑한다. '이 말의 진정한 의미가 뭘까? 무엇이 진리인가? 진짜 의도는 무엇이었을까? 이 모든 일이 어떻게 시작되었을까? 맥락이 무엇이었는가?' 같은 질문을 던진다. 모든 측면을 깊이 고려해서 올바른 결론에 이르기를 원하기 때문에 일을 시작하기 전에 충분히 생각할 시간을 가지고 싶어 한다. 지금 이 일이 미래에 어떻게 전개되고 작용할지를 명확히 파악하지만 자기 눈에 보이는 바를 다른 사람들이 알아듣고 이해할 수 있는 언어로 전달하는데는 서툴다.

'정신 연구자'는 맡은 일을 천천히 차근차근 처리한다. 당장 어떤 결정을 내리라고 다그치면 말문이 막혀 제대로 대응하지 못하고, 간섭이나 침해라며 분개한다. 먼저 심사숙고할 시간, 이유를 찾아낼 시간이 있어야 한다. 상황을 파악해야 움직일 수 있기 때문이다. 재촉당하면 얼마나 마음이 불편한지 알기 때문에 다른 사람에게도 결정할 시간과 여유를 충분히 배려한다.

이 성향 중에도 되는대로 두서없이 일하는 사람들이 있지만 절차와 체계에 집착하는 경우가 많다. 웬만해서는 다른 사람을 비판하지 않는다. 감정적으로 깊이 얽히고 싶지 않기 때문이다. 어떤 일에도 감 놔라 배 놔라 간섭하기 싫어서 의견이 있어도 대개 입을 꼭 다물고 아무 말도 하지 않는다. 그러다보니 개인적인 질문을 거리낌 없이 던지고 다른 사람 일에 쉽게 끼어드는 '사교적 개혁가' 같은 사람을 만나면 기겁을 한다. 계획 단계에서는 일에 대한 자기 관점과 의견을 기꺼이 나누지만, 막상 일을 시작하면 다른 사람과 의견을 조절하고 상의하는 과정 없이 혼자서 차근차근 해결하는 편을 선호한다.

한번 약속을 하거나 관계를 맺으면 끝까지 신의를 지키지만 상대가 너무 밀어붙인다 싶으면 앙심을 품거나 상처를 입고 신랄한 반응을 보이기도 한다. 이들은 아무리 작은 일에도 먼저 튼튼한 체계를 세운다. 지나치게 꼬장꼬장하게 굴 때도 있지만, 되는 대로 주먹구구로 일하는 곳에 꼭 필요한 골격이 된다.

'정신 연구자'들은 인간관계에 서툴다. 그러다보니 사람들과 부대끼지 않고 혼자서 일에만 집중할 수 있는 환경을 선호한다.

생기와 활력을 주는 다른 특성 없이 '정신 연구자' 성향만 강한 경우에는 단단한 껍질 속에 들어가 외부와 전혀 섞이지 못하는 사람이 될 수도 있다. 감정이나 속마음을 드러내지 않고, 사람들이 사생활에 관심을 갖고 물어보면 불편해 한다. 인간관계에 신경 쓸 시간에 당면 과제를 해결하는 편이 훨

Ⅱ 7가지 영혼 특성과 인생 여정

씬 낫다고 생각한다. 영혼 주위로 높은 담을 둘러치고 자기 내면에만 집중하기 때문에 주변 분위기나 다른 사람의 감정에 둔감하다. 비꼬는 말이나 직설적인 발언을 서슴없이 던지지만 그로 인해 상대가 얼마나 큰 상처를 입는지 알아채지 못한다. 반면 자기에 대해서는 다른 사람이 조금만 불친절하게 말해도 쉽게 상처받고 예민하게 반응한다. 상처를 받으면 안전한 내면의 피난처로 숨어들어가 싸늘한 냉기를 풍기며 다른 사람들이 접근하기 어렵게 만든다. 미숙한 '정신 연구자'들은 세상과 동떨어진 자기만의 세계에 스스로를 가두고 편협한 시선으로 세상을 바라본다.

이들은 세상의 인정과 사람들의 관심을 갈구하며 속을 끓인다. 그러나 타고난 재능이 무르익을 때까지 갈고닦는 끈기가 부족해 그대로 사장시키는 경우가 많다. 그러면서도 세상이 자기를 알아주지 않는다며 억울해하고, 부지런히 노력하고 사람들과 잘 지내면서 인정받는 사람을 보며 분개한다. 어쩌다 과감하게 시도해서 성공을 거두면 그 기억을 잊지 못하고 계속 똑같은 방식을 반복한다.

시간이 흐르고 꾸준한 격려와 지지를 받다보면 어느 순간 과거를 내려놓고 현재로 들어설 수 있다. 제 발로 숨어 들어갔던 내면세계에서 나와 세상과 대화하기 시작한다. 그리스 신화에서 크로노스(로마 사람들은 '토성'이라는 뜻의 '새턴'이라 불렀다)는 자식을 싸워 이겨야 할 적수로 여기고 한 입에 꿀꺽 삼켜버린다. 지위와 힘을 빼앗길까 두려웠기 때문이다. '정신 연구자' 중에 이와 비슷한 태도를 보이는 사람들이 있다. 동료가 모두의 인정과 찬사, 칭송을 받는데, 불행히도 자신은 그런 대접을 못 받을 경우 격렬한 질투심을 보인다.

'정신 연구자'는 집단에서 중요한 역할을 한다. 언제나 진실을 추구하기 때문에 본질을 통찰할 때까지 문제를 깊이 숙고한다. 사소한 일까지 잊지 않을 만큼 기억력이 좋다. 동료가 저지른 실수까지도 흘려보내지 못하고 모두 마음에 저장해 두다보니 남들보다 몇 배로 마음고생을 한다. 고집불통이라 여겨질 만큼 남의 말을 안 듣지만 마지막에 보면 이들의 주장이 옳은 경우가 많다. 하지만 자기가 옳고 우월하다는 의식 때문에 주변 사람을 불편하게 만들 수 있다. 집단의 책임자 자리에 오르면 크고 작은 결정마다 본질적 의미를 찾고, 모든 가능성을 하나하나 따져보느라 일을 추진력 있게 진행하지 못할 수 있다.

'정신 연구자'는 다른 사람들과 일정한 거리를 둘 때 최고의 능력을 발휘하며, 깊은 사유와 치밀한 조사를 바탕으로 중요한 통찰을 내놓곤 한다. 훌륭한 의견이 있지만 다른 사람들이 진지하게 귀기울이도록 설득력 있게 제안하는 데는 서툴다. 그러다보니 '정신 연구자'들의 통찰이 꼭 필요한 시점에도 집단은 이들의 의견을 소홀히 넘기고 말주변 좋은 다른 사람의 의견을 더 중요하게 다루게 된다. 한 '정신 연구자'는 당시 아무도 관심 없던 주제로 박사 논문을 썼다. 10년 뒤 비로소 그 연구가 주목을 받았지만 이미 그는 세상을 떠난 뒤였다.

'정신 연구자'들은 긴장 푸는 법을 배워야 한다. 신체를 불편하게 여기기 때문에 자기도 모르게 긴장하기 쉽다. 다른 사람 손길이 닿는 것을 좋아하지 않아 마사지나 애정 표현을 편안하게 받아들이지 않는다. 따라서 늘 지니고 다니는 긴장을 내려놓는 순간을 의식적으로 만들어야 한다. 가장 잘 이완할 수 있는 곳은 무엇보다 자연이다. 등산이나 텃밭 가꾸기도 좋은 치유 활동이 될 수 있다. 유머도 물론 좋은 방법이다.

긴장을 잘 풀지 못하는 성격이다 보니 여간해서는 안전지대 밖으로 안

나간다. 고정된 사고방식의 틀을 잘 벗어버리지 못한다. 같은 생각을 마음속에서 수백 번 곱씹기 때문에 우울증에 빠지기 쉽다.

'정신 연구자'에게 필요한 것은 온기다. 주변에서 따스함을 보이면 사고의 틀을 확장하고 내면의 도피처에서 나와 인간관계 속으로 들어가기도 하지만, 오히려 위협을 느끼고 한걸음 뒤로 물러설 수도 있다. 자기편에서 상대에게 능동적으로 온기를 보낼 줄은 모르지만 상대가 따스함을 보여주기를 갈망한다. '정신 연구자' 영혼 특성은 우울 성향을 동반하는 경우가 많아 자기 내면에 꼼짝없이 갇힐 수 있다. 주변의 호의를 거부하고 밀어내는 것처럼 보이지만 속으론 그 온기를 원한다. 그런데도 고집을 부리면서 애써 등을 돌리더라도 계속해서 온기를 베풀다보면 언젠가는 (우리를 기쁘게 해주려고 그런다고 주장하면서도) 반응을 보일 것이다. 또 손을 내밀지 않으면 그 사실을 잊지 않고 두고두고 서운해 할 것이다.

이들은 어깨에 무거운 짐을 지고 살아가는 사람들이다. 기꺼이 감당하면서 꿋꿋이 앞으로 걸어가기도 하지만, 그 무게에 짓눌려 외톨이가 되어버리기도 한다. 노인들을 보면 살면서 겪어온 시련으로 더 강해진 사람이 있고, 운명의 무게를 이기지 못해 삶의 기쁨을 잃고 은둔자가 되어버린 사람도 있다.

미성숙한 '정신 연구자'는 과거에 집착하면서 오직 자기만 바라보다보니 고집불통에 자기중심적이다. 성질 고약하고 이기적이고 의심 많고 쌀쌀맞고 심술궂기까지 할 수도 있다. 중요한 정보를 쥐고 있으면서도 자기 연구나 사색에만 골몰해서 그 정보가 공동체에 갖는 의미를 보지 못한다.

청소년기

이 영혼 특성을 가진 청소년들의 사춘기는 유달리 힘들다. 10대가 아니라 애늙은이처럼 보일 때가 많다. 친구를 잘 사귀지 못하고 관계 속에서 소외감을 많이 느낀다. 속을 터놓을 수 있는 친구가 한 명이라도 있으면 도움이 된다. '정신 연구자' 유형 청소년들은 내성적이고, 여간해서는 보호막 뒤에서 나오려 하지 않기 때문에 다가가기가 어렵다. 정말 하고 싶은 말이 차고 넘쳐야 비로소 장막을 걷고 나오는데 감정 표현도 서툴다. 이 특성만 강하게 발달한 경우는 청소년 집단에 흔하지 않다보니 쉽게 눈에 띈다. 상대의 나이와 상관없이 관심사를 공유하는 사람, 대화가 통하는 사람과 이야기하기를 즐긴다.

이들은 배운 것을 깊이 생각하며 받아들인다. 하지만 수업 중 토론이나 글의 형태로 자기 생각을 표현하는 데는 전혀 적극적이지 않다. 토론 내내 입을 꼭 다물고 아무 말도 하지 않지만 생각이 없는 건 아니다. 잘 설득해서 마음을 열고 의견을 밝히게 하면 본질을 통찰하는 훌륭한 발언을 들을 수 있다. 행동이 굼뜨고 매사에 심사숙고하는 태도 때문에 타인과 관계 맺기가 원활하지 못하다. 신속한 대응을 재촉하면 더 머뭇거리고, 마음의 준비가 되지 않은 상태에서는 일을 끝까지 마무리하지 못한다. 무엇보다 필요한 것은 유연성이지만 그게 생각처럼 잘 되지 않는다.

'정신 연구자'들은 한 가지 대상이나 주제를 깊이 파고들 때 편안함을 느끼고, 집중력을 발휘해서 끈질기게 파고들 때 가장 진가를 발휘한다.

성숙한 성인기

'자아'의 힘을 적극적으로 발휘할 때 편향성을 자각하고 변형시킬 수 있

Ⅱ 7가지 영혼 특성과 인생 여정

다. 예를 들어 소나무 전문가인 '정신 연구자'는 다른 나무에는 전혀 관심을 기울이지 않고 오로지 소나무에만 집중한다. 그러다 어느 순간, 그 나무를 진정으로 이해하려면 기후나 생태계, 주변 환경의 변화까지 함께 바라봐야한다는 사실을 깨닫는다. 나아가 현상 속에 숨은 다층적 요소를 온전히 파악하기 위해서는 다른 연구자들과 협력해야한다는 것도 알게 된다. 자기 분야에 치우친 관점에서 벗어나 사고 속에서 더 넓은 영역을 조망할 수 있을 때 '정신 연구자'는 영혼 특성을 변형시키고 균형 잡힌 사람으로 성장해 간다. 이렇게 변형된 '정신 연구자'는 타고난 사고의 힘을 지구와 인류를 위해 사용한다.

정신적 가치를 위해 노력하는 성숙한 '정신 연구자'는 자기 생각을 다른 사람에게 강요하기보다 상대의 말을 귀담아 들으면서 상대방이 원할 때 필요한 조언을 한다. 사고에 균형감이 생기고, 스스로를 농담거리로 삼을 만큼 여유로워진다. 끊임없는 자아 성찰을 통해 주변에 축복이 되는 지혜를 터득하고, 그 빛을 보고 사람들이 모여든다.

이들의 특성을 인정하면서 충분한 시간을 주면 '정신 연구자'는 깊이 있는 숙고의 힘과 본질을 꿰뚫는 철저함을 공동체를 위해 올바로 쓸 수 있다. 충분한 시간과 함께 능력이 가장 잘 발휘될 수 있도록 일할 자유와 재량도 맡겨야 한다. 이는 무관심이 아니라 쉽지 않은 과제를 지닌 그들의 처지를 이해하는 태도를 말한다.

편향된 '정신 연구자'는 과거를 그대로 답습하는 경직된 사고를 하는 반면, 균형 잡힌 '정신 연구자'는 사고에 깃든 정신적 요소에서 생기와 활력을 얻으면서 인간 존재의 의미에 집중하고 본질을 통찰하는 사고를 한다.

이 때 비로소 이들은 곰팡내 나는 책에 고정된 시선을 들어 하늘을 보면서 정말로 정신을 탐구하고 연구하는 사람이 된다. 정신 연구를 진지하게 받아들이면서 책임감이 한층 강화된다.

성숙한 '정신 연구자'는 세상의 아픔을 자기 것으로 느끼면서 오직 자기만 볼 수 있는 어려움과 맞서 싸운다. 우리는 이들의 이런 상태를 알아주어야 한다. 이들이 자기 고통에 대한 민감성을 타인의 고통을 느끼는 감수성으로 변형시킬 때 깊은 연민과 자비심이 흘러넘치기 시작한다.

60대 이후

60세가 넘으면서 사람들은 '정신 연구자'의 영혼 특성을 보이기 시작한다. 과거를 돌아보면서 일어났던 일과 일어날 수 있었던 일을 시간 가는 줄 모르고 되새긴다. 인생에 특별한 영향을 미쳤던 사람들, 친절을 베풀었던 사람들, 자기를 인정해줬던 사람들을 떠올린다. 가족의 족보를 조사하고 수십 년간 연락이 끊어졌던 친척을 찾아 나서기도 한다. 친구들을 만나 젊은 시절 이야기하기를 즐긴다.

왜 그럴까? 나이가 들면서 사람들은 지금껏 살아온 삶을 이해하고 싶어진다. 이 때 내향적이며 깊이 있게 사고하고 추억 속에 사는 '정신 연구자' 특성이 도움이 되기 때문에 노인이 되면 지배적인 영혼 특성과 상관없이 비슷한 성향을 보이는 것이다.

'정신 연구자'들은 나이가 들면서 더 이상 독특하거나 별종으로 보이지 않게 된다. 그들이 처음부터 있던 자리를 같은 세대 사람들이 이제야 따라잡았기 때문이다.

'모방형 보존자'들은 합리적이고 현실적이며, 빈틈없고 체계적이고 믿을 수 있다. 멀고 불확실한 꿈을 따라 나서는 일은 결코 없을 거라고 확신할 수 있는 사람들이다. 사실 관계를 확인할 수 있도록 모든 활동을 기록하고 문서로 남기는 것을 중요하게 생각한다. 이들은 감정이 끼어들어 객관적 지각을 왜곡시키기 전에 실제 일어난 일과 사실에 집중하도록 도와준다.

기억력이 좋아 의견을 주장할 때 강한 인상을 줄 수 있도록 전문가의 의견이나 사실을 적재적소에 인용한다. 어떤 상황에서나 기다렸다는 듯 통계 수치를 내놓는다. 세세한 부분까지 정확하게 기억하지만 범위가 협소해 그런 수치를 광범위한 주제와 연결해 달라고 요청하면 자신 없는 목소리로 말끝을 흐린다. 통계 수치나 사건 이면의 의미보다는 사실을 인용한다는 행위 자체에서 만족을 얻는다.

일을 하는 '올바른' 방식을 알고 있다고 생각하며, 몸에 밴 일과를 바꾸기 싫어한다. '오전 10시 15분 쉬는 시간'은 무슨 일이 있어도 건드려서는 안 된다. 10년 동안 같은 방식으로 일을 해왔다면 앞으로도 그래야 한다. 사업의 방향을 정할 때 가장 중요하게 고려하는 요소는 전통과 선례다. 새로운 시도나 즉흥적 변경을 제안하면 자기도 모르게 눈살을 찌푸린다. 시간이 지나면서 낯선 요소를 받아들이기도 하지만 처음부터 신뢰하지는 않는다.

'모방형 보존자' 성향만 지나치게 발달한 경우 겉으로 드러난 사실은 많이 알지만 본질이나 내적인 면에서는 상대적으로 공허하다. 대상의 내부로 들어가지 못하고 표피에 머무르기 쉬우며 겉치레와 외모를 중시하는 경향이 강하다.

작은 일까지 정확하게 처리하는 사람을 찾는다면 '모방형 보존자'가 적임자다. 이들이라면 회계나 총무 일을 안심하고 맡길 수 있다. 체계적, 조직적이며 한결같은 속도로 꾸준히 일하고 일정을 정확하게 준수한다. 필요하다면 밤을 새서라도 장부의 숫자를 정확히 맞춰놓는다. 한 치의 오차도 허락하지 않는 완벽주의자들이다.

감정이나 정서보다 객관적 수치와 사실을 다루는 영역을 훨씬 편안하게 여긴다. 사실 이들은 감정을 숨기지 않고 있는 그대로 표현하는 사람들을 신뢰하지 않는다. 이는 '모방형 보존자'들이 자기와 비슷한 사람들만 높이 보기 때문이지만, 한편으로 즉흥적이고 예측할 수 없는 사람들을 불안해하기 때문이기도 하다.

책임자 자리에 오르면 직원들에게 정해진 규칙을 준수하며 예측 가능한 방식으로 책임감 있게 일할 것을 요구한다. 향후 생길 지도 모를 일이나 새로운 시도를 염두에 둔 제안이 아닌 실제로 벌어질 일만 알고 싶어 한다. 혁신을 권장하지 않고, 창의적인 의견을 자유롭게 주고받는 시간을 쓸데없는 짓으로 여긴다. 장기 계획에는 별 관심 없이 눈앞의 과제에만 집중하는 경향 때문에 문제가 생길 수 있다. 달라져야 할 때라는 의견을 만나면 처음에는 이해하지 못하다가 한참 시간이 흐른 뒤에야 그 중요성을 깨닫는다. 일을 맡으면 아무리 힘들어도 어떻게든 해결하는 것을 당연한 일이라 생각하기 때문에 동료나 부하직원을 칭찬하고 감사를 표하는데 인색하고, 그 때문에 관계에 어려움을 겪기도 한다.

자신의 영특함을 자랑스러워하는 만큼 똑똑한 사람을 좋아한다. '모방형 보존자'는 다른 사람과 공감하지 못하는 차갑고 연민 없는 지성에 빠질 위험이 있다. 이런 사고를 변형시키려면 추상적인 개념 너머 살아있는 실재

II 7가지 영혼 특성과 인생 여정

를 꿰뚫어 볼 수 있어야 한다.

'모방형 보존자' 중에 잘생긴 외모, 멋진 옷이나 차 같은 겉모습에 치중하는 사람들이 있다. 유행이나 트렌드가 바뀔 때마다 앞장서서 따른다. 이와 달리 현재 상태를 그대로 유지하려는 '모방형 보존자'도 있다. '모방'보다 '보존'에 중심을 둔 경우다. 늘 타던 기종의 차를 사고, 20년 넘게 똑같은 패턴으로 옷을 입는다. 화려하고 멋진 외양을 중시하는 '모방형 보존자'는 깊이 없이 가볍게 인생을 살고, 누구와도 깊은 인간관계를 맺지 못하는 경우가 많다. 연애의 낭만을 위해 연애를 하는 사람들이기 때문에 '낭만적 모방형 보존자'라고도 부를 수 있다. 이들은 균형 잡힌 감정보다 감상주의에 빠지는 경향이 있다.

청소년기

'모방형 보존자' 청소년의 가장 큰 특징은 모방이다. 무의식적으로 다른 사람의 몸짓, 얼굴 표정, 행동을 따라한다. 최신 유행을 앞장서서 받아들이고 인기 있는 친구의 패션을 따라 하며, 유행어, 비속어를 앞장 서서 사용한다.

수업 태도가 좋고 집중력이 뛰어나며 수업 내용과 교사가 전달하려는 바를 잘 파악한다. 글로 정리하는 과제까지 완벽한 건 아니지만 바른 자세로 경청하고 교사의 말을 거의 단어 그대로 옮길 수 있다. 들은 내용을 무의식 속에 그대로 담아두었다가 한참 시간이 흐른 뒤에 다시 떠올리면서 의미를 이해한다. 언어 기억력이 놀라울 정도로 탁월하다. 자세한 정보는 물론 사소한 부분까지 놓치지 않는다. 이처럼 정보를 저장하는 능력이 뛰어나다보니 단답형이나 사지선다형 시험에서는 단연 두각을 드러내지만 전체 맥락을 파악하고 미묘한 의미 차이를 구별하는 데는 능하지 않기 때문에 논술에서는 그만한 실력을 발휘하지 못한다.

주변 분위기에 영향을 많이 받고 쉽게 모방하는 것이 '모방형 보존자'의 전형적인 특성이다. 주변이 조화로우면 이들 역시 평화롭지만, 주변이 혼란스러우면 불안해한다. 변화의 한복판에 서면 중심을 못 잡는 것처럼 보이기 때문에 주변 사람들은 이를 경직된 태도로 여기기도 한다.

이들은 인간관계를 유지하고 성장시킬 만큼 유연하지 못하다. 양보하거나 의견을 굽힐 줄 모르고 예외나 개별적 요구를 고려하지 않으며, 무슨 일이 있어도 원칙을 고수하려 한다. 한 치도 어긋남 없이 규칙을 따르고 조금이라도 벗어난다 싶으면 꼬치꼬치 따진다. 정해진 일정이나 과제가 갑자기 바뀌는 걸 싫어하기 때문에 투덜거리며 화를 내거나 공격적인 반응을 보인다.

주변에서 벌어지는 상황에 둔감하다. 친구가 곤란한 상황에 처했는지, 이상한 일이 벌어지고 있는지, 누가 자신을 가지고 노는지를 알아채지 못한다. 매사를 액면 그대로 받아들이기 때문에 상황의 미묘한 변화를 그냥 흘려보낸다.

'모방형 보존자'는 특유의 수동성 덕에 스스로에게 아주 관대해질 수 있다. 주어진 상황을 그대로 받아들인다. 배가 고픈 참에 눈앞에 고칼로리의 음식이 있으면 뒷일 같은 건 생각하지 않고 양껏 먹는다. 다른 일에서도 비슷하게 절제하지 않고 내키는 대로 행동한다. 이들은 삶이 기분 좋고 편안하길 바란다.

'모방형 보존자' 성향 청소년을 어떻게 교육해야 할까? 이들은 조용하고 사색적인 태도로 인생을 살고, 결정을 내리기 전에 충분한 시간을 갖고 찬찬히 생각한다. 교사나 주변 어른은 이들이 공부나 맡은 일을 피상적인 수준 이상으로 깊이 파고들도록 자극해야 한다. 가면 뒤에 숨겨진 진짜 모습을 잘 꿰뚫어볼수록 이들의 성장에 큰 도움을 줄 수 있다. 이들은 수업 태도도 좋고 매사에 반듯한 '모범' 학생이면서 별로 눈에 띄지 않는 평범한 아이인 경우가 많다. 하지만 영혼 태도에서는 주변에서 관심 갖고 살펴주어야 할 어려움이 있다. 적극적으로 세상을 향해 나아가려 하지 않기 때문이다. 우리는 이들이 세상을 관찰하고 이해하고, 마침내 세상을 사랑하도록 도와주어야 한다.

무엇이든 쉽고 빠르게 배우는 것처럼 보이기 때문에 조금만 도와주면 학업에서 훨씬 뛰어난 성취를 보일 것 같다는 생각이 들게 한다. 하지만 시간이 지나고보면 완전히 이해하지 못한 채 앵무새처럼 따라한 것임을 알게 된다. 세부 사항까지 정확하게 기억하지만 전체를 파악하고 이해의 폭과 깊이를 넓히는 수준에 이르지는 못한다. '모방형 보존자' 성향 청소년은 어린 시절 부터 '똑똑한 아이'라는 말을 듣고 자란 경우가 많다. 밖에 나가 뛰어 노는 대신 잡다한 지식을 암기하는 것을 좋아하는데 청소년기에 접어들면서 이런 성향이 한층 더 두드러진다. 인간관계를 되도록 맺지 않으려는 태도 때문에 교사의 주의를 끈다. 친구들과 어울려 노는 것보다 혼자서 인터넷을 하거나 모형을 만들고 컴퓨터 게임을 하는 편을 선호한다. 완전히 안전하다고 여기는 사이에서만 긴장을 풀고 속내를 털어놓는다. 부모는 나이답지 않게 조숙한 어린 영재를 자랑하고 싶은 마음을 누르고 그들이 낯선 경험에 과감히 도전하고 새로운 방식으로 일을 해보도록 격려해야 한다.

'모방형 보존자'들은 마음 속 표상을 오랫동안 간직하고 있다가 오랜 세월이 흐른 뒤에 꺼내어 반추한다. 어린 시절이 평탄하지 않았다면 그때의 분노와 괴로움을 오랫동안 마음에 담아두고 언제 어떤 일이 어떻게 벌어졌는지를 생생하게 기억할 것이다. 반면 경외심과 경탄으로 가득 찬 아름다운 어린 시절을 보냈다면 늙어서도 그 기쁨을 또렷이 기억할 것이다. 사람들이 보여준 사소한 행동이나 작은 친절을 하나도 놓치지 않고 모두 마음에 새겨놓는다. 이 기억들은 이들이 영혼 특성을 변화시키고자 할 때 중요한 토대가 되어 준다.

성숙한 성인기

'모방형 보존자'들은 영혼 특성을 변형시키고자 노력하는 과정에서 살다보면 때로는 원칙을 굽히고 융통성 있게 대처해야할 때가 있음을 배운다. 처음에는 쉽지 않지만 계속 연습하다보면 기억에 끌려 다니는 대신 필요할 때 기억을 불러올 수 있게 된다. 단체나 사업이 지금까지 걸어온 길을 정확하게 들려주면서도 작은 부분에 지나치게 집착하지 않으면 사람들은 과거를 알고 싶을 때 편하게 그를 찾아오게 될 것이다. 미성숙한 '모방형 보존자'는 기억하는 모든 사실을 하나도 빠뜨리지 않고 이야기하고 싶은 강박 때문에 사람들이 질려서 등을 돌리게 만든다. 이들은 처음에 누가 있었는지, 어떻게 그 일이 시작되었는지는 물론 그 시절 사람들 사이에 있었던 소소한 일화를 생생하게 들려준다. 사람들은 그 이야기에 즐겨 귀를 기울이는 동시에 놀라운 기억력에 감탄을 금치 못한다.

성숙한 '모방형 보존자'는 무슨 일이 어떻게 일어났는지를 정확히 기억해내는 능력이 뛰어나기 때문에 일의 진행과정을 평가하는데 더할 나위 없는 적임자다. 분명하고 명료한 이들은 소속 집단의 큰 축복이다. 사람들이 개인 감정과 판단에 사로잡혀 중심을 잃을 때 '모방형 보존자'들은 사실을 꼬치꼬

Ⅱ 7가지 영혼 특성과 인생 여정

치 따지면서 다시 본론으로 돌아가게 만드는 역할을 한다. 지나치게 경직되지만 않는다면 집단이 원래 목표를 잃지 않도록 도와줄 수 있고, 사람들은 사실에 충실한 이들의 객관적 태도를 긍정적으로 받아들인다.

성숙한 '모방형 보존자'는 작은 것도 허투루 넘기지 않는 철저함으로 집단에 꼭 필요한 도움을 주면서도 강박적으로 매달리지는 않는다. 사람들의 신뢰를 한 몸에 받으면서 균형 있게 자기 역할을 하고, 위궤양이 생길 정도로 완벽을 추구하는 대신 쉴 때 쉬고 놀 때 놀 줄도 안다.

이제는 겉모습보다 본질과 깊이에 더 집중한다. 또 친구와 배우자에게 해야 할 일을 부드럽게 일러주는 것과 강박적인 잔소리가 어떻게 다른지도 안다.

'모방형 보존자'들이 시야를 넓히는데 도움이 되는 두 가지 특성은 유머와 관심이다. 자신을 내려놓고 가볍게 거리를 두고 보는 힘이 커질수록 사람들과 훨씬 잘 지내고 협력할 수 있다. "내가 또 이러네."라고 웃으면서 말할 수 있을 때 편향성을 극복하는 길에 이미 접어들었음을 알 수 있다. 타인에 대한 진정한 관심을 가질 때 세상과의 관계는 피상적 차원 이상으로 깊어질 수 있다.

{ 사고형 조직가 } 전체를 통찰하며 일을 조직하는 사람들

'사고형 조직가'는 우리 삶에 명료함과 지혜를 가져다주는 사람들이다. 하늘과 땅을 다스리는 신화 속 주피터(제우스)처럼 전체를 통찰하며 큰 그림에 따라 부분을 배치한다. 지혜의 원천인 강력한 내면세계와 함께 현재 벌어지

는 일을 단호하게 처리하는 실무 능력까지 갖추고 있다. 일을 어떤 식으로 조직하고 배치할지가 주된 관심사인 '사고형 조직가'는 집단의 안정과 성장에 큰 역할을 한다.

'사고형 조직가'는 삶을 합리적이고 반듯하게 정돈해주기 때문에 사람들은 믿고 일을 맡긴다. 이들이 관여한 일은 틀림없이 약속된 시간 안에 끝난다. 어떤 일을 하든 합리적 이유와 근거가 있다. 이들은 업무를 한눈에 파악하고 정돈하도록 도와주는 체계와 사무용품을 좋아한다. 벽면을 가득 채우는 큰 계획표, 동선과 일정을 정리한 도표를 즐겨 사용하고, 쉽게 범주화하기 어려운 것에 체계를 만들며 환희를 느낀다. 일정표와 시간표, 대차대조표와 조직도를 좋아하지만 '모방형 보존자'처럼 강박적이지는 않다.

모든 일을 어떻게든 잘 해결할 수 있다는 자신감이 주변 사람들에게 희망과 든든한 느낌을 심어준다. 하지만 지나치게 자신만만해지면 너무 엄격하게 규칙을 적용하고 어떤 상황에도 전혀 예외를 인정하지 않으려할 수도 있다. 이들은 밖으로 드러나는 모습이 내적 규칙과 일치하기를 원한다. '사고형 조직가' 특성만 지나치게 발달하면 일을 어떻게 처리하는 게 옳다는 확신이 교만으로 이어져서 자기 입맛대로 세상에 명령을 내리려 든다. 그럴 때 '밑'에 있는 사람들은 착취당하거나 이용당한다는 느낌을 받고 '강하고 높은 상전'에 대한 분노가 생길 수 있다. '사고형 조직가'는 한 단계 높은 곳에서 프로젝트나 책, 연극 공연처럼 해결할 과제의 큰 그림을 제시한다. 전략 수립에는 능하지만 따라다니면서 세부 사항을 챙겨줄 사람이 있어야 한다.

철학적 성향이 강하다보니 이상의 아름다움에 빠져 그것을 현실로 끌어내리지 못한다. 집중력과 사고를 우선시하기 때문에 따뜻함과 자애로움은 상대적으로 뒷전이 된다. 하지만 뭐라고 설명하건 이들을 움직이는 힘은 진

II 7가지 영혼 특성과 인생 여정

리를 향한 한결같은 마음이다.

'사고형 조직가'들은 평소에는 침착하고 냉정해보이지만 한 꺼풀 밑에는 자기 영역을 치고 들어오거나 선과 정의가 위협받는 상황에 화산처럼 폭발할 수 있는 분노가 이글거린다. 이들의 '위대한 지혜'를 누군가 정면에서 도전하거나 불신하면 그 분노가 어느 정도인지 경험할 수 있을 것이다. "내 안목과 조언에 문제 제기를 하다니 어이가 없군. 이런 식으로 일하다보면 끝이 어떻게 될지 환히 보이는데 왜 그걸 이해하지 못하는 거지?" 이들은 이렇게 높은 곳에 앉아 지시를 내린다. 존중하고 따를 때는 아무 문제가 없지만 그렇지 않을 때는 자기 지혜가 거부되었다는 사실을 믿지 못하고 사람들을 설득하기 시작한다. 아무리 애를 써도 끝까지 무시하고 도전하면 좌절과 분노를 견디지 못해 결국 뛰쳐나가 버린다. 사람들은 이런 반응에 큰 충격을 받는다. 평소에는 침착하고 감정 조절을 잘 하는데다 신중하게 사색하는 태도를 견지해왔기 때문이다.

'사고형 조직가'와 '정신 연구자'를 혼동하기 쉽지만 둘은 크게 다르다. '사고형 조직가'는 현재를 중시하며 목표 달성과 과제 해결을 위해 분투하는 사람들이지만 '정신 연구자'는 과거에 젖어 살거나 아무 실천 없이 의미와 본질을 파헤치는 것만으로도 충분히 만족하는 사람들이다. 때로는 '적극적 발언가'와 혼동할 수도 있다. 둘 다 일을 벌이고 변화를 일으키고 싶어 하기 때문이다. '사고형 조직가'는 먼저 사고에서 출발해서 그 사고만큼 행동도 따르게 하려고 애쓰는 반면 '적극적 발언가'는 행동에서 출발해서 그 행동을 개념보다 권력에 연결한다.

청소년기

'사고형 조직가' 성향의 청소년들에게는 골치 아픈 상황을 해결하거나 조직을 책임지는 대표 역할 등의 도전 과제가 필요하다. 큰 힘을 가지고 있는 만큼 그에 합당한 과제가 있어야 한다. 그렇지 않으면 모든 일에 시큰둥해하면서 사사건건 트집을 잡거나 교만해질 수 있다.

수업이나 발표 수업, 연구 과제를 잘해보겠다고 마음을 먹으면 혼신의 힘을 다해 몰입한다. 별 생각 없이 시작했다가 흥미가 생겼거나 교사에게 주목받고 싶은 마음이 들면 요구받은 수준을 훨씬 상회하는 성과를 낸다. 그리고 얼마나 애쓰고 노력했는지 사람들이 알아주기를 기대한다.

목표를 초과 달성할 수 있는 힘은 저력인 동시에 약점이기도 하다. 여러 가지 일을 전부 해낼 수 있다는 자신감 때문에 너무 많은 일을 맡아 지쳐 쓰러질 때까지 내달리기 때문이다. 사실 혼자 다 감당할 수 있는 힘은 없다. 일을 벌이는 데 능하고 자기가 벌인 일에 책임감을 느낄 뿐이다. 우리는 이들이 삶의 균형을 찾을 수 있도록 본질과 비본질, 꼭 해야 할 일과 중요하지 않은 일을 구분하도록 도와주어야 한다.

학교 행사를 조직하고 학생회 조직도를 만들고 교사회와 논의할 교칙 초안을 짜는 건 이 아이들이다. 직접 다른 사람을 설득하고 생각을 현실로 구현하는 것까지는 어려워도 지도자로서 수많은 좋은 생각을 세상에 내놓는다. 이들은 엉망진창인 현실을 질서 있게 정돈하고 조리 있게 배치한다. 매사에 긍정적이며 미래에 대한 확신과 희망을 역설한다. 친구들은 그 깊이 있는 내면의 힘을 존경한다. '사고형 조직가' 청소년의 부정적인 측면은 문제 제기를 받으면 오만하고 비이성적으로 행동할 때가 있다는 점이다.

성숙한 성인기

'사고형 조직가' 성향만 편향적으로 발달한 경우 타협을 할 줄 모른다. 자기가 옳다는 확신이 강해 웬만해서는 의견을 굽히거나 다른 사람 말을 듣지 않고 고집대로 밀고 나간다. 하지만 성숙한 '사고형 조직가'는 자기 성격의 주관성과 객관성을 하나로 통합해 지혜와 통찰의 눈을 키운다. 원대한 구상과 큰 그림을 볼 수 있는 능력을 가진 성숙한 '사고형 조직가'는 우리에게 꼭 필요한 존재들이다. 우리는 이들의 뛰어난 사고력과 일을 조직하는 능력에 감탄한다.

딱딱했던 껍질이 말랑하고 부드러워짐에 따라 시야가 더 넓어지고 세상과 인생에 대한 이해의 폭도 넓어진다. 인내심과 자애로움이 자라면서 과거의 편견이 하나둘씩 떨어져나간다. 그와 함께 주변 사람들을 관대하게 용서하고 포용하는 여유가 생기고 타인을 진정으로 존중할 줄 안다. 이런 성장의 결과로 판단력 역시 더욱 객관적이고 분명해진다.

'사고형 조직가'에게 필요한 자질은 연민과 겸손이다. 이런 미덕을 갖추면 주변 사람들이 훨씬 편하게 다가갈 수 있는 사람이 된다. 겸손하게 자신을 낮추면 동료들은 오히려 그 노력을 알아보고 그에게 신뢰를 보낼 것이다.

일반적으로 49~56세 시기에 이르면서 사람들은 인생을 바라보는 시야가 넓어지고 큰 그림을 보기 시작한다. 다시 말해 이제 '사고형 조직가' 영혼 특성을 닮아간다. 이 나이 사람들은 자연스럽게 지식보다는 지혜를 갈망한다. '자아'가 영혼 전체를 사로잡고 활동하는 사람의 사고는 시간이 갈수록 정신의 빛으로 가득 차 자유롭게 움직이고 생명력이 넘치며 명료해진다.

'사고형 조직가'는 어릴 때부터, 다른 영혼 특성을 소유한 사람들은 보통 49~56세 무렵부터 행동이 앞서기보다 깊이 생각한 뒤에 비로소 행동한다.

다른 사람을 자기 방식대로 움직이게 하려고 강요하지 않고 차분하게 자기 의견을 말할 줄 안다. 애를 써봤지만 설득하지 못했다면 그 사람과의 의견 차이를 인정하고 받아들인다. 윌리엄 워즈워스William Wordsworth는 '지혜로운 사고를 가져다주는 세월'[6]이라고 말했다. 경외와 헌신은 영혼에 새로운 가능성을 열어준다. 세월과 함께 성숙해지면서 많은 사람에게 정신 발달이 가장 중요한 관심사가 된다.

성숙한 '사고형 조직가'는 넓은 시야와 본질을 파악하는 뛰어난 안목으로 인간관계를 확장하고 심화시킨다.

{ 사교적 개혁가 } 사람을 모으고 새로움을 만드는 사람들

'사교적 개혁가'는 매우 유연한 사람들이다. 유머감각이 뛰어나고 수십 수백 개의 아이디어를 쉴 새 없이 쏟아낸다. 신선하고 반짝이는 아이디어도 있지만 말도 안 되는 것도 많다. 늘 새로운 가능성을 시도하고 해마다 똑같은 방식으로 일하는 것을 견디지 못한다. 난잡하게 흩어진 것을 정리해 질서를 만드는 '사고형 조직가'와 반대로 '사교적 개혁가'들은 안정과 질서를 헤집어 혼란하게 만드는 걸 좋아한다. 의사소통 능력이 뛰어나고 사람들을 만나고 연결시키는 재주가 있다.

이들은 금속이면서도 액체인 수은(머큐리)을 닮았다. 상황 변화에 쉽게 대처하고, 이 사람에게는 이런 식으로 저 사람에게는 저런 식으로 말을 붙

---

6 역주: 워즈워스의 시 〈Ode: Intimations of Immortality from Recollection of Early Child-hood〉 중에서

II 7가지 영혼 특성과 인생 여정

이면서 문제를 어떻게든 해결하려고 동분서주한다. 로마 신화에 나오는 머큐리는 날개가 달린 신들의 전령이다. 문제를 해결하고 갈등을 해소하는 전언을 가지고 올 때도 있지만 속임수를 써서 못된 짓을 꾸미기도 한다. 어느 곳에나 쉽게 적응하고 상황이나 일이 고여 있지 않고 계속 움직이게 만드는 재주가 뛰어나다.

성격의 장단점을 잘 조절하고 기질의 장점을 최대치로 끌어내어 일할 때 이들은 주변의 인간관계를 원활하게 만들고 상처를 치유하는 존재가 될 수 있다. 이들에게는 막히고 정체된 것을 흐르게 만드는 힘이 있다. 새로운 접근을 과감하게 시도하고 삶을 흥미진진하게 만든다. 만나야할 사람을 만나게 하는 한편 중재하고 조정하는 능력이 탁월하다. 이들 덕분에 사회와 인간관계는 흐르고 엮이고 균형을 잡는다. 사람들 사이를 파고들어 바람을 일으키면서 사건이 벌어지게 만들고는 한발 물러나, 사람들이 함께 어울리고 영감을 주고받는 모습을 지켜보며 좋아한다. 세상일에 관심이 많지만 전면에 나서거나 의견을 강하게 주장하지 않는다. 요점을 파악하고 어떤 일이 필요한지 이해할 때까지 충분히 귀기울여 듣는다. 여기저기 기웃거리면서 농담과 말장난으로 웃음꽃을 피우고 분위기를 가볍고 유연하게 만든다. 아무하고나 잘 어울리는 친화력 덕분에 가끔씩 경우에 벗어나는 행동을 해도 쉽게 용서받곤 한다.

'사교적 개혁가'의 진가는 단체나 모임이 난관에 봉착해서 문제를 해결할 실마리를 찾지 못할 때 드러난다. 사람들이 익숙한 생각에 사로잡혀 있을 때 이들은 목표에 이를 수 있는 여러 가지 새로운 길을 제시한다. 고착된 상태를 뚫고 나갈 때 꼭 필요한 것이 바로 그런 내적 유연함이다. 이런 면에서 '사교적 개혁가'는 현실주의자다. 어떤 방법이 효과적일지 직관으로 파악하고 제시한다. 때로는 그 임기응변 능력을 과도하게 발휘해서 순간의 감정이나 상황에 사로잡혀 예측할 수 없는 행동을 하거나 황당한 계획을 세우기도 한다. 재기발랄함과 영특함이 장점이라면 단점은 이 사람 저 사람에게 다른 말을 할 수 있는 부정직함이다.

이런 특성은 영업이나 홍보, 대외 업무처럼 다양한 사람을 만나고 어울려야하는 직업에 적합하다.

'사교적 개혁가' 특성만 과도하게 발달하면 매사를 깊이 없이 피상적으로 대하고, 몸가짐이 가볍고, 소문 퍼뜨리기를 좋아하며, 한 직장에 오래 머물지 못하고 툭하면 이직을 한다. 이런 경우 삶의 속도를 늦추고 자기가 어떻게 행동하는지를 의식적으로 살피는 것이 좋다. 행동거지에 주의를 기울이고 깨어서 관찰하다보면 점차 사려 깊고 신중해질 수 있다.

이들 대부분은 자기중심을 확실히 잡고 분명한 방향성과 내적 확신을 키워야하는 과제가 있다. 그러려면 먼저 집중하는 힘을 키워야한다. 대상을 정해 잘 관찰한 다음 마음속에서 다시 떠올리는 것도 좋은 연습이다. 연필처럼 평범한 물건 하나를 선택한 다음 1분 동안 거기에 모든 생각을 집중한다. 횟수를 거듭할수록 2분, 5분...으로 집중 시간을 늘린다. 연필이 뭐지? 어떤 재료로 어떻게 만들었지? 어떻게 생겼지? 왜 이런 모양으로 만들었지? 어떤 상황에서 어떻게 사용하지? 간단한 연습처럼 보이지만 작정한 시간 동안 연필에만 집중하는 것이 생각만큼 쉽지 않은 일이다. 특히 '사회적 개혁가'들에게는 대단히 힘든 과제다. 수많은 잡념이 꼬리를 물고 이어진다. 노래나 대화 한 토막, 잊어버렸던 할 일, 아는 사람 얼굴이나 좋아하는 취미 활동 같은 것들이 불쑥불쑥 떠올라 집중을 방해한다. 부차적인 생각을 몰아내고 연필에만 집중하기 위해서는 무엇보다 강한 의지가 필요하다. 이런 의지 연습은 내면에 강하고 확실한 중심을 만드는 효과가 있다.

저녁마다 하루 일과를 찬찬히 되돌아보는 연습도 좋다. 낮에 있었던 일을 하나씩 거슬러 올라가며 자기 행동을 떠올리는 연습을 계속 하다보면 분주하던 움직임이 차분해지고 맥락 없이 기분 내키는 대로 하던 무의식적 행동에 의식적 사고가 들어서게 된다. 이 연습은 내적 수련으로 매우 유용하다. 처음에는 눈에 띄는 효과가 없는 것처럼 보일 수 있지만 어느 정도 시간이 흐르고 나면 자신을 다스리는 힘이 훨씬 성장했음을 깨닫게 될 것이다.

7~14세 아이들은 지배적인 영혼 유형과 상관없이 가볍고 명랑하게 팔랑거리며 다니는 것이 자연스럽다. 아동기에 볼 수 있는 세상에 대한 지칠 줄 모르는 호기심, 나비 같은 움직임은 '사교적 개혁가' 특성이 전면에 발현된 상태와 유사하다. 나이가 들어서도 이런 특성을 유지하는 동시에 적절한 균형을 지킬 수 있는 사람은 주변에 직관적 통찰과 함께 사랑스러운 매력과 기쁨을 선사한다.

'사교적 개혁가'는 주변에서 벌어지는 모든 일에 중심을 잃고 끌려 다니기 쉽기 때문에 중심을 잡도록 도와줄 친구가 곁에 있을 때 타고난 능력을 최대치로 발휘할 수 있다.

청소년기

고등학교 교실에서 '사교적 개혁가'를 골라내기는 어렵지 않다. 쉴 새 없이 이 사람 저 사람을 옮겨 다니며 웃고 떠들고 영롱한 비눗방울처럼 가볍고 밝고 매사에 열정적이다. 치어리더로 활동하거나 학생회에서 활발하게 의견을 개진하는 아이, 이 일 저 일 가리지 않고 왕성하게 활동하는 아이들이다. 이들은 유쾌하고 활기가 넘친다. 무슨 일이든 다 할 수 있다고 생각하다보니 결과적으로 너무 많은 일에 발을 걸치곤 한다. '사고형 조직가'와 달리 '사교적 개혁가'들은 일을 조직하고 관리하는 능력이나 끝까지 완수하겠다는 의지 모두 그리 강하지 않다. 그러다보니 할 일이나 신경 쓸 일이 너무 많아져 마음에 부담을 느끼면 차분하게 일을 마무리 짓지 못하고 평소보다 더 허둥댄다. 숙제를 펼치기는 하지만 몇 번이나 찢었다 다시 시작하고, 그러다가 또 어디 놔뒀는지 찾지 못해 결국 제출하지 못한다. 머릿속에서 생각이 천 갈래 만 갈래로 흩어지고 의지가 쉽게 꺾이지만 타고난 매력으로 위기를 모면하는데, 그 효과는 잠깐 뿐이다. 제법 그럴듯한 변명을 설득력 있게 늘어놓기 때문에 처음 겪는 사람은 단호하게 거부하지 못하고 넘어가게 된다. 상대방을 쉽게 자기편으로 만드는 탁월한 영업 사원 같은 말재주를 가진 사람들이다.

'사교적 개혁가'는 잘될 만한 일을 알아보는 육감과 날카로운 직관력을 갖고 있다. 또래에게 인기가 많고 좌중을 휘어잡는 힘이 있다. 언제 봐도 웃는 얼굴에 빠져 나갈 구멍을 귀신같이 안다. 이들이 파티나 모임에 들어서는 순간 분위기가 살아난다. 가는 곳마다 생동감과 활기를 전염시킨다. 함께 있으면 즐겁기 때문에 주변에 항상 아이들이 모여든다. 상대적으로 그런 대접을 받지 못하는 아이들에게 질투심을 불러일으키기도 한다.

야단맞을 짓을 부추기거나 선동하기도 한다. 새롭고 기발한 아이디어가 쉴 새 없이 샘솟다보니 가끔 위험 수위에 가까운 것도 나올 수 있다. 눈이 유달리 반짝거린다 싶으면 무슨 일을 꾸미고 있는 게 아닐까 불안한 마음이 드는데 십중팔구 교사의 직감이 맞다. 현장에서 들켜도 애교와 매력을 총동원해 야단맞지 않고 넘어간다.

이런 일을 몇 번 겪은 교사는 사람들이 예뻐하는 걸 믿고 요리조리 빠져

나가는 '사교적 개혁가'들을 한번은 잡아서 혼을 내주고 싶어 한다. 뛰어난 사교성은 큰 자산이지만 성장에 방해물이 될 수도 있다. 친하게 지내는 아이들이 모두 비슷한 성향이라면 집단의 힘까지 가세해 자기 행동에 책임지지 않고 미꾸라지처럼 빠져나가는 경향이 더 강화될 수 있기 때문이다. 하지만 친한 친구 중에 다른 영혼 특성이 있으면 '사교적 개혁가'가 정신을 차리고 자기 행동에 책임을 지는 법을 배우는데 도움이 된다. 그런 친구는 자기 입으로 한 약속을 지키고, 숙제를 제 때 마무리해서 제출하고, 과거의 나쁜 습관을 극복하도록 지지하고 도울 수 있다.

교사라면 아이에게 프로젝트나 행사를 진행해보라고 책임을 맡긴 다음 마무리할 때까지 동행한다. 알아서 하라고 그냥 맡겨 놓으면 십중팔구 실패하지만, 직접 일에 손대지는 않으면서 함께 고민하며 기획하고 단계별로 마무리할 시한을 정해주고 적절한 때 적절한 조언을 해주는 식으로 도움을 주면 생각지도 못했던 가능성이 열린다. '사교적 개혁가'는 직접 몸으로 고생하며 경험할 때 가장 확실하게 배운다. 그렇다고 주변 어른들이 일부러 청소년에게 시련을 주려고 애쓸 필요는 없다. 살다보면 저절로 겪게 될 일이기 때문이다.

이들은 사춘기에 접어들어도 유아기 특성을 강하게 보인다. 지금까지 설명한 '사교적 개혁가' 특성 중 많은 부분이 아동기, 특히 7~14세 시기에는 아무 문제없이 자연스럽지만 청소년기 후반쯤 되면 그래도 어느 정도 철이 들었기를 기대하게 된다. 나이를 먹고도 여전히 미성숙하게 구는 것은 '사교적 개혁가'의 부정적 측면이다.

성숙한 성인기

어른이 되어서도 여전히 철없는 면이 있지만 '사교적 개혁가'는 공동체에 큰 축복이다. 사실 우리 모두에게 이 영혼 특성이 어느 정도씩은 필요하다. 사회적 관계를 맺고 살아가는 사람이라면 다른 사람에게 다가가는 법, 늘 새롭고 생기 있게 사는 법, 자기 마음 전하는 법을 알아야 한다.

'사교적 개혁가'는 성숙해지면서 다양한 세상 경험과 함께 좋은 친구가 많아진다. 이제 이 사람 저 사람 수박 겉핥기로 스치고 지나가기보다 깊은 인간관계를 맺을 줄 안다. 충분히 배우고 즐길 만큼 하나의 일에 진득하게 매달릴 줄도 안다. 한 번 시작한 일을 마무리까지 짓는 믿음직한 사람이 되었지만 톡톡 튀는 매력은 그대로다.

타고난 '사람 다루는 기술'을 이타적 목적에 쓸 줄 안다. 사람들을 한 자리에 모이게 하는 일을 즐긴다. 타인의 필요와 요구를 민감하게 감지하고 그 감각을 이용해 다른 사람을 돕는다. 아주 힘겨운 상황에서도 사람들의 마음을 편하게 만들어준다.

그래도 여전히 변화를 즐긴다. 하지만 이제는 안정을 헤집어 놓고 싶어서가 아니라 변화가 필요한 시점을 알기 때문이다. 균형 잡힌 '사교적 개혁가'는 삶에 활력을 불어넣고 고착해 있는 것을 흐르게 만들고 치유가 필요한 곳에 위로를 선사한다.

{ **빛나는 균형자** } 햇살처럼 환하게 조화를 만드는 사람들

'빛나는 균형자'는 황금빛 태양처럼 따뜻함과 빛을 전하고 조화와 균형을

II 7가지 영혼 특성과 인생 여정

선사한다. 대립하는 의견을 중재하고 창의적인 아이디어와 해결책을 제시한다. 공감하는 태도로 상황을 읽고 본질을 파악한다. 사고의 빛과 가슴의 따뜻함이 가장 큰 특징이다.

지금까지 살펴본 6가지 영혼 특성의 긍정적인 측면을 한 몸에 지니고 있다. 감정과 이성이 조화를 이루면서 아름답게 협력한다. 행동은 정의롭고 가슴은 선함으로 가득 차 있다. 이들에게도 부정적인 면이 있을까? 당연히 있다. 이렇게 모든 것이 흠잡을 데 없이 조화로울 때 오히려 무기력과 타성이 고개를 내미는 법이다.

'빛나는 균형자'는 세상 모든 것을 그리 힘들지 않게 손에 넣는다. 그러다 보니 다른 사람들이 성공을 위해 얼마나 많은 땀을 흘리고 노력하는지를 제대로 이해하지 못한다. 그렇게 애쓰지 않아도 목표를 성취해왔기 때문이다. 무슨 일을 해도 매사가 순조롭다. 딱히 다른 사람들보다 훌륭해서가 아니라 일이 알아서 그렇게 술술 풀린다. 계속 그렇게 살다보니 어느 순간 남들보다 잘났다는 자신감, 나아가 교만함까지 싹튼다. 주변 사람들은 부러움과 함께 어떻게 하면 저렇게 매사가 쉽고 원하는 대로 척척 진행될까 궁금해 한다. '빛나는 균형자'들은 목표를 달성하기 위해 주변 세상과 깊은 관계를 맺을 필요가 없었기 때문에 물정 모르는 철부지 같은 면이 있다. 이들을 특별하게 여기면서 다르게 대접하는 사람들도 있다. 이런 태도는 그들이 '진짜 세계'와 더 멀어지고 무관심하게 만든다.

청소년기

어디 하나 흠 잡을 데 없이 아름답게 균형 잡힌 청소년들을 만난 적이 있을 것이다. 이런 아이들을 이르는 '황금 아이'라는 표현도 있다. 모든 면에서 우수하며 예의바르고 책임감 있고, 성숙하고 사교성이 좋다. 우리는 이들이 언제 어디서나 그런 평판에 어울리게 행동하리라 기대한다. 완벽함에 조금만 못 미쳐도 실망하면서 무슨 문제가 생겼을까 걱정한다. 주변의 너무 높은 기대치가 '빛나는 균형자' 청소년들에게 오히려 걸림돌이 된다.

16, 17세 무렵 어느 날 문득 잠에서 깨어 지금까지 한 번도 제대로 놀아본 적도, 기성세대에게 반항해본 적도, 학교나 집을 '발칵 뒤집는' 건 고사하고 사소한 말썽 한 번 부려본 적 없이 살았다는 걸 깨닫는다.

아직 어린 자신을 교사와 부모가 어른 취급하면서 (자기도 지금까지 그런 대접을 은근히 좋아하고 자랑스러워했더라도) 감당하기 힘든 짐을 지워왔다며 분개할 수도 있다. 실제로 어른 세계의 비밀을 털어놓거나 다른 아이들에 대한 정보를 캐내는 통로로 이용하는 어른들도 있다. 오랫동안 교사의 총애를 한 몸에 받는 '황금 아이'로 살았던 남학생이 있었다. 16살에 여름방학을 맞아 유럽에 갔다가 연상의 여인과 관계를 가졌다. 여행을 마치고 집으로 돌아온 그는 반항심으로 똘똘 뭉쳐있었다. 말과 행동이 반듯하고 세련된 아이였지만 아직 날뛰는 감정을 통제할 수 있을 만큼 정서적으로 성숙하지는 않았다. 한 번 풀린 고삐는 좀처럼 잡힐 줄을 몰랐다. 학교 공부는 완전히 팽개치고 불안한 눈빛으로 밤늦도록 집밖을 쏘다녔다. 그를 모범생의 표상이라 여겼던 주변 사람들이 자기 눈을 의심할 정도로 큰 변화였다. 몇 년이 지나고 아이는 마침내 다시 균형을 찾았다. 그러나 이때의 균형은 거저 받은 것이 아니라 자기 힘으로 기를 쓰고 노력해서 어렵게 얻은 성과였다.

어떤 여학생은 교사가 자기에게도 공평하고 객관적인 기준을 적용해서 낙제 점수를 주는지 보겠다며 아주 중요한 숙제를 제출하지 않았다. 한 번도 할 일이나 숙제를 빠뜨린 적 없는 성실한 학생이었지만 그 때만큼은 '비뚤어'

지고 싶어 했다. 몇 년이 지나 다시 만났을 때 자기가 과연 특별 대우를 받을지 선생님을 시험해보느라 한 행동이었다고 털어놓았다. 원칙대로 처분을 받았을 때 교사와 학교를 존중하고 신뢰할 수 있어서 정말 기뻤다고 했다.

'빛나는 균형자' 청소년들은 흔히 9, 10학년 때 겪는 사춘기 반항을 건너뛰고 11학년에 시작하는 경우가 많다. 16세는 사고 능력이 성숙하면서 자아의 힘이 훨씬 강해진 시기다. 그러다보니 단순히 반항을 위한 반항이 아니라 날카로운 사고로 현재를 개선시킬 방법을 생각하며 기성세대를 공격한다. 아직 사고가 완전히 깨어나기 전 어리고 미숙했을 때보다 지금 쏟아내는 분노와 실망은 훨씬 구체적이고 강력하다. 상대적으로 미성숙했던 같은 반 아이들의 격동이 어느 정도 잠잠해지고 일의 우선순위를 균형 잡힌 시선으로 가늠하기 시작할 때 이들의 반항이 시작된다. 시작이 한 발 늦다보니 대학 진학이나 취업 준비까지 여파가 이어지기도 하지만 일찍 시작한 경우보다 넓은 시야와 분명한 자기 정체성을 갖게 된다.

어른인 우리는 '빛나는 균형자' 청소년에게 어떤 기대를 갖는지, 우리가 이들을 어떻게 대하는지를 분명히 의식하고 있어야 한다. 공개적으로 칭찬하지 말고 이들의 모습을 있는 그대로 수용해주어야 한다. 다른 아이들 앞에서 모두가 본받을 모범이라며 추켜세우는 것은 길게 볼 때 족쇄나 무거운 짐이 될 뿐이다.

이들은 또래보다 뭐든지 조금씩 빠르고 어렸을 때부터 어른처럼 생각하고 행동한다. 보통 이런 태도가 자연스럽게 발현되는 것은 '자아'가 적극적으로 활동하면서 삶의 균형을 잡으려고 애쓰는 21세부터 42세 시기다. 그 때 우리는 의지와 행위를 순수한 황금으로 정화하기 위해 노력하고, 주위 사람들에게 사랑의 빛이 환하게 퍼져나가기를 소망하게 된다.

성숙한 성인기

'빛나는 균형자'는 내면의 힘으로 흔들림 속에서 균형을 찾아가며 어려움과 맞설 때만 그 성과를 온전히 자기 것으로 소유할 수 있다. 지금까지처럼 특별히 노력하지 않아도 모든 영광이 당연히 오는 것이 아니라 그만큼 애써서 얻어 내야하는 것임을 깨달아야 한다. 공감의 힘을 발휘하고 다른 사람을 위해 시간과 에너지를 써야하는 기회를 자진해서 찾아나설 수도 있다. 그러다보면 귀에 달콤한 칭찬보다 아무도 알아주지 않아도 자청해서 떠안은 과제를 더 자랑스러워하게 된다.

이혼, 질병, 자녀의 죽음이나 전쟁처럼 인생이 주는 고통을 통해 성장하기도 한다. 그런 일을 겪으면서 '빛나는 균형자'는 깊은 슬픔과 고통에서 새로운 능력을 키운다. 위험천만한 상황에 기꺼이 몸을 던지기도 한다. 자기에겐 결코 나쁜 일이 일어나지 않을 거라는 자신감 덕분이기도 하지만, 그런 시련을 겪으며 성공을 쟁취했을 때만이 타고난 행운 덕분이 아니라 정말 자기 힘이라 확신할 수 있기 때문이기도 하다.

금은 온기와 빛의 속성을 가진 금속이다. 세월이 흐르면서 비바람에 녹슬고 변형되는 다른 금속과 달리 금은 어떤 상황에도 광채와 자유롭게 형태를 만들 수 있는 유연함을 잃지 않는다. 열과 전기를 전달하는 전도체 기능도 탁월하다. 이런 특성 덕에 금은 균형과 아름다움의 상징으로 더할 나위 없는 동시에 '빛나는 균형자' 영혼 특성에 대한 은유로도 적합하다.

'빛나는 균형자' 영혼 특성에는 두 가지 차원이 있다. 즉, 다른 영혼 특성과 동등한 독자적인 영혼 특성인 동시에 나머지 6가지 영혼 특성이 도달하고자 애쓰는 발달의 정점이기도 한 것이다. '빛나는 균형자' 특성은 모든 영혼 특성 속에 씨앗으로 존재하지만 충분히 성숙하고 변형되었을 때만 드러

II 7가지 영혼 특성과 인생 여정

난다. 『룸펠슈틸츠헨』이라는 그림 동화에서 방앗간 집 딸은 지푸라기로 길쌈을 해서 황금을 자아야 한다. 거칠고 저급한 특성이나 한쪽만 지나치게 발달한 편향성을 '빛나는 균형자'라는 최고의 특성으로 변형시킨다는 의미로 해석할 수 있다. 그러려면 먼저 지금까지 알지 못했던 이질적인 특성, 동화에서는 룸펠슈틸츠헨이라는 성질 나쁘고 교활한 난쟁이의 꾀로 등장하는 낯선 힘을 키워야 한다.

이 일곱 번째 특성을 태양의 힘이라고도 말할 수 있다. 이 힘은 우리 모두에게 잠재되어 있으며 다른 6가지 특성을 밝게 비추어 가장 훌륭한 면모를 이끌어낸다. 6가지 특성이 각자 최선의 역할을 다할 때 집단이나 단체는 조화롭게 굴러간다. 영혼 특성이 집단 속에서 각각 어떤 역할을 하는지에 관해서는 다음 장에서 살펴볼 것이다.

인생에서 '빛나는 균형자' 속성이 가장 뚜렷이 드러나는 때는 21~42세 사이, 세 번의 7년 주기다. 주기마다 특히 우세한 영혼 특성이 있으나 '태양'은 세 번의 7년 주기 전체를 환히 비춘다. 물론 여기서 말하는 숫자는 일반적 경향에 불과하며 사람마다 각자의 속도가 있음을 잊지 말아야 한다.

21~42세 사이에 느낌, 사고, 의지라는 영혼의 세 가지 힘은 조화와 균형을 찾아간다. 좀 더 구체적으로 살펴보자.:

*21~28세*는 느낌의 힘이 특히 강한 시기로, 중요한 결정이나 삶을 대하는 태도가 느낌에 많이 좌우된다. 이 시기가 끝날 때쯤이면 느낌이 어느 정도 균형을 찾아야 한다.

*28~35세*는 사고 활동이 가장 우세한 시기다. 이 시기가 끝날 때쯤이면 충동적인 감정이 아니라 신중한 사고를 통해 결정을 내릴 수 있는 힘이 생겨야 한다.

35~42세 시기 과제는 자신이 순간순간 어떤 선택을 하는지를 분명히 의식하고, 의지를 좀 더 객관적 태도로 이끌면서 자기 행동을 이해하는 것이다. 이런 과정을 거치면서 의지가 변형된다.

21~42세 동안 사고, 느낌, 의지가 우리의 내면과 외부에서 드러나는 모습이 서로 균형을 이루도록 노력한다면 42세 이후 정신을 인식하고 깨닫는 힘이 깊어지게 된다. 또 우리의 자아의식 역시 자기중심적이 아니라 세상과 따뜻하게 교류하는 차원으로 고양된다.

Ⅱ 7가지 영혼 특성과 인생 여정

7가지 영혼 특성의 통합

7가지 영혼 특성이 함께 어우러지면서 개인과 집단의 독특한 분위기가 형성된다. 각 특성의 장점과 약점이 우세한 정도에 따라 분위기가 달라진다. 먼저 각 영혼 특성의 장점을 정리하고, 그것이 집단의 역동이나 목표 달성에 어떤 영향을 미치는지 살펴보자.

정신 연구자는 모든 사람이 다시 출발선에 서서 초심을 떠올리게 한다. 무슨 일을 하든지 이유와 목적이 무엇인지 묻고 꼭 필요한 일인지 다시 한 번 확인한다. 사실 관계를 처음부터 끝까지 모두 확인하기 전까지는 움직이려 하지 않기 때문에 다른 구성원들이 답답해할 수 있다. 그러나 일단 상황 전체를 파악하고 나면 핵심을 분명히 짚고 본질적 문제와 비본질적 문제를 정확하게 구분하기 때문에 집단 전체에게 큰 도움이 된다. 이들은 본질적 의미를 찾고, 문제의 핵심을 향해 거침없이 들어가고, 먼 과거부터 먼 미래까지 조망하며 현실의 일에 정신적 깊이를 더해준다. 진리와 진실이 드러날 때까지 끈질기게 밀고 나갈 수 있는 의지를 불어넣고 힘든 상황 속에서 평정심을 유지하게 해준다.

사고형 조직가는 큰 그림을 구상하고 그것을 구현한다. 넓은 시야로 상황을 읽고, 잘 보이지 않는 측면까지 고려하면서 일을 조직한다. 사람들이 눈앞의 과제에 파묻혀 전체를 보지 못할 때 다시 끌어올릴 수 있는 사람들이다. 누가 무엇을 언제 해야 할지를 정확히 파악한다. 객관적으로 사고하는 이들은 집단의 움직임에 명확함과 폭 넓은 시야 그리고 지혜를 선사한다. 여러 사람이 힘을 모아야하는 모든 일에 이들의 능력이 꼭 필요하다. '사고형 조직가'가 제 역할을 다 하기 위해서는 상황 전체를 명확하게 파악할 때까지 혼자 차분히 생각할 시간을 주어야 한다. 전체 그림이 잡히면 다른 사람들과 기꺼이 공유한다. 이들의 지혜가 밝게 비출 때 그 집단이 꿈꾸는 최상의 의도가 드러날 새로운 가능성이 열린다.

꿈꾸는 양육자는 사람들의 말을 귀기울여 듣고 따뜻하게 돌보고, 중용과 아름다움의 미덕을 선사하면서 함께 일하는 사람들의 마음을 포근하게 감싼다. 이들 덕분에 서로를 생각하는 마음, 연민과 공감의 힘이 커진다. 누군가에게 문제가 생기면 바로 눈치채고 달려가 도움의 손길을 내민다. 함께 일하는 사람들이 서로 속내를 털어놓고 감정을 공유하기 바라며, 아무도 마음 다치지 않고 서로에게 힘을 주는 대화 분위기를 만들기 위해 애쓴다. 이들에게는 집단의 목표 달성보다 모두가 화목하고 행복한 것이 더 중요하다. 마음이 편안해지도록 따뜻하고 아름답게 공간을 가꾸고, 작은 부분까지 세심하게 신경 쓰면서 소소한 일상 속에 아름다움을 불어넣는다.

사교적 개혁가는 유연하고 창의적이며, 단단하고 경직된 기존 질서를 흔들어 새로운 길을 여는 사람들이다. 관계망을 적극 활용해 사람들이 서로 만나고 교류하게 만들고, 변화에 즉흥적으로 대처하는 유연함과 새로운 일을 받아들이는 열린 마음을 갖게 한다. 직관적으로 상황을 이해하는 힘이 있어 인간관계에서 생기는 상처를 순간순간 적절하게 보듬고 치유한다. 분위기가 냉랭하고 경직된다 싶으면 유머를 구사해 숨통을 틔우고, 사회적 위치와 성향이 다른 사람들이 자연스럽게 이야기 나눌 수 있는 분위기를 만들어 준다. 사람들이 각자의 시각과 입장에 갇혀있을 때 틀을 깨고 가볍게 풀어준다. 언제나 지금 이 순간에 충실하기 때문에 행동이 자유롭고 거침없다. 어떤 상황에도 쉽게 적응하며, 어떤 일을 하건 일상이 흥미진진해질 만큼 적당한 긴장과 혼란을 일으키기 때문에 집단에 꼭 필요한 사람들이다.

모방형 보존자는 현상을 있는 그대로 기억하는 능력이 뛰어나고 명석하며 박학다식하다. 함께 일하는 사람들에게 과거에 있었던 일을 상기시키고, 행사나 사업 내용 속에 전통과 관습이 이어지게 한다. 논의와 사업을 기록으로 남기고 문서를 관리하면서 필요한 순간에 정확하고 확실한 정보를 제공한다. 선례에 바탕을 둔 안전하고 검증된 방식을 고수하려 한다. 사람들이 갈피를 못 잡고 이랬다저랬다 흔들릴 때 맥락을 놓치지 않고 차분하게 일한다. 사람들이 허둥대다가 저지르는 작은 실수까지 놓치지 않고, 처음부터 끝까지 제대로 적절하게 진행되도록 꼼꼼하게 챙긴다.

적극적 발언가는 창의적이고 목표 의식이 분명하며 담대하다. 체계를 만들고 추진력을 잃지 않게 동력을 제공하고 확고한 의지로 흐트러지지 않는 규율을 만든다. 위험을 두려워하지 않고 도전하며 자기주장이 확실하기 때문에 훌륭한 지도자가 될 수 있다. 집단이 계획을 세우면 이상을 수호하기 위해 출정하는 전사처럼 사람들을 이끌고 전투에 나선다. 돌려서 말하는 법 없이 명확하게 의도를 밝힌다. 사람들은 집단의 의견을 세상에 전하고 싶을 때 이들을 앞세운다. 적절한 선에서 단호하게 끊고 행동하는 이들이 없을 때 사람들은 해법을 찾기 위해 끝없는 토론만 되풀이하기 쉽다. 이들은 힘과 용기가 무엇인지 몸으로 보여주는 사람들이다.

빛나는 균형자는 상황을 꿰뚫어보는 통찰과 온기가 있고, 조화와 균형을 만들고 상대의 가장 좋은 면을 끌어내는 능력이 있다. 구성원 각자가 갖는 서로 다른 관점을 하나로 통합시킨다.

각 특성의 장점을 최대한 발휘할 때 가장 효율적인 협동이 이루어진다. 순서대로 다시 정리하면 다음과 같다.

1. 본질적인 의미 파악
2. 계획 수립
3. 사람들의 마음 다독이기
4. 유연함과 열린 마음, 사람들을 하나로 모아 함께 일하기
5. 진행되는 말과 행동을 기록으로 남기기
6. 나가자! 행동하자!
7. 전체의 균형과 조화 유지하기

이제부터는 각 특성의 장점이 아니라 약점이 우세할 때 어떤 일이 벌어지는지를 살펴보자.

정신 연구자는 지나치게 내향적이고 편협해질 위험이 있다. 고고한 이상

을 철옹성처럼 두르고 잘못된 부분과 그 해법을 찾는 데만 골몰한 나머지 사람들과 전혀 소통하지 못하고 자기 뜻을 조금도 양보하지 않는다.

사고형 조직가는 유머를 모르는 **뻣뻣한** 태도로 추상적, 이론적 얘기만 늘어놓을 수 있다. 틀과 체계에 사로잡혀 원래 의미와 목적을 놓친다.

꿈꾸는 양육자는 일의 원활하고 아름다운 진행에만 매몰되어 결과를 내야할 필요까지 잊어버릴 수 있다. 아름다운 꿈에 빠져 현실적 시간 감각을 잃기도 한다. 비용, 시간, 에너지, 계획의 실현 가능성 같은 현실적 문제를 모두 희생하면서 미적인 가치만을 구현하려 한다.

사교적 개혁가는 이랬다저랬다 하면서 원칙을 쉽게 버릴 수 있다. 상황 변화에 유동적으로 대처하는 데 바빠 체계를 무시한다. 긴장된 분위기를 풀어보겠다고 농담을 던지는데 때와 장소에 적절하지 않아 오히려 사람들 마음에 상처를 준다.

모방형 보존자는 자기 힘으로 깊이 숙고하지 않고 다른 사람의 말을 자기 의견인 양 그대로 되풀이 한다. 규범과 선례의 틀에서 벗어나지 못한다. 큰 그림을 보지 못하고 사소하고 작은 일에만 매달린다.

적극적 발언가는 참을성이 없고 앞뒤 없이 무조건 일을 벌이려 한다. 과정보다 결과를 훨씬 중요하게 여기며 공격적으로 말하고 행동한다. 자기 의견을 강요하면서 다른 사람을 억누르려 한다.

빛나는균형자는 일이 너무 쉽고 순조롭게 풀려 왔기 때문에 교만하고 무기력할 수 있다. 어렵고 힘든 상황을 참고 극복하는 인내심이 없다.

단점과 부정적 측면이 우세하면 일이 산으로 간다. 다시 정리해보자.

1. 좁고 편협한 태도

2. 지나치게 이론적인 태도

3. 과정에 지나치게 집착

4. 원칙이나 계획을 끝까지 이행하지 못함

5. 선례의 틀을 벗어나지 못함

6. 지나치게 공격적인 태도

7. 무기력함

각 영혼 특성의 장점을 이해하면 어떤 방향으로 노력해야 하는지를 알게 된다. 그러면 전체와 개인의 발전을 위해 각자의 단점을 변형시키기 위해 함께 노력할 수 있다.

지금까지 영혼 특성이 개인에게서 어떤 식으로 발현되는지를 살펴보았다. 7가지 영혼 특성은 모든 사람의 내면에 잠재하기 때문에 마음먹으면 끌어낼 수 있다는 것과 나이에 따라 특정 성향이 강하게 작용한다는 것도 언급했다. 그러나 영혼 특성은 단순히 스스로를 이해하는 기준에 그치지 않고 다른 사람과 세상을 이해하는 눈을 키우는 수련 방법으로도 유효하다.

타인을 이해하는 7가지 연습

타인을 이해하고 정신적 통찰을 얻고자 할 때 7가지 영혼의 눈을 의식적으로 훈련할 수 있다. 그러기 위해서는 '자아'가 적극적으로 활동해야 한다.

영혼 특성을 깨달음의 길로 이용할 때 우리는 자녀, 배우자, 친구, 가족의 참모습을 보고, 성향 차이로 인한 갈등을 극복할 방법을 찾을 수 있다.

모방형 보존자 특성의 시선

낮에 상대의 신체 특징을 잘 관찰한다. 눈이 갈색인가, 푸른색인가? 허리가 긴 편인가? 뼈대가 굵은가? 이목구비가 가늘고 섬세한가?

저녁에는 낮에 관찰했던 신체 특징을 떠올려 본다. 다음날 다시 관찰하면서 전날 밤 기억이 잘 떠오르지 않았던 부분을 수정한다.

그 사람을 정확하게 떠올릴 수 있을 때까지 관찰하고 기억하는 연습을 계속한다. 객관적 태도를 유지하고 상대에 대한 감정이 신체 특징을 떠올리는데 영향을 미치지 않도록 통제하는 것이 중요하다.

꿈꾸는 양육자 특성의 시선

상대의 아름다움에 집중한다. 특별히 조화롭고 기분 좋은 면을 떠올린다. 이 연습을 계속 반복하다보면 경외하는 마음이 자란다. 다른 사람에 대한 반감이나 적의를 다스릴 때 아주 중요한 연습이다.

사교적 개혁가 특성의 시선

'튼튼한 뿌리를 땅 속 깊이 박고 서있는 참나무 같은 사람', '바람에 부드럽게 흔들리는 자작나무 같은 사람'처럼 직유, 은유, 상징을 이용해서 상대를 생각해본다. 그 사람의 특성을 깊이 이해하는데 도움이 된다면 동물이나 색깔, 지형 특성에 비유해볼 수도 있다. '불꽃을 뿜어내는 화산 같은 사람', '속이 전혀 보이지 않는 깊은 우물 같은 사람', '조용히 흐르면서 둑에 기름진 토양을 쌓아놓는 강 같은 사람'. 이런 식으로 상을 떠올리다보면 상대에 대한 이해가 훨씬 유연해질 뿐 아니라 더 큰 통찰을 만날 수 있는 시적 직관력을 깨울 수 있다.

적극적 발언가 특성의 시선

상대의 특성을 범주화함으로써 이해의 폭을 넓힐 수도 있다. 외향적인 사람인가? 내향적인 사람인가? 기질은 어떤가? 은유는 내면에 표상 떠올리는 힘을 일깨우는 반면, 범주를 만들고 특성을 분류하는 연습은 사고를 자극한다.

사고형 조직가 특성의 시선

그는 어떤 인생을 살아왔는가? 유년기는 어떠했는가? 인생의 시련에 어떻게 대처했는가? 그의 목표는 무엇인가? 윤리관은? 삶의 원동력은 무엇인가? 어떤 이상을 가지고 있는가? 자주 오해하는 지점은 무엇인가? 그 오해를 풀 때 가장 효과적인 방법은 무엇인가? 함께 시간을 보낼 때 가장 즐겁고 좋은 점은 무엇인가? '사고형 조직가' 영혼 특성을 통해 세상을 볼 때 우리는 눈에 보이는 감각 영역을 넘어 상대를 의식적으로 이해할 수 있다.

정신 연구자 특성의 시선

상대의 삶과 모습에서 정신이 어떻게 현시되는가? 그의 삶은 어떤 방식으로 신의 존재를 증명하는가? 그의 삶 속에서 더 높은 자아가 어떻게 드러나는가? 그가 태어나면서 가지고 온 깊고 높은 의도는 무엇인가? 그의 행동 속에서 '자아'의 활동이 어떻게 드러나는가? '나'는 그가 과제를 인식하도록 돕고 있는가? '나'의 행동은 그가 인생 과제를 해결하는 능력을 키우는데 도움이 되는가? '정신 연구자'의 눈은 상대의 본질적 존재를 깊이 이해하는 힘을 키워준다.

빛나는 균형자 특성의 시선

'나'는 상대의 참모습을 이해할 수 있는가? 어떻게 하면 그 사람의 고차 자아를 만날 수 있는가? 그가 '나'에게 한 행동을 용서할 수 있는가? '나'는 '나' 자신을 용서할 수 있는가? 그 사람을 '나'의 형제자매로 사랑할 수 있는가? '빛나는 균형자' 특성은 우리 내면에 상대에 대한 헌신을 일깨우는 동시에 우리 자신의 문제를 인식하도록 도와준다.

자연에 대한 이해를 확장시키는 7단계

자연에 대한 이해를 깊고 넓게 확장시키려 할 때도 7가지 영혼 특성을 활용할 수 있다. 다른 사람에 대한 명상은 아무래도 개인적인 특성을 띠지만 7단계로 자연을 명상하는 작업은 자연 뿐 아니라 생명 자체와 새로운 관계를 맺도록 도와준다. 타인을 매개로 한 명상이나 자연을 매개로 한 명상 모두 정신에 이르도록 안내하는 '길'이다.

모방형 보존자 단계

자연이 어떤 식으로 태양, 비, 땅의 힘을 선사하고 그 힘으로 곡식들이 어떻게 자라는지를 관찰한다. 이런 관찰을 통해 자연에 존재하는 모든 것이 제각기 쓸모가 있음을 깨닫게 된다. 솔방울 같은 자연물 하나를 택할 수도 있고 자연 전체를 관찰 대상으로 선택할 수도 있다. 이 연습은 객관성을 키워준다.

꿈꾸는 양육자단계

자연에 깃든 아름다움을 느껴본다. 인간에게 필요한 쓸모의 차원을 넘어 자연의 장엄함에 온전히 자신을 내맡기고 경외심과 경탄을 경험한다. 일출과 일몰의 아름다움, 폭풍 전야의 먹구름, 촉촉한 땅에서 돋아나는 파릇한 새순, 갓 태어난 송아지, 거미줄 등 자연의 모든 순간은 경외심을 불러일으킨다.

사교적 개혁가단계

세 번째 단계에서는 단순한 아름다움을 넘어 자연의 아주 작은 부분까지 정신적 진리를 드러내고 있음을 깨닫게 된다. 일상 언어 속에서도 이 점을 분명하게 볼 수 있다. 많은 단어가 자연에 뿌리를 두고 있다. '호방하다'는 표현을 보면 호랑이를 이용해서 '용기'라는 특성을 가리킨다. '대쪽 같다'는 표현은 휘거나 굽지 않는 대나무의 특성을 빌려 그 사람이 유혹에 흔들리지 않는 곧은 심성을 가졌음을 가리킨다. 비유, 은유, 상징을 통해 우리는 자연과 인간 세계의 바탕에 깔린 진리를 깨달을 수 있다. 끊임없이 해안으로 밀려왔다 밀려가는 파도를 보면서도 자연스럽게 인간관계와 우리 삶 속에도 밀물과 썰물이 있음을 떠올리게 된다. '사교적 개혁가'의 눈으로 세상을 보는 연습은 사고의 유연성을 기르는데 도움이 된다.

적극적 발언가단계

네 번째 단계에서 우리는 자연과 인간 행위가 서로 연결되어 있다는 깨달음에서 한 걸음 더 나아간다. 단어의 이면을 탐색하면서 처음에는 우연이나 임의의 사건이라 여겼던 것에서 법칙성을 발견한다. 자연은 언제나 우리가 분류하고 범주화할 수 있는 가르침을 준다. 이런 측면에서 계속 숙고하다 보면 이성적 진리를 깨닫게 된다. 광물, 식물, 동물의 관계를 보면서 자연의 상호 의존성을 배운다. 생태계가 건강해지려면 생물의 다양성이 반드시 필요하다는 사실에서 인간 사회도 다양한 사람들이 공존할 때 건강할 수 있음을 깨닫는다. 자연을 관찰하면서 우리는 인간 형상이 자연 속 다른 형상과 유사하다는 사실을 배운다. 자연에 존재하는 모든 것이 한 몸임을 경험하면서 인간 역시 그 일부임을 깨닫는다. 하지만 법칙성을 발견하기 위해서는 끝까지 파고들 수 있는 끈기와 내적 동력이 전제되어야 한다.

사고형 조직가단계

이제 성숙해진 이해력을 이용해서 사물의 겉모습을 꿰뚫어보고 감각 세계를 넘어서는 진실을 만나게 된다. 예를 들어 상호 의존성 속에 감추어진 진실은 무엇인가? 생물의 다양성 이면에 존재하는 더 큰 그림은 무엇인가? 자연 곳곳에서 볼 수 있는 나선 형태 속에는 어떤 진리가 숨어 있는가? 대체 나선이란 무엇인가? 나선은 무엇을 표현하고 있는가?

앞서 자연을 범주화 하면서 얻은 이해를 토대로 이제 우리는 순수한 사고의 한 형태인 상상imagination에 이르고, 자연계 속에 구현된 진리의 심오하고 철학적인 의미를 경험한다.

정신 연구자단계

이 단계에서 우리는 자연의 모든 모습이 신성의 표현임을 경험한다. 모든 물질은 곧 정신이다. 이런 경험을 토대로 '정신 연구자'의 힘은 시간을 초월해서 인간 내면에 존재하는 무한한 가능성을 깨닫게 해준다.

빛나는 균형자단계

일곱 번째 단계에 이르면 우리 앞에 장엄한 풍경이 펼쳐진다. 정신 영역 속으로 한 발을 내딛을 때 우리는 단순한 호기심이나 이성적 사고가 아니라 겸손함과 새로운 의식 상태로 다가서야 한다. 그럴 때 자연 속에 존재하는 합일의 힘, 사물과 사고 속에 숨은 관계성을 경험할 수 있다. 인간과 자연이 완전히 별개라는 생각에서 벗어나 그 둘을 하나이자 동일한 것으로 체험한다. 다른 말로 하자면 세상의 원형을 파악하는 것이다. 우리가 정신과 분리된 존재가 아니라 한 몸임을 깨닫는다. 그러기 위해서는 자연을 (그리고 모든 생명을) 사랑으로 대해야 한다. '빛나는 균형자'의 빛은 명료함과 온기를 가져다준다. 윌리엄 블레이크는 '한 알의 모래에서 세상을 보고 / 한 송이 들꽃에서 천국을 본다'[7]고 했다. 평범한 일상에서 기적을 발견한다. 사고는 영혼의 분위기와 감정에서 해방되고, 우리는 세상을 새로운 눈으로 보게 된다.

7단계를 다시 한 번 요약해보자.
1. 신체의 특징을 관찰하고 기억하기 (모방형 보존자)
2. 아름다움을 경험하면서 경외심 키우기 (꿈꾸는 양육자)

---

7   역주: 윌리엄 블레이크William Blake 「순수의 전조Auguries of Innocence」

3. 은유, 직유, 상징을 통해 새로운 눈으로 이해하기 (사교적 개혁가)

4. 지성을 이용해 언어 이면에 숨은 법칙성 찾기 (적극적 발언가)

5. 감각 세계 너머를 통찰하여 '상상'에 이르기 (사고형 조직가)

6. 세상 모든 것을 정신의 표현으로 경험하기 (정신 연구자)

7. 단일성, 본질적 사고, 사고의 원형 경험하기 (빛나는 균형자)

이 일곱 단계를 거치면서 '자아'는 우리가 자연과 깊고 본질적인 관계를 맺도록 이끌어준다.

영혼 특성을 넘어서

7가지 영혼 특성은 우리의 성격 및 개성과 깊이 연결되어 있다. 이는 현재 우리의 모습과 우리가 세상에 태어난 목적을 드러낸다는 점에서 우리 것이라 할 수 있다. 영혼 특성마다 나름의 장점과 단점이 있으며, 우리는 어느 쪽을 강화시킬지를 선택할 수 있다. 그런데 수많은 경험을 통해 지혜가 무르익은 노인들은 그 기준으로 단순히 설명할 수 없는 또 다른 특성 또는 태도를 보여준다. 바로 보편성, 연민, 양심이라는 가치다. 7가지 특성은 영혼이 성장하는 과정에서 계속 단련해야할 과제에 해당하는 반면, 이 3가지 가치는 정신이 성숙했을 때 찾아오는 선물 같은 힘이다. 이 특성들을 발달시키기 위해 노력할지 말지는 전적으로 우리 자유다.

보편성

보편성은 사고, 느낌, 의지 속에서 드러난다.

보편타당한 사고를 한다는 건 세계 전체와 우리의 관계를 우주적 관점에서 바라보고 있음을 의미한다. 그럴 때 우리는 스스로를 더 이상 어느 특정 국가에 속한 존재가 아니라 세계 시민, 나아가 우주 시민이라고 느낀다. 어떤 경계, 어떤 국경도 인식을 가로막는 장애가 되지 않는다. 크고 작은 세상일이 모두 서로 연결되어 있음을 이해하고, 그 모든 측면을 사고 속에서 하나로 통합한다. 모든 생명은 나름의 의미와 목적을 갖고 있음을 안다. 알베르트 아인슈타인은 "자신의 생명만 귀하게 여기고 다른 창조물의 생명은 하찮게 여긴다면 그저 불행한 정도가 아니라 살아있을 자격이 없는 사람이다."(『내가 보는 세상The World As I See』 1934년)라고 말했다.

느낌 영역에 보편성의 힘이 생기면 진정한 형제애를 경험하게 된다. 그런 사람은 다른 사람을 만날 때 겸손과 경외심을 함께 느낀다. 자기애가 아닌 모든 존재를 귀히 여기는 느낌의 보편성은 상대에 대한 존중에 기반하며, 그것이 확장하면서 일체감과 사랑의 감정을 불러일으킨다.

의지 속에 보편성을 획득하면 행동이 고귀해진다. 자기 이익 뿐 아니라 모두의 이익을 위해 행동한다. 몸짓과 행동에서 이타심이 자연스럽게 배어나온다. 지미 카터 미국 전 대통령이 좋은 본보기다. 그는 말년에 '사랑의 집 짓기 운동', '평화의 증인'을 비롯해 정치적 위기에 처한 나라에 평화 특사로 가는 등 많은 활동을 했다. 인도에서 가난한 사람들을 돌보는 일에 헌신한 테레사 수녀도 있다. 테레사 수녀는 고통 받는 사람들의 얼굴에서 언제나 그리스도를 뵈었다고 했다.

　　　　　　　　　　　Ⅱ 7가지 영혼 특성과 인생 여정

보편성의 힘을 키우려면 어떻게 해야 할까? 무엇보다 경탄하는 마음을 갖고 늘 새로운 존재를 만나듯 신선한 눈으로 세상을 보는 데서 시작해야 한다. 그럴 때 우리는 오늘도 새로운 기적을 만나리라는 설레는 기대를 안고 하루를 맞이하게 된다.

'어렸을 때 기도하는 법을 배운 사람이 노인이 되었을 때 남을 축복할 수 있다'는 말을 들은 적이 있다. 처음 들었을 때는 아주 이상한 말이라고 생각했다. 어떻게 어린 시절의 기도가 수십 년 후에 그렇게 강력한 영향을 끼칠 수 있단 말인가? 그런데 두 가지 이유로 그 생각이 달라졌다. 하나는 나이가 들면서 그 말을 몸으로 경험한 것이다. 정말 사소하고 하찮아 보이는 어린 시절 경험이 의식 속에 되살아나면서 내가 세상을 대하는 태도에 어떤 영향을 미쳐왔는지 깨닫고 놀라곤 한다.

두 번째는 생후 첫 3년이 사람의 한평생에 미치는 영향에 관한 연구다. 최신 뇌신경학 연구를 보면 영유아기에 경험한 사랑과 보살핌이 두뇌 발달에 미치는 영향이 얼마나 큰지 알 수 있다. 방치되거나 학대받은 아이들의 뇌는 제대로 발달하지 못하고 그 결과 성인이 되었을 때 다음 세대를 사랑으로 양육하고 도움의 손길을 내밀 수 없는 사람이 된다. 어린 시절 경험은 우리 영혼 깊은 곳에 자리 잡는다. 친절, 보살핌, 존중을 받고 자란 아이는 나중에 다른 존재를 돌보고 축복하는 태도를 배우는 반면, 분노와 폭력 속에 자란 아이는 어린 시절의 학대를 다음 세대에 되돌려주는 어른이 되곤 한다.

생후 첫 3년이 얼마나 중요한지를 알게 되면 기도하는 법(기도의 형태는 얼마든지 다를 수 있다)을 배운 아이가 나중에 축복을 줄 수 있는 사람으로 성장하는 이유를 이해할 수 있다. 어린 시절 우리를 돌봐주던 사람들의 태도는 우리 영혼에 깊은 영향을 준다. 평범한 이해 영역을 넘어서는 신비로운 방법으로 우리는 양육자, 부모, 친척, 친구들의 감정과 사고를 흡수한다. 생명과 자연, 신, 부모와 가족을 귀하게 여기고 경외하는 마음가짐을 보면서 자란 사람의 내면에서 주변 사람들이 보여준 기도와 경외심은 겸손과 헌신의 자세로 변형된다. 그리고 영혼 속에 숨은 금광처럼 잠들어 있다가 우리가 변형될 기회를 기다리는 모든 잠재력을 찾아 내면의 광맥을 더듬어 내려갈 때 비로소 깨어나 찬란한 빛을 발하기 시작한다. 그런 과정을 거치면서 어린 시절에 경험한 경외심은 다른 사람들에게 축복을 주고 따뜻하게 돌볼 수 있는 능력으로 변형된다.

루돌프 슈타이너가 '잠들기 전 기도'로 제안한 다음의 시는 경외심이 무엇인지를 잘 보여준다.

> 머리에서 발끝까지
> 나는 신의 형상을 하고 있습니다.
> 가슴에서 손끝까지
> 나는 신의 숨결을 느낍니다.
> 입으로 말을 할 때
> 나는 신의 뜻에 따릅니다.
> 내가 신을 발견할 때
> 도처에서, 어머니, 아버지에게서
> 사랑하는 모든 사람들에게서
> 짐승과 꽃에서
> 나무에서 그리고 돌에서

두려움을 주는 것은 없고
무엇에든 오직 사랑 뿐
나를 둘러싼 것에.[8]

　어린 시절에 이런 태도를 배우지 못한 사람은 어떻게 해야 할까? 그런 우리도 경외심을 배우고 주변 사람들에게 축복이 될 수 있을까? 다행히 인간이 과거의 상처를 치유하고 회복하는 힘은 놀라울 만큼 질기고 뛰어나기 때문에 완벽하진 않아도 그 시절에 받지 못한 것을 스스로 노력해서 어느 정도 회복할 수 있다. 그 과정이 조금 험난하고 고될 수는 있지만 자라면서 충분히 경험하지 못한 사람도 성인이 되어 헌신하는 태도를 키울 수 있고, 영혼을 갈고닦아 사고와 느낌, 의지 속에서 보편성을 경험할 수 있다. 일상적 사고를 명확하고 객관적인 사고로 변형시키면 모든 생명이 하나로 연결되어 있다는 사실을 분명히 깨닫게 된다. 이기심에 바탕을 둔 욕망을 순수하게 정화하면 더 이상 자기중심적으로 세상을 보고 자기 감정만을 애틋하게 여기지 않게 된다. 의지를 변형시키면 자신만을 위해서가 아니라 타인을 위해서 즐거이 책임을 질 줄 알게 된다. '자아'의 본질이 정신이라는 것과 '자아'가 우리를 새로운 모습으로 거듭나게 할 수 있는 힘이 있음을 자각할 때, 우리는 스스로의 힘으로 보편성을 발달시키는 자기 인식의 길을 걸을 수 있다. 어떻게 살지를 스스로 결정할 수 있는 청장년 시절에 어떤 행동을 했는지, 용기내어 행동하고 다른 사람을 위해 일했는지, 자기중심성을 벗어나 보편한 시선으로 세상을 바라보았는지, 절제와 인내심을 키웠는지, 비바람 속에

8　역주: 루돌프 슈타이너Rudolf Steiner 『엄마와 아이들을 위한 기도』(섬돌, 2006) 발췌

서도 중심을 지키며 살았는지는 어린 시절과 상관없이 우리가 진정한 겸손
과 경외심, 사랑으로 행동할 수 있는 토대가 된다.

연민

연민의 몸짓은 사고와 감정이 조화롭게 통합되어 고양된 상태에서 나온다.
장년기에 접어들면서 우리는 모든 관심을 자기 능력을 입증하고 남들보다
앞서는데 온통 집중한다. 가족을 제외한 다른 사람들의 문제는 크게 관심
을 끌지 못한다. 개별성을 확립하고 자신의 참모습과 화해할 수 있어야 타인
에게 훨씬 더 쉽게 도움의 손길을 내밀고, 공감하고, 연민을 느낄 수 있다.

　'꿈꾸는 양육자'와 '사교적 개혁가' 영혼 특성은 타인의 아픔을 느끼고
반응하는 능력으로 변형된다.

　아주 어릴 때부터 연민의 힘을 보여주는 아이들도 있다. 그러나 대부분
은 오로지 나(와 가족)밖에 모르고 살던 세월을 거친 뒤에야 진정한 연민을
배운다. 연민을 느낀다는 것은 무엇을 의미할까? 다른 사람과 공감한다는
것은? 어떤 행위에서 얻는 개인적인 느낌과 타인을 진심으로 마음에 담는
것을 어떻게 구별할 수 있는가?

　길에서 노숙자를 만났을 때 느끼는 감정은 연민인가 동정인가, 아니면
자신은 그런 처지가 아니라는 안도감인가? '상대의 입장에 서서' 생각해보면
그 일이 그 사람에게 어떤 의미일지 짐작할 수 있다. 그러나 마음이 함께 움
직이지 않는다면, 자신의 일처럼 함께 가슴 아파할 수 없다면 머리로 생각한

것만 가지고 연민이라 부를 수는 없다. 또 진정한 연민은 그 감정을 의지 속으로 가져와 그 사람을 위해 행동을 하도록 우리를 추동한다. 상황에 따라 그 행동은 진솔한 대화일 수도, 돈이나 일자리일 수도 있다.

제2차 세계대전 중에 유럽 사람들이 목숨을 내걸고 유태인을 숨겨준 것도 연민의 힘이다. 2011년 '대지진'의 희생자를 돕기 위해 일본으로 가거나 아프리카 난민 캠프에서 아이들을 치료하는 의사들도 연민이 무엇인지를 보여주는 사람들이다.

특별하고 대단한 일만 연민이 아니다. 아무도 보지 못하는 곳에서 연민에서 우러나는 행동을 실천하는 평범한 이웃들도 많다.

양심

세 번째 태도는 양심이다. 연민은 영혼에서 시작해 세상을 향해 나가는 반면, 양심은 내면의 문제다. 우리는 자신의 심판관이 되어 행동의 옳고 그름을 살피고, 삶을 돌아보고, 잘못된 일을 바로 잡고, 분열과 대립을 화해와 평화로 이끌고자 애쓴다.

영유아기 때 우리는 걷기, 말하기, 생각하기라는 인간만이 할 수 있는 세 가지 어려운 과제를 성취한다. 나이가 들어서는 어렸을 때 신체 차원에서 성취했던 그 세 가지 과제를 도덕 차원으로 끌어올릴 수 있다. 걷기를 배우던 때를 생각해보자. 처음에는 간신히 한 발 한 발 떼어놓다가 어느 순간 자유롭게 뛰고 달렸던 것처럼, 어른이 되어서는 도덕 차원에서 두 발로 서고 자유롭게 걷고 뛰기를 배울지를 선택할 수 있다. 늘 양심을 돌아보고 갈림길에서 선한 쪽을 택할 때 우리는 분명한 목표를 가지고 의식적으로 인생을 살아갈 수 있다.

말하기를 배우면서 언어의 세계로 들어가 감정과 욕구, 생각을 다른 사람에게 전달하는 수단으로 언어를 갈고닦았던 것처럼, 성숙한 어른이 된 지금 우리는 말하기를 이용해 상처를 치유하고 위로하고 화해하고 다른 사람에게 자신감을 심어줄 수 있다. 살면서 터득한 지혜를 사람들에게 전달할 수도 있다.

어렸을 때 우리는 사고하고, 의견을 만들고, 비교하고, 논리를 펴고, 세상을 이해하는 법을 배웠다. 사고의 힘을 통해 세상의 법칙과 물질을 꿰뚫어볼 수 있었다. 성숙한 어른이 된 지금은 일상적인 사고를 변형시켜 사고가 다른 사람에게 미치는 영향을 이해하고, 사고가 행동에 미치는 영향을 알아볼 수 있는 마음의 눈을 키울 수 있다.

모든 종교의 가르침에는 부모와 이웃, 자신을 어떻게 대해야하는지, 정신세계를 어떻게 바라봐야하는지에 관한 행동 규범이 있다. 이 같은 행동 규범은 사회 질서를 위해 꼭 필요하다. 그러나 진정한 양심은 각자의 내면에서 솟아올라야한다.

다른 사람은 아무도 듣지 못하는 양심의 소리를 방향타 삼아 일상의 방향을 이끌어갈 수 있다. 양심은 우리를 많은 사람이 반대하는 민감한 사안에 당당하게 찬성의 뜻을 밝히는 길로 이끌기도 한다. 그것은 그 사람의 의견이고 도덕이고 옳음이다. 예를 들어 양심의 소리에 따라 낙태 반대 운동을 벌이는 사람이 있다. 그런데 낙태 문제는 전적으로 그 여성의 선택이어야한다고 주장하는 사람 역시 자신의 양심에 따라 행동하는 것이다. 개인

II 7가지 영혼 특성과 인생 여정

적인 불이익을 감수하면서까지 의견을 주장하는 용기는 양심이 움직인 결과일지 모른다.

양심은 우리 내면의 검열자이며, '자아'가 활동하고 있다는 증거다. 그 어떤 물질적 풍요보다 깨끗한 양심으로 사는 것이 훨씬 더 중요한 문제다.

보편성, 연민, 양심의 힘을 키울 때 마음은 훨씬 평온해지고 우리의 존재는 세상 사람들에게 축복이 된다.

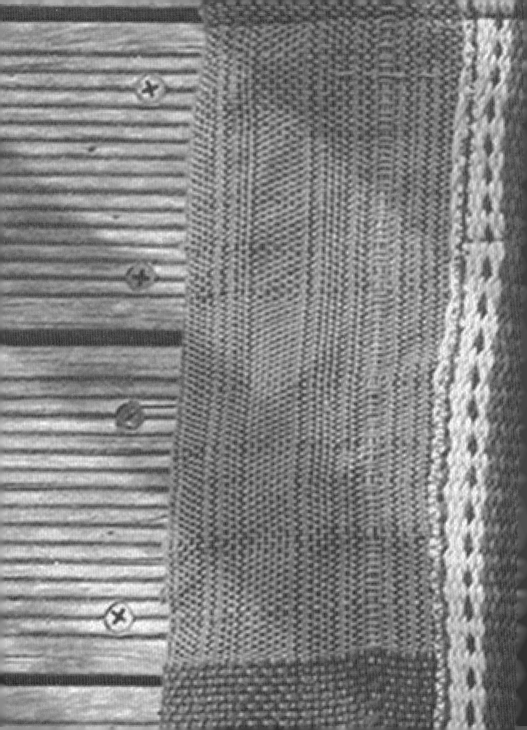

세상의 비밀, 인생의 마법은 어떤
길이 너의 길인지를 알아내는 것이다.
너의 참모습이 아닌 다른 존재가 되려
고 애쓰지 마라... 귀하지 않은 사람은
아무도 없다. 그러나 어떤 길을 가든 네
가 되려는 그 모습을 가장 멋지게 구현
하기 위해 모든 재능을 이용해서 일하
고 노력해야 한다. 그것이 우리가 가는
길이다.

본문 206,207쪽

Ⅲ 세상을 보는 12개의 창문

원형이란 무엇인가?

지금까지 물질육체와 기질의 관계, 그리고 감정 영역과 영혼 특성의 관계를 살펴보았다. 이제부터 다룰 주제는 우리 영혼 속 원형이다. 루돌프 슈타이너는 진실, 선함, 아름다움, 보편적 인간 같은 '정신 원형'을 말했지만, 이 책에서는 정신 원형이 아닌 '영혼 원형'을 살펴볼 것이다. 우리의 '자아'는 사고를 통해 원형에 접근할 수 있다. 물론 꿈이나 예술 작품, 치유 작업 등 다른 방법으로도 만날 수 있다.

'자아'는 세 가지 영역에서 영혼을 씨실과 날실로 '직조'한다. 먼저 성숙의 3단계 과정을 거치면서 기질을 변형한다. 둘째, 영혼 특성에서 그 시기와 순간에 필요한 힘을 끌어낸다. 셋째, 미성숙에서 성숙으로 이어지는 3단계 과정을 거치면서 원형 속으로 들어간다.

조셉 캠벨Joseph Campbell은 사람들에게 신화 속 원형을 알리는데 큰 역할을 한 신화학자다. 평생에 걸친 그의 연구, 특히 저서 『천의 얼굴을 가진 영웅The Hero with a Thousand Faces』(민음사, 2004)은 신화 속 원형이 보편한 심리학 용어로 자리 잡게 했다. 칼 융Karl Jung은 자기만의 심리학 이론을 세웠는데, 그 심리 치료의 근간이 바로 원형이었다. 그 밖에도 수많은 작가가 각자의 방식으로 다양하게 원형을 변주하면서 자신의 정체성을 찾아가는 여정을 그려왔다. 여기서 이야기하고자 하는 중심은 크게 두 가지다. 하나는 심층 심리학자 캐롤 피어슨Carol Pearson의 저서 『우리 안의 영웅 일깨우기: 스스로를 발견하고 세상을 변화시키도록 도와줄 12가지 원형 Awakening the Heroes Within: Twelve Archetypes to Help Us Find Ourselves and Transform Our World』(1991, Harper), 다른 하나는 필자가 수십 년간 새크라멘토 발도르프학교와 루돌프 슈타이너 칼리지에서 가르쳤던 '파르치팔 Parzival 신화와 원형'이다.

12가지 원형(순수한 자, 고아, 전사, 돌보는 자, 탐색자, 파괴자, 사랑하는 자, 창조자, 지배자, 치유자, 현자, 바보) 중 어떤 것(예: 전사)은 의지, 어떤 것(예: 돌보는 자)은 느낌, 어떤 것(예: 현자)은 사고 쪽에 가깝다. 하지만 7가지 영혼 특성 모두에 느낌 요소가 어느 정도씩 들어 있는 것처럼 12가지 원형에는 모두 사고 요소가 있다. 다른 원형도 많지만 이 책에서는 12가지 원형에만 집중할 것이다. 기질과 영혼 특성, 원형을 함께 놓고 보면 그 사람의 영혼을 적어도 3가지 측면에서 이해할 수 있다.

예를 들어 기질은 담즙, 영혼 특성은 '꿈꾸는 양육자', 인생을 대하는 원형은 '치유자'인 사람이 있다. 담즙 기질로 인해 성격은 단호하고, 힘있고, 지배적이다. '꿈꾸는 양육자' 영혼 특성이 결합하면서 그 힘을 다른 사람을 돌보는 방향으로 사용한다. 여기에 '치유자' 관점으로 인생을 대한다는 것은 일을 할 때 타인과 자신을 치유하고 변형하는 방향으로 힘을 사용함을 의미한다.

우울 기질에 '사고형 조직가' 영혼 특성, '파괴자' 원형을 가진 사람은 어떨까. 우울질인 그는 매사를 '잔에 물이 반 밖에 없다'는 부정적인 시선으로 보고, 늘 근심걱정 속에서 살아간다. 하지만 '사고형 조직가' 영혼 특성 덕에 우울질의 눈으로 넓고 멀리 바라보게 되면서 기쁨과 슬픔, 성취와 실망이 공존하는 것이 인생임을 깨닫는다. 또 우울질 특유의 예민함을 이용해 섬세하고 정확하게 일을 계획하고 조직한다. '파괴자' 원형은 새로운 모습으로 거듭나기 위해서는 삶의 어떤 부분은 포기하고 버릴 줄 아는 것이 중요하다는 사실을 인식하게 해준다.

다음은 『정신 탐색: 인디언 소년의 입문Spirit Quest: The Initiation fo an Indian Boy』(Surrey, BC: Hancock House, 1990)에서 저자 캐롤 뱃도프Carol Batdorf가 인용한 아메리카 원주민 장로의 말이다.

장로는 긴 침묵 끝에 입을 열었다. "세상엔 참으로 다양한 사람들이 있다. 어떤 이들은 행동하기 위해 태어나지. 그들은 싸우고, 투쟁하고, 자기 목소리를 알리기 위해 세상에 온 사람들이야. 생각하고 느끼고 사리 분별하기 위해 태어나는 이들도 있어. 사실 모든 사람은 자기 방식으로 세상을 이끄는 지도자다. 아들아, 세상의 비밀, 인생의 마법은 어떤 길이 너의 길인지를 알아내는 것이다. 너의 참모습이 아닌 다른 존재가 되려고 애쓰지 마라. 너의 아버지처럼 전사이자 지도자로 태어났다면 그 길을 가라. 너를 위대한 전사이자 지혜롭고 진실한 지도자로 만들어줄 정신의 선물, 타고난 재능을 찾아 나서라. 하지만 너의 마음이 다른 길을 향한다면 망설이지 말고 그 길을 택해라. 그리고 그 길에서 널 도와줄 힘을 찾아라. 지도자가 되도록 도와주는 힘이 아닌 다른 소명으로 이끌어줄 힘을 찾아 나서라. 훌륭한 카누 장인은 진정 귀하고 가치 있는 사람이다. 나처럼 사람들을 치유하고 조언해주는 사람도 중요하다. 귀하지 않은 사람은 아무도 없다. 그러나 어떤 길을 가든 네가 되려는 그 모습을 가장 멋지게 구현하기 위해 모든 재능을 이용해서 일하고 노력해야 한다. 그것이 우리가 가는 길이다."

이 멋진 말을 길안내 삼아 이제부터 영혼 원형의 세계로 들어가 보자.

12가지 원형과 발달 단계

원형별 특징과 발달 단계를 살펴보자. 원형은 우리 영혼 속에서, 보통 무의식적으로 솟아난다. 하나의 원형을 깊이 알수록 그 원형의 특정 에너지가 사고에 영향을 준다는 사실을 깨닫게 될 것이다. 진정한 성숙은 원형의 변형을 위한 3단계를 의식적으로 밟아나갈 때 비로소 시작된다. 첫 번째는 가장 무의식적인 단계로, 반사회적이거나 개인의 성장에 해가 되기도 한다. 두 번째 단계에서는 원형의 힘을 이용해서 삶을 더 의미 있게 만들고자 노력한다. 하지만 아직 그 성장이 안정적인 상태는 아니다. 오늘은 승리했지만 내일은 나락으로 떨어질 수도 있다. 세 번째 단계에 이르면 원형의 건강한 힘을 삶에 훨씬 안정적으로 통합한다. 그러나 때로 깊은 상처를 입거나 시련을 만나면 이전 단계로 퇴행할 수도 있다.

{ 순수한 자 }

'순수한 자'는 처음에는 앞뒤 재지 않고 모든 사람에게 전적인 신뢰를 보낸다. 사실 '세상은 선한 곳이고, 그곳엔 나를 지키고 돌봐줄 사람들이 반드시 있다.'는 믿음은 모든 아이가 마땅히 누려야 할 권리이기도 하다. 아이는 주변에서 자기를 잘 보살피고 보호해줄 거라고 믿어 의심치 않는다. '순수한 자' 원형을 가진 사람은 상처를 입어도 쉽게 일어설 수 있는 회복력이 있다. 지금은 힘들어도 모든 게 금방 다 괜찮아질 거라고 믿는다.

1단계에서 '순수한 자'는 그런 기대가 항상 충족될 수 없고, 삶이 항상 완벽하지도 않으며 사람은 누구나 결점이 있다는 것을, 그리고 세상엔 불의와 심지어 폭력이 존재한다는 사실을 깨닫는다. 낙원의 환상이 산산이 부서진다. 근본적으로 낙천적인 사람들이지만 세상일에 실망할 때가 생긴다. 자신의 문제나 실수를 남 탓으로 돌리거나 자기 연민에 빠져 침울해지기도 한다. 많은 아이가 8세에서 10세 사이에 이런 모습을 보인다. 어린 시절에 마음껏 뛰놀던 낙원의 상실은 새로운 자아를 찾아가는 과정에서 반드시 겪어야 하는 아픔이다.

다음 단계로 넘어갈 힘을 찾지 못한 '순수한 자'는 제 손으로 성장 가능성을 닫아버리기 때문에 성숙 과정에서 어려움을 겪는다. 언제나 순수했던 어린 시절로 돌아가기를 꿈꾸고, 주변 사람들이 완벽한 존재이기를 바란다. 어린 시절에 받았던 사랑과 안정감을 되찾고 싶어 하며, 무슨 짓을 해도 주변 사람들이 받아주고 인정해주기를 갈망한다. 안전하게 지켜줄 보호자를 찾는다. 마음 한 구석에 자리 잡은 두려움 때문에 상처나 고통을 성숙한 태도로 대처하지 못한다. 변화를 거부하고, 자기 모습을 있는 그대로 받아들이지 못하며, 스스로를 용서하거나 미숙한 정체성을 버리지 못한다.

2단계 영유아기에 '순수한 자'는 여러 경험을 거치면서 새로운 관계를 맺는 법, 일을 벌이고 만드는 법을 배웠고, 세상과의 관계성, 신체에 대한 자신감을 형성했다. 또한 그런 경험을 만나도록 안내하고 동행하는 사랑 넘치는 성숙한 어른과 애착 관계를 쌓았다. 두 번째 단계에 들어서면서 자신감 넘치던 어린 시절의 자아를 되찾는다. 시련을 겪으면서 어둠이 있는 곳에 빛도 있다는 사실을 깨닫기 시작한다. 세상이 선한 곳이라는 어린 시절의 느낌이 되살아나지만 그 때처럼 덮어놓고 믿지는 않는다. 이제는 삶이 더 나아질 거라는 낙천성의 힘으로 중심을 잡아간다. 안전하고 사랑받는다는 믿음 속에서 인간에 대한 신뢰와 세상과 연결되어있다는 느낌을 회복한다. 이 상태는 10세부터 13, 14세 시기의 특징이기도 하다. 그 몇 년 동안은 안정과 균형을 누리지만 사춘기에 접어들면서 빛과 어둠의 투쟁 속에서 다시 힘겨운 시간을 보낸다. 청소년기에 위태로운 순간을 여러 번 만나기도 하지만 '순수한 자' 원형 특유의 자신감과 믿음이 바탕에 깔리고 그 위에 성숙한 어른들의 지도와 헌신이 더해질 때 2단계를 건강하게 통과할 수 있다. 사랑과 보살핌이 넘치는 어린 시절을 보낸 '순수한 자'는 자신감과 인생의 목표를 쉽게 되찾는다.

성인이 된 '순수한 자'는 시련을 겪으며 내면의 힘을 키워간다. 보살핌을 받는데 익숙하고 너무 쉽게 사람을 믿다보니 이용당하는 일이 많다. 이들은 상황을 올바로 읽고 판단하는 법과 낙천성이 무분별함으로 전락하지 않도록 경계하는 법과 함께 이상을 향한 시선을 더 소중히 여기고 키우는 법을 배워야 한다.

2단계를 거치면서 새로운 관점을 얻은 '순수한 자'는 3단계에서 새로운 자신감과 어렵사리 지켜낸 낙천성을 가지고 어른의 삶을 살아간다. 시련은 계속 찾아오겠지만 이제 어설픈 청년기의 이상을 성숙한 이상으로 변형시킬 힘이 생겼다. 또 아무나, 아무 말이나 맹목적으로 믿는 대신 누구를 만날지, 어떤 일에 참여할지를 분별하는 힘을 계속 키워나간다. 시간이 지나면서 그 힘은 지혜로 활짝 피어나고, 이들은 세상을 향해 열린 마음을 잃지 않으면서도 사고를 길잡이 삼아 느낌을 이끌어 갈 것이다. 그러면서 '지배자' 원형(자제력과 책임 있는 행동), '사랑하는 자' 원형(연민과 용서), '전사' 원형(균형 잡힌 태도로 이상을 위해 투쟁), '파괴자' 원형(시련 속에서 삶의 진정한 의미를 발견)을 자기 안에서 통합한다.

나이와 상관없이 '순수한 자'는 어느 순간 초기 단계 원형을 가진 자신의 상태가 부적절하다고 느낄 수 있다. 그 깨달음이 아무리 늦었다 해도 문제를 극복하고 더 높은 성숙 단계로 나아가기 위한 변화를 시작하면 된다. 어리석은 낙천주의자건 순진무구한 화신이건 어느 시점에서는 자기만의 장점을 잃지 않으면서도 인생을 진지하게 대하는 법을 배워야 한다.

'순수한 자' 원형의 성장 과정을 어린 시절부터 성인까지 관찰한 바에 따르면 이 원형이 겪는 어려움은 연령과 상관없이 누구나 비슷한 유형이다.

{ 고아 }

'고아' 원형을 가진 사람은 어린 시절에 부모의 사망, 방치, 학대, 폭력, 전쟁으로 인한 공포 같은 깊은 상처를 가진 경우가 많다. 어른과 세상이 보호해 줄 거라는 어린아이다운 믿음을 경험하지 못한 이들은 도와주는 사람 하나 없이 세상에 홀로 버려졌다고 느낀다. 문제가 생기면 자신은 무력한 피해자에 불과하다며 누군가 나서서 문제를 해결하고 구원해주기를 애타게 기다린다. 그러면서도 정말 도움의 손길이 올 거라 기대하지도 않는다. 과거에 그런 보살핌을 받아본 적이 없기 때문이다. 1단계에서 이 양면성은 둘 중 하나로 귀결된다. 냉소라는 갑옷을 단단히 두르고 두려움과 약한 모습을 필사적으로 감추는 형태가 있고, 조그만 상처에도 우는 소리를 늘어놓으며 사람들의 말과 눈길에 무기력하게 끌려 다니는 형태가 있다. 자기 연민에 빠진 '고아'는 눈앞의 이익을 위해 사람들의 마음을 교묘히 조작하는 행동도 서슴지 않지만, 마음 한구석은 늘 공허하다. 이들은 자신에 대해 사람들이 죄책감을 갖고 미안해하는 모습을 즐긴다.

성인이 되어서도 '고아' 원형을 전혀 변형시키지 못한 사람은 과거의 상처를 내세워 피해자 행세를 하면서 주변 사람들을 조종한다. 냉소적, 가식적 태도로 사람을 대할 뿐 아니라 잔인해지기도 한다. 사람들이 마음을 열고 다가올 때조차 모두가 자기를 따돌리고 거부하고 외면한다는 느낌을 완전히 지우지 못한다. 그런 뿌리 깊은 소외감 때문에 권위에 반항심을 품고 맞선다. 괜히 부루퉁해지거나 느닷없이 공격을 퍼붓기도 한다. '고아' 원형은 내면의 힘이 약할 위험이 크다. 사람들의 인정에 늘 목마르기 때문에 집단의 압력에 취약하다. 필요한 존재가 되고 싶은 마음에 집단이 명령을 내리면 옳고 그름을 판단하지 않고 무조건 수행한다. 과거에 상처를 주었던 사람들에 대한 분노를 마음 깊이 품고 있다가 엉뚱한 사람에게 잔혹한 방식으로 투사하기도 한다.

'고아' 원형의 변형은 쉽지 않은 일이다. 소년원이나 교도소에 가보면 사랑하고 사랑받기를 간절히 원하면서도 그 누구에게도 마음을 열지 못하는, 외롭고 비참하며 자기 파괴적인 '고아'들을 쉽게 만날 수 있다. 직장에서도 왜 인생이 자기에게만 이토록 가혹한 시련을 주느냐며 불평하는 '고아'들을

III 세상을 보는 12개의 창문

만날 수 있다. 자기 문제에 남 탓을 하며 상황이 이렇게 악화되는데 자기도 한몫했음은 깨닫지 못한다.

주변에서 도와주기를 원하지만 실제로 도움을 받을 수 있으리라 기대하지는 않는다. 자기 상황을 직시하고 솔직하게 아픔을 인정할 때 비로소 2단계로 넘어간다. 기를 쓰고 외면해왔던 과거의 고통과 직면하고, 얼마나 무섭고 두려웠는지를 털어놓을 수 있을 때 스스로 일어설 힘이 생긴다. 속마음을 너무 오랫동안 꽁꽁 숨겨왔던 탓에 사실 자기가 얼마나 약하고 무력한 존재인지를 인정하는 것이 아주 어려운 숙제다. 도움이 필요한 상태라는 것과 입을 열어 누군가에게 도움을 요청해야한다는 것을 깨달아야 한다. 주변에 친한 친구나 믿을 수 있는 상담사가 있으면 경계를 풀고 속내를 털어놓는 것도 좋다. 그런 자각을 통해 '고아'는 가까운 사람들에게 적절하게 기대는 법을 배우고, 무기력한 피해자가 아니라 힘과 장점을 갖춘 가치 있는 존재임을 인식할 수 있다.

'고아'와 '순수한 자'의 성숙 과정은 크게 다르지 않다. 하지만 '순수한 자'는 세상이 선하다는 낙천적 믿음을 타고나는 반면, '고아'는 그 믿음이 없다. '고아' 원형을 가진 사람이 아동기와 사춘기에 시련을 겪을 때 꼭 필요한 것은 곁에서 2단계로 넘어가도록 헌신적으로 도와주며 사랑을 베풀어줄 힘 있는 어른이다. 아이는 그 사람의 인내를 시험하면서 괜히 힘 빼지 말고 어서 자기를 포기하라는 듯(늘 그래왔든 이번에도 분명히 버림받을 테니까) 미운 짓을 할 것이다. 하지만 결코 흔들리지 말아야 한다. 아이에게 스스로의 가치와 자존감을 배울 기회와 함께 절대 떠나지 않고 곁을 지킬 거라는 확신을 심어주어야 한다. 이 과정에서 특히 도움이 되는 활동은 예술, 수공예, 음악이다. 만들고 창조하는 활동은 한편으로 스스로가 힘 있는 존재라는 느낌을, 다른 한편으로 경외심을 일깨우기 때문이다. 진정한 예술 경험은 대충 흉내만 내서는 결코 얻을 수 없다. 가진 것 전부를 내걸어야 성공을 맛볼 수 있다. 엄청난 노력과 깊은 내면 작업을 병행하면서 이들은 자기 존재 가치를 인식하는 한편 이제는 과거를 내려놓고 미래에 집중해야한다는 것을 깨달아간다.

범죄, 학대 등 수많은 상처를 입은 청소년을 위한 학교에서 일할 때 만난 아이들 중에는 '고아' 원형을 보이는 경우가 많았다. 이들은 자기에게 잘해주고 선의를 베푸는 사람에게 틀림없이 무슨 꿍꿍이가 있는 거라며 의심의 눈초리를 보내면서 관계를 망가뜨리려고 별 짓을 다했다. 그러면서도 지금까지 만났던 모든 어른과 달리 포기하지 않고 계속 곁에 있어주기를 소망했다. 도움의 손길을 내민 바로 그 어른의 지갑에 손을 대기도 했다. 결국엔 혼자 남겨질 테고, 무슨 수를 써서든 (가장 많이 도와준 사람을 배신하면서까지) 이 세상에서 혼자 힘으로 살아남아야 한다는 생각을 마음 깊은 곳에 품고 있기 때문이다.

몇몇은 어떻게든 2단계를 넘어간다. 보통 그 어른을 믿어도 되겠다는 확신과 아주 오랫동안 자기 곁에 머물 거라는 믿음이 생겼을 때 일어나는 변화였다. 비행 청소년을 위한 대안 학교를 몇 년 동안 다녔던 한 아이에게 이런 인사를 들은 적이 있다. "스스로를 사랑할 수 없었을 때 사랑을 베풀어주신 선생님들이 없었다면 지금쯤 저는 감옥에 있었을 겁니다."

'고아' 원형이 아동기와 청소년기에 이런 도움과 지지를 받지 못하면 어른이 되어서도 계속 좌충우돌하는 삶을 살기 쉽다. 쓸모없는 존재라는 느낌과 뿌리깊은 소외감을 극복할 때 비로소 성장할 수 있기 때문이다. 늦었다고 지레 포기하지 말고 언제라도 그런 변형을 도와줄 수 있는 어른을 찾아 나서야 한다. 그러려면 상담이나 그룹 치료, 정신 수련, 아니면 믿을 수 있는 친구 등 주변의 모든 기회를 두드려보는 것이 중요하다. 도움을 청하는 것이 특히 '고아' 원형을 가진 사람들에게는 정말 어려운 일이지만, 용기를 내어 손을 내밀면 새로운 성장의 가능성이 열릴 것이다.

3단계에 들어선 '고아' 곁에는 지지를 보내고 신뢰하는 사람들이 있다. 이제 이들은 미래를 향해 나아간다. 가치 있는 존재라는 안정감과 함께 무럭무럭 자라난다. 사회에서 귀하게 여기는 기술과 능력을 습득하기 위해 열심히 노력한다. 가끔씩 과거의 상처가 도질 때가 있지만 전에도 잘 이겨냈던 것을 기억하며, 주변의 도움을 받아 다시 극복한다. '고아'는 '순수한 자'와 달리 내면이 연약해 쉽게 상처를 받는다. 하지만 이전에 단계를 넘어가는 과정에서 내면에 힘이 생긴 덕분에 이제는 안정적으로 '자아'를 펼칠 수 있다. 변형을 위해 계속 노력해가면서 '고아'는 '전사' 원형(시련에 맞서 싸우며 난관을 극복), '치유자' 원형(필요한 부분을 파악하는 통찰력), '사랑하는 자' 원형(깊은 인간관계를 소중히 여김), '창조자' 원형(인생의 새로운 비전을 창조)을 자기 안에 통합시켜 나간다.

{ 전사 }

'전사' 원형을 가진 사람은 인생을 승자와 패자가 있는 경쟁 또는 시합이라고 여긴다. 문제가 생기면 어떻게든 원인을 파악해서 해결하고, 적이나 경쟁자는 어떤 대가를 치르더라도 확실히 물리친다. 이런 공격적인 태도가 '전사'의 특징이다. 이들은 약하거나 무력하다는 느낌을 견디지 못한다.

1단계 '전사'는 싸움꾼에 불과하다. 자신이나 아끼는 사람을 지키기 위해 싸운다. 싸움의 가치나 명분 따위는 별로 개의치 않는다. 우리 편이 아니면 다 나쁜 놈이라 단정짓고 가차없이 공격한다. 변형을 전혀 거치지 않은 '전사'는 별 것 아닌 일에 쉽게 모욕을 느끼며 불 같이 화를 낸다. 모든 사건을 자신에 대한 공격이라 여기고, 사람들이 자기만 따돌리며 무시한다고 생각한다. 자기 의견에 반박하거나 논쟁에서 지는 것을 견디지 못한다. 승부에 집착한 나머지 무례하고 상스런 행동을 서슴지 않으며 상대를 짓밟으며 쾌감을 느낀다. 타협이나 양보를 해주면 명예가 실추된다고 생각한다. 만족할 줄 모르고 끊임없이 자신을 입증하려고 애를 쓴다. 스스로 가치 있는 존재라는 내적 확신이 없기 때문이다. 높은 지위와 권력이 있어야 존재감을 입증할 수 있다고 믿으며, 어디서든 가장 영향력 있는 인물, 최고 실력자가 되기를 원한다. 이 단계의 '전사'는 툭하면 화를 내고 행동이 예측 불가능하며 주위 사람들을 겁에 질리게 하는 동시에 매사에 자기 의견을 다른 사람들에게 강요한다. 1단계 '전사'는 도시의 뒷골목에서 영역 다툼을 벌이는 폭력조직, 군대와 운동경기, 기업, 정치판에서 쉽게 볼 수 있다. 이들은 위협이 될 상대를 찾아내 한시바삐 제거하려고 한시도 경계를 늦추지 않고 촉각을 곤두세운다.

2단계 '전사'는 싸움의 명분을 찾는다. 원칙을 수호하기 위해 또는 누군가를 지키기 위해 싸우고 있다고 확신한다. 가만히 있는 사람을 괴롭히거나 파괴할 생각은 없다. 좋은 마음으로 목표를 위해 일할 뿐이지만 그 길에 폭력이 필요하다면 굳이 마다할 생각도 없다. 먼저 싸움을 걸지는 않는다. 모두를 위한 최선의 결과가 나오도록 일을 풀어가고 싶기 때문이다. 그렇지만

III 세상을 보는 12개의 창문

싸움을 걸어오면 못 본 척 넘어가지도, 나서서 싸우지 않은 자신을 용서하지도 못한다. 젖 먹던 힘까지 끌어내 도전에 맞서고, 난관을 극복하고, 정의를 위해 싸운다. 주변 사람들은 스스로 정당하다고 믿으며 휘두르는 그들의 폭력을 참아내야 한다. 사실 싸움의 명분도 훌륭하고, 절제와 용기를 몸소 실천하는 사람들이기 때문에 거부하기도 쉽지 않다. 기꺼이 악과 맞서 용감하게 무찌르고, 위험한 일에 가장 먼저 앞장서고, 잘못된 일이나 정의롭지 못한 일을 반드시 제자리로 돌려놓겠다는 단호한 의지를 가지고 나서기 때문에 이들 뒤에는 늘 추종자들이 구름떼처럼 따라다닌다.

그러다가 조금씩 의문이 생기기 시작한다. '나의 모든 폭력과 공격성은 어디서 왔을까? 이것은 내면의 적일까, 외부의 적일까? 어떻게 하면 이 문제와 정직하게 맞서 효과적으로 해결할 수 있을까?'

2단계 '전사'는 언제 어디에서 어떻게 싸워야 할지 결정해주는 믿음직한 지도자가 될 수 있다. 이들은 전쟁터(진짜 전쟁터건 상징적인 의미건) 속으로 겁 없이 성큼성큼 들어간다. 물리쳐야할 적이 명확할 때는 용기의 화신이 되어 멋지게 과제를 해결한다. 하지만 미묘한 차이를 구별하는 감각이 부족하고 회색 지대의 존재를 인정하지 못하다보니 사람들을 좋은 편과 나쁜 편으로 쉽게 나누어버리는 경향이 있다. 삶은 1, 2단계 '전사'의 상상보다 훨씬 복잡한 법이다.

3단계에 이른 '전사'는 지키고자 하는 원칙 앞에서 몸을 사리지 않고 싸우면서도 생각이 다른 사람들의 목소리에 귀기울인다. 헌신적이면서도 균형 잡힌 태도에 사람들의 존경을 한 몸에 받는다. 뛰어난 지도력과 성숙한 사회성을 갖추고, 집단이나 공동체에 필요한 힘과 미래를 제시한다. 대의명분을 세우면 어떤 일이 있어도 포기하지 않고 헌신하기 때문에 원하는 바를 이룰 때까지 '깃발을 높이 들고' 싸운다. 사업이나 운영 방식을 바꿔야하는 시점에 성숙한 '전사'가 있으면 집단에 말할 수 없이 큰 도움이 된다. 변형을 거친 성숙한 '전사'는 '지배자' 원형(명확한 목표의식으로 '자아'의 힘을 키워 스스로의 지배자가 됨), '치유자' 원형(새로운 통찰을 통해 타고난 힘을 치유와 변형을 위해 사용), '사랑하는 자' 원형(타인에 대한 깊은 공감과 사랑을 발달), '창조자' 원형(새로운 해결책 창조)을 자기 안에 통합한다.

3단계 '전사'의 예로 드와이트 아이젠하워Dwight D. Eisnehower 대통령을 생각해볼 수 있다. 그는 세계 제 2차 대전 같은 필요한 상황에서는 용감하고 노련한 장군으로 활약했지만, 대통령 자리에 있을 때는 군산복합체가 갈수록 위험해짐을 인식하고 퇴임하기 전에 국민들에게 경고했다.

변형 과정을 거친 '전사'의 또 다른 예로 '인빅터스Invictus'라는 영화에서 맷 데이먼Matt Damon이 맡았던 역할을 떠올릴 수 있다. 월드컵 우승을 꿈꾸는 젊은 럭비 선수인 그는 여러 사건을 겪으면서 남아프리카 공화국에서 인종 차별을 종식시키고자 고군분투했던 넬슨 만델라Nelson Mandela를 이해하게 된다. 팀의 주장이기도 한 그는 동료 선수들이 경기에서 이기기 위해 최선을 다하는 전사가 되도록 독려하는 한편 흑인에 대한 그들의 증오를 새로운 남아프리카를 향한 자부심으로 변형시켰다.

성숙하지 못한 '전사' 원형은 서구 사회에서 흔히 볼 수 있다. 이들은 사회의 많은 요소를 경쟁, 승자와 패자, 싸움과 완승의 관점으로만 바라보기 때문에 다른 원형 소유자들에게 큰 스트레스를 안기곤 한다.

미국 국가國歌에서 '전사' 원형을 지나치게 강조하고 있는 건 아닌지, 〈미국이여, 영원하라〉가 국가로 더 나은 건 아닌지를 두고 논란이 벌어진 적도 있다.

{ 돌보는 자 }

'돌보는 자'는 '전사'와 정반대 원형이다. 모든 관심을 원하는 것을 손에 넣기 위해 전력투구하는 것이 아니라 다른 사람을 돕는 데 삶을 집중한다. 매사가 원활하고 모두가 평화롭기를 바란다. 상대가 원한다면 얼마든지 자기를 포기하고 헌신할 수 있다. 문제가 생기면 해결하고, 몸이나 마음에 상처를 입은 사람이 있으면 치유하고 도우려 최선을 다한다. 아픔을 위로하고 양육하고 위로를 준다. 이들의 목표는 사랑과 희생을 통해 다른 사람을 돕는 것이다.

모든 말과 행동에서 이타성을 가장 중시하기 때문에 누가 자기를 이기적으로 여길 거라는 생각을 견디지 못한다. 도움이 필요한 사람들에게 연민의 마음으로 손을 내밀며 물건, 돈, 마음까지 아낌없이 내어준다. 상대방이 온전한 인정과 보살핌을 받는다고 느낄 수 있도록 자기 생활과 욕구를 포기하면서까지 노력한다.

특히 같은 공동체에 속한 사람들을 돕는데 발 벗고 나선다. 찾아가 대화를 하고, 집으로 초대하고, 전화와 메일로 안부를 묻고, 식사에 초대하는 등 상대를 기분 좋게 해줄 모든 방법을 강구한다. 새로운 사람이 공동체에 들어오면 즉시 달려가 따뜻한 말로 환대한다.

1단계 처음에는 그저 누군가를 돌보고 싶다는 느낌을 가질 뿐 아직 자기 욕구와 타인의 욕구를 구분할 줄 모른다. 가격과 상관없이 상대가 원하는 건 무엇이든지 내어준다. 거절하는 법을 모른다. 언제나 자기보다 약한 사람, 돌봐줄 사람을 찾아 두리번거린다. 그런 역할을 할 때만 스스로 가치 있는 존재라고 느낀다. 청하지도 않았는데 불쑥 끼어들어 돌봄을 원치 않는 사람조차 도와주려 한다. 이런 행동이 강박적으로 반복되면 상대는 질식할 것 같은 느낌을 받는다. '돌보는 이'들 중에는 상대가 같은 대접을 해주기를 기대하기도 한다. 자기가 도움이 필요할 때 사람들이 알아서 달려와 주지 않으면 분개하면서 스스로를 순교자라 여긴다. '그런 거였구나. 아무도 알아주지 않는데 남 좋은 일만 하다가 어느 날 지쳐 쓰러지고 말겠구나.'

이런 마음일 때는 선물을 하거나 무슨 일을 해줄 때 꼭 이런 말을 덧붙인다. "그래요, 휴가 잘 다녀오세요. 저는 당신 몫까지 하느라 녹초가 되겠지만 신경 쓰지 마세요. 가서 재미있게 놀고 오세요. 전 괜찮아요." "자동차 살 돈을 주마. 하지만 꼭 내 마음에 드는 차를 사야해."

이들은 자신과 주변 사람들을 분리하지 못한다. 타인을 위한 마음이 너무 크다보니 다른 사람에게 문제가 생겨도 자기 탓이라고 느낀다. 도움을 청하는 소리를 들으면 결코 외면하지 못한다. 그렇게 이 사람 저 사람 챙기다가 정작 자기가 맡은 일을 다 끝내지 못한 채 구질구질하게 변명하는 일을 반복한다. 보살핌을 받던 사람은 부르기만 하면 '돌보는 이'가 열 일 제치고 친절하고 다정하게 달려와 주리라고 확신한다. 그렇게 서로가 서로를 지나치게 의지하는 건강하지 못한 관계가 두 사람 사이에 자라날 수 있다.

심한 경우 상대가 도움 요청하기를 기대하면서 친구나 배우자, 자녀의 부적절한 행동을 방관하기도 한다. 결국 주위에 알코올이나 약물 중독과 씨름하는 사람들만 남게 된다. 이들은 중독자의 고단한 삶이나 중독에 이르게 만드는 상황에 깊이 공감해준다. 하지만 중독자의 행동을 받아줄 때마다 사실은 본질적인 문제를 회피하도록 조장할 뿐임을 알아야 한다.

2단계에 들어서면서 자신도 돌봐야 한다는 사실을 깨닫는다. 약점을 그대로 지니고 있는 한 진정으로 타인을 돌볼 힘을 키울 수 없기 때문이다. 상대에게 무조건 도움의 손길을 내미는 대신 한 걸음 물러설 때도 있어야 하며, 그래야 상대가 스스로를 돌볼 수 있는 사람으로 성장할 수 있음을 깨닫는다. 스스로를 귀하게 여기면서 감당할 수 있는 요구와 과도한 요구를 구별한다. 다른 사람의 요구에 응하면서 자신의 요구에도 그만한 관심을 기울이며 균형과 건강을 지킨다. 도와준 대가를 기대하지 않는다. 잘 될 때도, 안 될 때도 있지만 꾸준히 노력한다. 과거에 힘든 시련을 겪었다고 해서 그릇된 행동을 무조건 감싸주지 않는다. 진정으로 필요한 도움은 다정하면서도 단호한 태도임을 깨닫는다.

이제 '돌보는 자'는 3단계로 넘어간다. 내면에 힘이 생기고 더 이상 누군가에게 필요한 존재라는 만족감에 의존해 자존감을 찾지 않으면서 적절한 개입이 언제 필요한지를 분명히 알아보는 눈이 생긴다. 올바른 명분을 위해 적절한 방식으로 싸우면서 사람과 동물, 그리고 세상을 보살핀다. 거리 청소, 독거노인 돌보기, '사랑의 도시락' 배달, 마을 지킴이 등 다양한 활동에 참여한다. 과도하게 희생하지 않는 균형감으로 멋지게 지역 사회에 기여한다. 선물을 주거나 호의를 베풀면서 보답을 기대하지 않는다. '아무런 조건 없이'가 이들의 새로운 좌우명이다.

성숙 단계에 접어든 '돌보는 자'는 '지배자' 원형(명료함과 목표 의식을 갖고 '자아'를 강화시킴), '치유자' 원형 (경계를 분명히 인식함으로써 치유를 이끌어냄), '순수한 자' 원형 (분별력을 동반한 낙천성을 세상에 가져옴)을 자기 안에 통합한다.

'돌보는 자' 원형을 지닌 사람은 흔히 간호사, 교사, 사회 복지 같은 일을 택한다. 그런 일을 하면서 성숙의 3단계를 거치고 마침내 타인의 필요에 헌신하는 동시에 스스로를 올바로 세울 수 있는 힘을 갖는다. 안타깝게도 '전사' 원형을 더 귀하게 여기는 사회에서 '돌보는 자'는 올바른 가치를 인정받지 못하기 때문에 사회적 지위나 급여를 충분히 보장받지 못하는 경우가 많다. 성숙한 '돌보는 자'는 가난하거나 소외된 사람들을 도울 수 있는 길을 찾아내면 '전사' 원형을 내면에 통합시켜 진보를 위한 싸움에 나선다.

{ 탐색자 }

"성년이 된 아이는 집을 떠나 자기 운명을 찾아 나섰습니다."

탐색자의 길은 세계 여러 나라 동화와 민담에 자주 등장하는 소재다. 길을 떠난 주인공은 수많은 어려움을 만나고 시험을 겪는다. 필요한 것을 직관적으로 선택할 때 승리를 얻는다. 이들이 찾아 나선 '운명'이란 대체 무엇을 의미할까? 결혼을 약속한 공주의 마음일 수도 있고, 황금 반지나 생명수일 수도 있다. 마지막엔 신성한 결혼식이 열린다. 그 결혼은 여성성과 남성성의 결합이며, 모든 이가 오래오래 행복하게 살게 되는 공동체의 축제다. 이런 이야기에는 '탐색자' 원형의 보편적 진리가 담겨있다. 처음 길을 떠날 때 찾던 목표와 여정이 끝난 뒤 가져온 보물이 전혀 다른 경우가 많다. 애써 손에 넣은 보물은 독차지하지 않고 대부분 공동체와 함께 나눈다. 개인을 위한 선물이 아니기 때문이다. 여정을 거치면서 여러 능력을 얻는다. 보통 고차 자아의 발달과 관련된 능력이다. 튼튼한 근육이나 영리한 머리만으로는 성공하지 못한다. 관용이나 친절함 같은 다른 영혼의 힘을 보여주어야 한다. 이런 힘을 지닌 사람은 대개 막내 동생이나 순진한 바보다.

여성이 '탐색자'로 등장하는 이야기도 있다. 이들은 원하는 것을 찾으러 왕국을 떠나지 않는다. 여기서 필요한 자질은 인내심, 충성심, 헌신이다. 막내 공주는 가장 예쁘고, 가장 크고, 가장 진귀한 선물을 원하는 언니들과 상반된 태도를 보인다. '탐색자'는 사소하거나 다소 뜬금없어 보이는 선물을 원한다. 하지만 그 선물은 정신-영혼 맥락에서는 훨씬 크고 중요한 가치를 상징한다.

'탐색자'는 처음에는 자기가 무엇을 찾는지 분명히 알지 못한다. 동화와 달리 이들이 찾는 것은 특정한 보물이 아니다. 불안한 마음을 잠재우고, 수많은 질문을 해소하고, 충만한 만족을 줄 무언가가 어딘가에 있다고 느낀다. 세상을 보고, 여행하고 공부하며 전혀 다른 삶을 경험하고 싶어 한다. 정신적 의미, 즉 진정한 자신을 찾기 원한다. 전통과 관습에 갇히기를 두려워한다.

1단계 '탐색자'들은 늘 색다른 것, 이전 것보다 더 큰 만족을 줄 뭔가를 찾아 헤맨다. 더 중요한 것을 찾아 일상의 책임을 버리고 떠난다. 요즘 세상에도 그런 탐색을 위해 길을 떠나는 청년들이 있다. 집에 머물면서 공부나 종교, 자기 개발서로 내면 탐색을 떠나는 사람들도 있다. 이들은 완벽함, 천상의 기쁨을 갈망한다. 하지만 그곳에 이르는 길은 멀고 험난하며, 답은 쉽게 오지 않는다. 1단계 '탐색자'는 쉽고 **빠른** 답을 원하기 때문에 기다려도 찾는 것이 보이지 않는다 싶으면 미련 없이 버리고 새로운 길을 떠난다. 마음 한 구석에는 어린 시절, 행복했던 시절에 대한 향수와 동경이 자리 잡고 있다.

이런 탐색이 가장 매력적인 시기는 인생의 방향을 찾는 20대다. 중년에 접어들어서도 과거의 선택이나 지금까지 축적한 소유물에 만족하지 못하고 다시 한 번 탐색에 나서기도 한다. 그 때 역시 어디에도 마음을 붙이지 못하고 공허함을 느낀다. 많은 이가 젊은 날의 꿈과 이상을 버리고 타협을 하며 살아간다. 잃어버린 것과 연결점을 찾으려 할 때 우리는 다시 한 번 '탐색자'가 된다. 직장을 그만두거나 배우자가 떠나는 식으로 과거가 우리에게서 멀어진다.

1단계 '탐색자'는 지극히 자기중심적이다. 자기 내면만 바라보며 탐색의 길에만 골몰할 뿐 가족이나 다른 사람들은 신경 쓰지 않는다. 할 수만 있다면 모든 굴레를 훌훌 털고 혼자 새 출발에 나선다. 도저히 그럴 수 없을 때는 몸은 가족 곁에 있어도 마음은 온통 인생의 의미를 찾는 일에 매달릴 것이다.

2단계에서 '탐색자'는 내적 갈등을 겪는다. 일상의 책무를 벗어버리고 새로운 길을 떠난다고 해서 꼭 내면의 만족을 얻으리라는 보장은 어디에도 없다. 세상 어디를 가보고 무엇을 더듬어 봐도 그들이 찾는 것은 결국 내면에서 발견할 수밖에 없음을 깨닫는다. 동화에서 주인공이 겪는 시련은 가장 정신적인 탐색의 길에도 동일하게 찾아온다. 그것은 일상에서 탈출할 때가 아니라 새로운 태도로 그 책임을 끌어안을 때 만날 수 있다. 이제 '탐색자'는 처음에 생각했던 것보다 훨씬 차원 높은 의미를 찾고 있음을 깨닫는다. 지금까지 인생에 의미를 부여해줄 대상을 찾아 헤맸다면 이제는 그보다 훨씬 높은 무언가를 찾기 시작한다. 그리고 이제껏 하찮게 여겼던 상황 속에 진정한 의미가 숨어있음을 깨닫는다. 하지만 그것을 만나기 위해서는 희생과 새로운 방향 설정이 필요하다. '다른 사람과 나의 관계는 무엇인가?'라고 질문하기 시작할 때 비로소 본질적인 변화가 시작된다.

이 단계에서 더 이상 앞으로 나가지 못하는 '탐색자'도 있다. 버리고 온 세상으로 다시 돌아가거나 패배를 인정하고 싶지 않아 고집을 부린다. 내일은 원하는 답을 만날 거라는 실낱같은 기대를 놓지 못한다. 지금껏 찾던 의미가 생각했던 것과 아주 다를 수도 있다는 명백한 진실을 마주할 때 비로소 3단계로 넘어간다.

'탐색자' 원형을 가진 사람들은 보통 동양 문화권에 더 흔하지만 서양에도 드물지 않다. 가장 큰 차이는 동양 사회에서는 '탐색자'가 많은 존경을 받지만 서양에서는 무시당하거나 심지어 경멸받는 일이 많다는 것이다. 서양에서는 이들을 무책임하고 제멋대로에 자기 탐색밖에 모르는, 한마디로 '진짜 세계'에서 제 구실을 못하는 사람들이라 여긴다.

'탐색자' 원형이 발현 출구를 전통 종교 질서 속에서 찾을 때는 어느 정도 존중받는다. 적어도 다른 사람에게 생계를 의존하지는 않기 때문이다. 열심히 일해서 얻은 소득을 귀하게 여기고 그 질서 속에서 제몫을 다하지 않는 사람을 게으르다고 여기며 세상일을 가장 높은 가치로 여기는 가정에서는 '탐색자'로 살기가 무척 고단하다. 강한 '전사' 또는 '지배자' 원형 부모가 '탐색자' 원형 자녀에게 "참 자아를 찾는다는 헛소리는 집어치워! 밥벌이를 하고 세상에 쓸모 있는 사람이 되어야할 것 아니야!"라고 고함치는 모습을 보거나 들은 적이 있지 않은가.

3단계에서 '탐색자'의 내면은 평화로워진다. 비로소 인생의 진정한 의미를 구하는 개인적 탐색과 사회적 책무를 통합시킬 수 있는 지점에 이른 것이다. 진정한 의미를 찾아 헤매는 동안 이들은 계속해서 과연 무엇이 진실이냐는 문제를 끌어안고 고민해왔다. 진실을 찾고 싶은 소망은 성숙해질수록 더욱 간절해진다. 가장 소중한 것을 포기하는 아픔과 시련 앞에서도 더 크고 높은 요구에 부응하여 흔들림 없이 진실을 추구한다. 본질적으로 고독한 탐색이지만 사람들 속에서 수행할 수도 있음을 깨닫는다. 이제는 운명을 찾기 위해서 모든 것을 버리고 길을 떠나던 과거의 행동을 반복할 필요가 없다. 지금 서 있는 이곳에서 찾을 수 있기 때문이다. 주변 사람들과 맺는 깊은 인간관계 속에 그토록 찾아 헤매던 진리가 숨어 있다. 이제 더 이상 '탐색자'들은 신을 만나기 위해 광야로 떠날 필요가 없다. 지금은 어디에서나 신을 만날 수 있는 시대이기 때문이다. 성숙한 '탐색자'는 '파괴자' 원형(선택한 길을 미련 없이 버리고 떠남), '현자' 원형(세상에 답이 하나만 존재하지 않음을 알고 모순을 포용), '치유자' 원형(새로운 통찰력 습득)을 내면에 통합한다.

'탐색자' 원형의 예는 세계 곳곳에서 발견할 수 있다. 중세의 수녀 힐데가르트 폰 빙엔Hildegard von Bingen도 그 중 하나다. 그가 남긴 자연과 인류, 신에 대한 명상은 오늘을 사는 우리에게도 깊은 영감을 준다. 정원을 가꾸고 놀이터에서 아이들을 보살피는 일상의 풍경 속에서 삶의 의미에 대한 탐색을 멈추지 않는 평범한 우리 이웃들에게서도 '탐색자' 원형을 볼 수 있다.

{ 파괴자 }

'파괴자' 원형을 부정적으로 여기고 될 수 있는 한 멀리하려 애쓰기 쉽다. 하지만 이는 성장에 꼭 필요한 요소이자 반드시 포용해야하는 중요한 원형이다. '파괴자'는 사물이나 어떤 단계, 생명을 끝내고 마무리 짓는 역할을 한다. 살면서 어떤 형태로든 상실을 겪지 않기란 불가능하며, 그렇기 때문에

'파괴자' 원형이 필요하다. 소중한 것을 잃거나 상실을 겪을 때, 인생의 다음 단계로 넘어가려면 그것을 변형시켜야만 하고 '파괴자'는 그 과정을 돕는 원형임을 기억하자.

1단계 '파괴자'들은 사람이나 대상을 잃었을 때 분노하고 혼란스러워한다. 깊은 상처를 받고 죽음(또는 그에 준하는 상실)이 일어나고 있음을 부정하려 애쓴다. 두려움을 감추기 위해 무신경함, 방치, 나쁜 습관 등으로 다른 사람이나 자신을 파괴한다. 무력감이 들면 다른 사람을 제멋대로 조종하면서 힘을 확인하려 안간힘을 쓰거나, 중독성 약물을 이용해서 절망감을 감춘다. 위협을 느끼면 그 문제를 파괴하든, 문제로 인해 자기가 파괴되든 양자택일밖에 없다고 느낀다. 비참하고 쓰라린 기분 속에서 다른 사람도 행복하지 않음을 확인하고 싶어 한다. "왜 이런 일이 나에게만 일어나지? 정말 억울해. 공평하지 않아. 이런 일을 당할 만큼 나쁜 짓을 하며 살지 않았어." 정의는 간 곳 없고, 어디에서도 삶의 의미를 찾을 수 없다고 울부짖는다.

2단계에서 '파괴자'는 죽음의 불가피성을 받아들인다. 모든 인간은 유한하며 어떤 의미에서든 모두가 무력하기 때문에 더 높은 차원에 속한 존재의 도움이 필요함을 인식한다. 그런 변화가 일어나기 위해서는 먼저 고통을 직면하고, 지금 자신이 외롭고 고독하다는 사실, 진정으로 변화하기 위해서는 다른 사람이 필요하다는 사실을 인정해야 한다. 가장 두려워하던 일과 정면으로 마주하면 오히려 오랫동안 지니던 마음의 짐을 내려놓을 수 있다. 인간의 힘으로 어찌할 수 없는 일을 내려놓을 때 다시 사랑을 경험할 수 있다.

자동차 사고로 아이를 잃거나 배우자 또는 부모가 중상을 입었을 때처럼 큰 상처나 고통으로 인해 '파괴자'가 되기도 한다. 분노하고 비통해하고 무력감을 느끼면서 상실과 억울함에 사로잡힌다. 인생에 정말 의미가 있다면 이런 비극이 생기지 않았을 거라고 생각한다.

'파괴자'는 받아들이는 법과 놓아주는 법을 배우면서 3단계로 나아간다. 이제는 변해야한다는 것을, 과거의 모습대로 살면 망가질 수밖에 없다는 것을 깨닫는다. 고통과 상처를 부정하지 않으면서 과거를 떠나보내야 한다. 분노와 슬픔을 밖으로 표출하는 것이 변형이 시작되는 출발점이다. 모든 방어기제를 내려놓은 채 상처입기 쉬운 연약한 자신을 받아들여야 한다. 지금 상황이 아무리 싫고 괴로워도 마음 깊은 곳에서는 이 일이 큰 성장의 계기가 되리라는 것을 안다. 그렇게 할 수 있을 때 '파괴자'는 그간의 모든 슬픔과 비통함이 더 높은 목적의 동력이 되는 새로운 삶을 시작할 수 있다. 변하지 않으면 안 된다는 사실을 받아들이면 새로운 자아를 위해 기꺼이 과거의 자신을 내려놓는다. 이런 과정을 거치면서 과거의 정체성에서 해방된다. 성숙해지면서 '파괴자'는 '탐색자' 원형(고통과 괴로움이 따라도 진실을 추구), '돌보는 자' 원형(균형감을 희생하지 않으면서 다른 사람을 돌봄), '현자' 원형(인생의 모순을 인정하고 살아가기), '치유자' 원형(치유를 이끌어내는 방향으로 힘을 사용)을 내면에 통합한다.

　나이가 들어가는 것도 '파괴자' 원형의 영역이다. 노화를 받아들일 것인가, 아니면 인생의 황금기를 잃어버렸다는 상실감 속에서 괴로워할 것인가? 중년에 접어들면서 몸이 예전 같지 않고, 활력이 떨어진다고 느끼고, 지금까지 거뜬히 해왔던 일이 버거워져 하나둘씩 포기할 때 우리는 젊음의 상실을 절감한다. 그럴 때 현재의 자신을 웃음거리로 만들어가면서 젊은 날에 집착할 수도, 영원히 젊은 사람은 아무도 없다는 사실을 받아들이고 오히려 나이 들면서 깨어나는 새로운 능력에 집중할 수도 있다.

상실을 겪고 그 슬픔을 더 높은 목적을 위한 동력을 변형시킨 사람들의 예도 어렵지 않게 찾을 수 있다. 아들을 잃은 한 아버지의 강연을 들은 적이 있다. 주말에 피자 가게에서 일하면서 대학을 다니던 아들이었는데 갱단에 들어갈 자격을 얻고 싶었던 16살 소년이 무작위로 휘두른 총에 그만 목숨을 잃고 만 것이다. 처음에 아버지는 세상이 무너지는 슬픔에 빠졌다가 곧 걷잡을 수 없는 분노와 복수심에 불타올랐다고 했다. 그러다가 어느 순간 살인을 저지른 소년의 처지와 앞으로 전개될 인생에 생각이 미치기 시작했다. 주식중개인이었던 그는 결국 직업을 포기하고 그와 같은 비극이 재발하는 것을 막는 일에 나서기로 결심했다. 수감 중이던 소년을 찾아가 가족사를 들은 그는 소년의 할아버지와 자신이 같은 처지임을 깨달았다. 그와 할아버지는 큰 상실을 겪었기 때문에 진심으로 공감할 수 있었고 두 사람은 함께 청소년 단체를 찾아가 폭력의 위험성을 호소하는 강연을 시작했다. 사건 초기에 겪은 말로 표현할 수 없는 큰 고통을 내려놓고 그 슬픔을 원동력으로 삼아 사회에 기여하고 아들의 죽음에 의미를 부여할 길을 찾은 것이다.

우리 모두 '파괴자' 원형을 경험한다. 누구나 언젠가는 죽음을 맞기 때문이다. 꽤 오랜 시간 외면하고 살아갈 수는 있지만 영원히 모른 척할 수는 없다. 조금 빠르고 늦은 시간문제일 뿐이다. 이 문제로 신과 협상할 수 없는 우리에게 인간의 유한함을 인정하는 것은 성숙한 인간이 되는 과정에 필수적인 부분이다. 죽음을 받아들일 때 새로운 가능성이 열린다.

작곡가 구스타프 말러Gustav Mahler는 활동적이고 힘이 넘치는 사람이었다. 작곡을 하고, 행정 업무를 처리하고, 오스트리아 시골 지역에서 등산을 하고, 자전거를 타는 등 늘 바쁘게 살았다. 1907년 여름, 공격적이고 참을성 없고, 까다로우며 성미가 불같기로 유명했던 그에게 세 가지 끔찍한 사건이 일어난다. 딸을 병으로 잃고, 10년 동안 재직했던 〈빈 오페라〉를 떠나야했으며, 심각한 심장 질환을 앓고 있다는 진단을 받은 것이다.

처음에는 깊은 절망에 빠졌다. 시간이 지나면서 평소의 고약했던 성미가 조금씩 누그러지기 시작했다. 갈수록 참을성 있고 다정하며 사색하는 사람이 되어갔다. 브루노 발터Bruno Walter에게 보낸 편지에서 그는 이렇게 말했다. "인생의 끝자락에서 나는 인생을 처음 시작하는 마음으로 돌아가 직립하는 법부터 다시 배우고 있다네." 자기만의 길을 다시 찾고 외로움이라는 공포를 극복해야 한다고도 했다. 명상하는 자세로 인생을 바라보기 시작하면서 자연과 운명, 인생 그 자체를 훨씬 심오하고 섬세하게 느끼게 되었다. 이런 사색과 고뇌를 바탕으로 세상을 떠나기 전 몇 달 동안 가곡집 같은 교향곡 「대지의 노래The Song of the Earth」를 작곡했다. 그것은 그가 세상에 바치는 작별 인사이자 찬가였다.

이 교향곡에서 말러는 중국 한시 몇 편을 골라 자기 말로 다듬어서 가사를 만들었다. "때를 기다리는 내 마음은 평화롭네. 사랑하는 대지 위에 꽃들이 만발하고, 푸르름이 다시 찾아온다네." (브루노 발터에게 보낸 편지, 헨리 루이스 드 라 그란제Henry Louis de la Grange가 캐피틀 레코드사에서 발매한 「대지의 노래」 앨범 표지에 인용) 말러는 '파괴자' 원형을 변형시켰고, 극심한 아픔 앞에서 기쁨을 경험했다. 무지 앞에서 지혜를 얻었다. 처절한 외로움 앞에서 사랑을 얻었다.

III 세상을 보는 12개의 창문

{ 사랑하는 자 }

'사랑하는 자'는 가장 친숙하면서도 어쩌면 가장 신비로운 원형이다. 어떤 면에서 이 원형은 개인과 개인, 개인과 다수, 개인과 신성의 결합이라는 일원성을 추구한다. 다른 측면에서 보면 이는 새로운 인생, 새로운 기회, 새로운 아이디어를 창출하고, 자연과 일, 목표, 지역 등 모든 대상과 하나가 되는 생기 넘치는 창조 과정이다.

이 원형의 에너지는 즉흥성, 기쁨, 열정 그리고 경계, 질서라는 양극 사이에 존재한다. 한편으로는 공간을 가득 채우고, 기쁨을 호흡하며, 아무 거리낌 없이 자유롭게 행동하고 마음껏 분출하지만, 동시에 경계를 만들고 금지하고 막아선다. '사랑하는 자'는 삶의 모든 면, 모든 모습을 찬양한다. 이들은 신체가 외부에서 받아들이는 감각 경험과 영혼의 내면세계 사이에 다리를 놓는다. 이들은 공감과 반감, 끊임없이 움직이는 역동적인 흐름 속에서 살아간다.

1단계 '사랑하는 자' 원형을 가진 사람들은 육체의 기쁨을 즐긴다. 아무런 경계 없이 열정적으로 다른 사람과 세상의 아름다움, 감각 세계를 만지고 접촉한다. 충동적이고 변덕스러우며 열정의 노예가 되어 중심 없이 떠다닌다. 사랑이 주는 황홀경에서 허우적거리며 그 환희의 품에서 안식처를 찾는다. 그 품을 떠나고 싶지도, 잃고 싶지도 않다. 사랑이 위험해지면 손에 쥔 것을 놓지 않으려 발버둥 친다. 사랑하는 사람에게 매달리면서 결코 관계를 포기하지 못한다. 사랑에 빠졌을 때의 짜릿함을 즐긴다. 『로미오와 줄리엣Romeo and Juliet』이 좋은 예다. 둘의 사랑에 조금이라도 위협이 된다고 느끼면 질투어린 분노, 강박적 공격성, 소유욕을 드러낸다. 질투에 눈이 멀면 『오셀로Othello』처럼 충동적으로 폭력을 저지를 수도 있다. 1단계 사랑은 소유욕에 가깝다. 사랑이 없는 삶을 상상하지 못하며 그 기쁨을 경험할 수 있다면 어떤 고통이라도 기꺼이 감수한다. '사랑하는 자'는 다른 사람이나 세상과 일체감을 느끼는 능력이 탁월하다. 연인은 물론 화창한 봄날, 석양, 소나무 향기, 아름다운 시 구절, 이탈리아어의 음색 같은 사랑하는 대상에 마음을 활짝 열고 존재 전체를 내준다. 사랑의 포로가 되어 통제 불능의 상태에 빠지거나 심하면 파괴적인 성향을 보이기도 한다.

2단계에서 '사랑하는 자'는 육체를 넘어 깊은 우정과 경험을 나누고, 상대에게 헌신하는 동반자적 사랑에 눈뜬다. 사랑에 대해 깊이 생각하면서 지금까지 그들을 사로잡았던 관능성이 한풀 꺾이기 시작한다. 이제껏 존재하지 않았던 새로운 무엇인가가 태어나고 있음을 깨닫는다. 아직도 사랑과 미움, 고통과 기쁨 사이에서 흔들리고 있지만 조금씩 영혼의 중심점, 사랑이 성장할 수 있는 더 깊은 차원을 찾기 시작한다. 이제는 사랑의 짜릿함이 식을 때마다 도망가거나 새로운 대상을 찾아 나서지 않는다. 한결 성숙해진 '사랑하는 자'는 과거 열렬한 사랑에 빠졌을 때 같은 만족감을 주는 무언가가 영혼 속에서 자라나고 있음을 깨닫는다. 깊이와 폭이 훨씬 강력한 그 충만함을 얻기 위해서는 지금까지 추구하던 감각적인 사랑을 버려야한다. 이 단계에 이르면 사랑에 위협이 닥쳐와도 충동적으로 행동하지 않고 사태를 올바로 파악하려고 노력하며, 관계를 회복하기 위해 최선을 다한다.

3단계에 이른 '사랑하는 자'는 이전보다 훨씬 깊이 있게 느끼고 이해할 수 있다. 자기 모습과 느낌을 있는 그대로 인정하고, 창조의 에너지를 마음껏 펼치면서도 거기에 사로잡히거나 그 열기에 타버리지 않는다. 사랑의 황홀경이 사그라진 자리에 훨씬 깊은 차원의 헌신이 들어선다. 개인적 취향이나 가까운 관계를 넘어 전혀 다른 사람들, 공감하기 힘들었던 사람들에게 다가간다. 개인적이고 본능적인 사랑이 변형되면서 연민, 용서, 이해 같은 특성이 드러난다. 성숙한 단계에 접어든 '사랑하는 자'는 '지배자' 원형(절제와 규율을 지키면서 일함), '전사' 원형(단호하고 강하게 행동), '치유자' 원형(변형과 치유를 위해 타고난 힘을 사용), '창조자' 원형(기꺼이 위험을 감수하고 인생의 본질을 만날 수 있는 새로운 비전을 창조)을 내면에 통합한다.

인도의 성녀 테레사 수녀는 노숙자들의 얼굴에서 그리스도의 얼굴을 만나며, 그럴 때 한없는 사랑이 흘러넘친다는 말로 빈민들에 대한 사랑을 표현했다. 다운 증후군 아이들을 위한 특수학교를 세우고 그들의 잠재력을 최대한 펼치도록 도운 사람이나, 키우는 말과 언어 없이 완전한 의사소통이 가능할 정도로 혼연일체를 이룬 조련사에게서도 이 원형을 볼 수 있다. '사랑하는 자'에게는 어떤 장벽도 없다. 그 에너지는 창조성과 책임감을 통해 언어를 노래로 바꾸고, 물감을 색깔로 바꾸고, 상처 입은 마음을 다독이는 사람의 의지에서 나온다. 뮤지컬이나 오페라, 민요, 가요 등 사람들이 좋아하는 노래를 보면 흥미롭게도 대부분의 가사가 '사랑하는 자' 원형의 1단계를 묘사하고 있음을 발견할 수 있다. 사랑 자체를 사랑하고, 사랑하는 사람을 숭배의 반열에 올려 완벽함을 칭송하고 하늘에서 내려온 천사라고 노래한다. 실연의 상처, 그리움, 희망을 담은 노래도 있다. 이들은 사랑하는 이와 합일했던 멋진 순간으로 돌아가고 싶은 갈망을 노래한다. '사랑하는 자' 원형의 세 번째 단계를 그린 노래는 흔치 않다. 굳이 꼽자면 뮤지컬 「왕과 나 The King and I」 중 '거기, 젊은 연인들 Hello, Young Lovers'이라는 노래가 있다. 중년의 가정교사 애나는 1단계의 사랑에 빠진 연인들에게 옛 시절을 그리워하는 마음을 담아 공감과 지지를 보낸다.

역동성 차원에서 보자면 '사랑하는 자' 원형의 1단계와 2단계가 훨씬 흥미진진하고 열정과 비극이 넘치지만 우리에게 희망과 깊이를 전해주는 건 그런 격동이 잠잠해지고 성숙해진 3단계다.

{ 창조자 }

'창조자' 원형은 새로운 것을 탄생시킨다. 아이를 낳고, 예술을 창조하고, 발명품을 만들고, 세상을 창조한다. '창조자' 원형은 하느님 아버지, 고대의 수많은 신, 지구, 아버지, 어머니, 예술가, 발명가, 그리고 모든 형태의 선지자들에게서 볼 수 있다. 소설가, 극작가, 시인, 화가, 조각가, 사진가, 음악가, 공예가 들 역시 '창조자'에 속한다. 이들과 다른 '창조자'의 공통점은 평범함 속에서 비범함을 찾아내고, 전혀 새로운 관계와 조합을 만들어내는 힘이 있고, 새로운 시야를 가져다준다는 것이다. 그들은 도구를 사용하고, 재료를 다듬고, 새로운 지평을 열고, 지금껏 아무도 구현하지 못했던 대담한 꿈을 꾼다. 창조 과정이 끝나면 자기 행위를 조용히 돌아보면서 '참 좋다.'고 말한다.

1단계 이들은 꿈꾸기를 좋아한다. 넋을 놓고 몽상에 빠져들고, 뒷일을 생각하지 않고 과감하게 새로운 도전을 한다. 변화 자체를 즐기기 위해 끊임없이 변화를 시도한다. 1단계 '창조자'는 영감을 지배하지 못하고 그것에 끌려다닐 위험이 있다. 한 번 사로잡히면 타인은 물론 자신의 요구마저 무시한다. 시가 됐든, 그림이나 소나타, 집필 중인 책이 됐든 한 번 빠져들면 멈출 줄

III 세상을 보는 12개의 창문

모르고 계속 내달린다. 영감에 완전히 종속되어 속수무책으로 자신을 내맡긴다. 창조적 충동이 이끄는 대로 마음껏 날아다니고 싶어 하며, 그것을 가로막는 모든 경계와 충돌한다. '창조자' 원형이 지나치게 강하면 감당할 힘이 부족해 영감이 흘러들지 못한다고 느끼면서 괴로워한다. '창조자' 중 비관적인 세계관을 가진 사람들은 모든 일에서 결함과 단점만 찾다가 스스로 손발을 묶어버리기도 한다. 이들은 가능하게 할 방법보다 불가능한 이유를 찾고, 기회보다 한계를 본다. 창조를 향한 동력으로 움직이는 사람들이지만 끊임없이 스스로를 의심하며 창조의 원동력을 방해하고 무력하게 만들다가 급기야 아예 막아버린다. 끈질기게 창조를 계속해 보려 해도 꼬리를 물고 이어지는 난관 앞에서 좌절한다. 미성숙한 '창조자'들 중에는 충분히 무르익을 때까지 기다리지 못하고 쫓기듯 설익은 작품들을 쏟아내는 경우가 있다. 진행 중인 작품이 아직 다듬어지거나 완성되지 않은 상태에서 강박적으로 새 작품을 시작한다. 말하자면 창조하는 행위 자체에 사로잡혀 있는 것이다. 이들은 '창조자' 원형의 극단적인 힘에 휘둘리는 상태다.

스티브 잡스Steve Jobs는 1단계와 2단계 중간쯤에 있는 '창조자'를 보여준다. 자신이 만든 제품을 너무나 사랑하고 집착한 나머지 삶이나 인간관계에서 균형을 잃어버렸다. 우리는 그의 천재적인 창조성에 경탄을 보내면서도 주변 사람들을 대하는 태도에서는 안타까움을 느낀다.

2단계에서 '창조자'는 양 극단 사이에서 그네를 탄다. 한계를 뛰어넘고 자유와 확장을 추구하는 모습과 장애 앞에서 좌절하고 괴로워하고 한계에 갇혀 꼼짝달싹하지 못하는 모습이 공존한다. 지상의 모든 제약과 한계를 벗어버린 채 날개를 펴고 하늘로 날아오르는 천사가 되어 창조주 하느님과 일

심동체를 이루다가 어느 순간 무언가에 씐 듯 모든 일을 의심하고 좌절하며 감수성이 메마른 악마로 돌변한다.

그러다가 조금씩 그 강한 충동을 통제하고 조절하기 시작한다. 집중의 끈을 놓치 않으면서 할 일을 분명히 파악하고 단호하게 실행한다. 전에는 창조적 영감에 일방적으로 끌려 다녔다면 이제는 고삐를 단단히 쥐고 자기 뜻대로 다스리려고 애쓴다. 아직은 이 팽팽한 주도권 싸움에서 항상 승리하는 것은 아니지만, 더 이상 폭풍 같은 예술혼이 임한 순간에 자신을 내맡기기만 해서는 온전한 자기 예술을 펼칠 수 없음을 이해한다. 마음을 가라앉히고 차분하게 계획을 세워야 한다. 처음에는 무척 불편할 수도 있지만 꾸준한 노력과 연습 역시 창조 과정의 일부임을 깨닫는다. 마냥 뻗어나가고만 싶어 하던 과거와 달리 활동에 경계와 체계를 만들고, 거기서도 충족감을 얻을 수 있음을 깨닫는다. 과거의 열정과 흥분을 그리워하면서도 올바른 길을 가고 있다고 확신한다.

3단계에 이른 '창조자'는 성숙한 방식으로 변화를 가져올 수 있음을 몸소 보여준다. 솜씨 있게 기회를 포착해서 전혀 새로운 해법을 창조한다. 능력이 커질수록 자진해서 더 큰 위험에 도전한다. 삶의 새로운 비전을 창조할 수 있을 정도로 스스로에 대한 믿음이 튼튼해진다. 그 힘을 바탕으로 늘 꿈꿔왔던 일을 실행에 옮길 때 열정이나 운에 맡기지 않고 주도권을 쥐고 상황을 만들어나간다.

이 단계 과제는 영감과 열정으로 불타오르는 상상력을 놓치지 않으면서도 원대한 꿈을 구현하기 위해 필요한 기술을 훈련하고 연습하며 갈고닦는 것이다. '창조자'에게 예술적 영감의 달콤함만큼이나 중요한 것이 오랜 시간

동안 꾸준히 그리고 열심히 노력하는 과정이기 때문이다. 뱃속의 아이가 처음 머리를 내밀고 새로운 영혼이 세상에 태어나는 환희의 순간이 오기까지 산모가 견뎌야하는 출산의 고통을 생각해보자. 이런 창조의 순간엔 눈물과 웃음이 공존하기 마련이다.

'창조자' 원형을 가진 교사는 아이들 내면에 잠들어있는 잠재력을 세상에 태어나게 하는 산파가 될 수 있다. 상상력을 자극하고 일깨우는 프로그램을 짜고 실천에 옮긴다. '창조자' 원형을 가진 과학자는 혁신적인 방식을 제안하고, 새로운 물건을 발명하고, 물질을 새롭게 구성하고, 혼돈 속에서 새로운 유형을 찾아낸다. 새로운 도구, 기계, 약품을 개발하고 지형을 새롭게 이용할 수 있는 방법을 고안한다. 사람들이 이들의 아이디어를 어리석게 여기면서 홀대할 때도 굴하지 않고 꿋꿋이 나아간다. 노벨상을 받은 과학자들의 얘기를 들어보면 아무도 그 가능성을 인정하지 않을 때 지금까지 없던 새로운 것을 알아보고 그것을 세상에 탄생시키기 위해 불철주야 노력하며 고독한 세월을 보낸 경우가 드물지 않다. 최근 20, 30년 동안 우리는 컴퓨터와 인터넷 분야에서 '창조자' 원형을 가진 사람들의 활약상을 보았다. 새로운 아이디어를 젊은이들은 그 가능성을 상상하면서 실제로 상품화하여 시장에 선보였고, 이를 통해 놀랄만한 부를 축적했다. 이들이 계속 '창조자' 원형을 유지하며 새로운 아이디어를 선보일지, 아니면 엄청난 재물에 안주하고 말지는 계속 지켜볼 일이다.

'창조자'가 '사랑하는 자' 원형을 통합하면 창조적 아이디어와 사랑에 빠져 형상을 낳는 상태를 더 깊이 이해하게 된다. 또 '지배자' 원형을 통합하면 지혜롭고 책임감 있는 태도로 창조한 것을 모두의 이익을 위해 이용하게 되며, '순수한 자' 원형을 통합하면 낙천적이고 자신감 있는 태도로 창조 과정에 임하고, '바보' 원형을 통합하면 매순간을 즐기고 현재 속에서 자유롭게 살며 놀이하듯 창조하게 될 것이다.

'창조자'가 시야를 내면으로 돌리면 인생의 큰 그림을 그릴 수 있는 힘이 생긴다. 그들은 인생 자체를 하나의 예술 작품으로 본다. 이는 메리 캐서린 베이트슨Mary Catherine Bateson이 저서 『인생 설계하기: 인생은 만들어가는 작품Composing a Life: Life as a Work in Progress』에서 했던 말이기도 하다. 책의 표지에는 이런 말이 있다. "베이트슨이 내린 낙관적 결론은, 삶이란 하나의 즉흥 예술이며, 예기치 않은 일, 우선순위의 혼란, 긴급 상황 모두가 우리 삶에 지혜의 원천이 될 수 있으며 또 그렇게 여겨야 한다는 것이다." 이런 태도로 인생을 대할 때 '창조자'는 삶에 대한 진정한 책임감을 가질 수 있다. 자신을 보이지 않는 적 또는 운명의 피해자라고 여기는 사람들과는 완전히 다른 태도다. 성숙한 '창조자'는 인생이 만드는 유형에 따라 다가오는 운명의 발자국 소리를 듣는다.

내면의 '창조자' 원형을 일깨우는 방법 중 하나는 삶의 모습을 점검해보는 것이다. 우리는 가족, 일, 친구, 공동체, 여행, 취미, 열정, 고민거리 등 다양한 요소를 콜라주처럼 짜깁기해서 전체를 구성한다. 구성이 조화롭고 리드미컬하지 못하면 온갖 의무에 짓눌려 병이 날 것이다. 새로운 요소가 추가될 때마다 이쪽저쪽에 집어넣어보며 잘 어울리는지 살핀다. 예기치 못한 사건이 불쑥 끼어들면 구성 전체가 바뀐다. 우선순위가 달라지면서 갑자기 중요해지는 일과 뒤로 밀리는 일이 생긴다. 나이를 먹으면서 삶의 모습을 새롭게 그려야하는 과제가 찾아온다. 어떤 의미에서 이 과정은 조각보를 디자인하는 작업과 크게 다르지 않다. 색깔, 형태, 문양 등 모든 요소가 전체 구성과 잘 어울려야 조화로운 디자인이 나온다.

지금 하고 있는 일에서 분명한 주도권을 쥐고 있다면 '창조자' 원형을 자유롭게 발현하고 있다고 볼 수 있다. 얼마 전 아들이 심각한 오토바이 사고로 하반신이 마비된 친구를 만났다. 친구는 아들을 돌보기 위해 생활을 재정비해야했고, 그날 이후 삶이 완전히 달라졌다고 했다. 하지만 '창조자' 원형을 가지고 살아온 친구는 자기가 할 일이 무엇인지 깊이 이해하고 있었다. 헤어 나오기 힘든 슬픔에 빠질 때도 있지만 긍정적인 태도로, 가끔씩은 기쁨도 느끼면서 삶의 문양을 새롭게 그려가고 있었다. 공예가로 살아왔던 그간의 세월이 갑작스레 바뀐 삶에 새로운 디자인을 발견할 수 있는 힘을 주었을 지도 모른다.

'창조자'들은 어른이 되어서도 어린아이다운 경이감과 순진무구함을 완전히 잃지 않는다. 아이들은 즉흥적이고 자의식이 없다. '창조자'들은 자기 안에서 이런 자질을 발견해야하며, 어린아이 같은 눈으로 세상을 보고 기뻐할 수 있는 감각을 일깨워야 한다. 아무리 나이가 많아도 여전히 창조할 수 있다. 아름다운 문장, 사랑의 편지, 친절한 말, 김이 모락모락 나는 음식 한 접시, 탐스러운 꽃이 있는 정원, 손으로 짠 스웨터, 환희의 순간, 따뜻한 악수, 선한 미소… 우리는 삶의 모든 순간마다 '창조자'가 될 수 있다.

{ 지배자 }
모든 사람은 삶에 일정한 질서를 만들어야한다. 그 과정에서 내면에 살고 있는 '지배자' 원형이 드러난다. 질서를 만드는 방법은 각자가 지닌 '지배자' 유형에 따라 다르다. 우리는 배우자, 가족, 동료, 이웃 등 여러 인간관계 속에서 살아간다. 모든 상황마다 나름의 책임이 뒤따르고, 그에 따라 목표를 달성하기 위한 행동의 방향을 설정한다.

우리는 언제 '지배자'가 될까? 시급한 과제나 처리할 일, 수습해야할 혼란을 만났다고 하자. 이럴 때 지금껏 수수방관해온 자신을 자각하고 이제는 책임 있는 태도로 삶을 살아야겠다고 다짐할 수 있다. 또는 지난 삶을 되돌아보면서 더 이상 끌려 다니지 않고 주도적으로 살아야겠다고 생각할 수 있다. 새로운 일을 배우고, 좋은 직장을 찾고, 먹고 살만한 돈을 벌어야 할 때라거나, 삶을 이끌어갈 원칙을 분명히 세워야 할 때라고 결심할 수도 있다.

지혜롭게 삶을 지배할 때는 스스로를 독립적이고 자유로우며, 유능하고 책임감 있는 존재라고 느낀다. 너무 권위적으로 굴거나 반대로 충분한 지도력을 발휘하지 못할 때도 있다. 그럴 때는 무질서와 혼란이 뒤따르고 효율적인 일처리가 어려워진다. '지배자' 원형은 지나친 통제와 수수방관이라는 양극 사이를 시계추처럼 왔다갔다할 위험이 있다. 어떤 종류의 '지배자'가 될지 결정하기 위해서는 우선 목표가 분명해야 한다. 지금 하는 일의 목표는 무엇인가? 어떤 마음가짐과 분위기로 일을 할 것인가? 스스로에게 어떤 기대를 갖고 있는가? '지배자'는 권위자의 역할과 밀접하게 연결된다. 독재자가 될 수도 있고, 선동가나 스승이 될 수도 있다. 가진 것을 나누는 사람, 다른 사람을 격려하고 힘을 주는 사람, 섬기며 봉사하는 지도자가 될 수도 있다. 일이 잘 되었을 때 그 공을 독차지할 수도 있고, 다른 사람에게 돌릴 수도 있다.

1단계 '지배자'는 주변에서 벌어지는 모든 사건의 주도권을 잡고 싶어 한다. 자기 힘을 이용해서 활동의 방향을 제시하고 이끌어간다. 여기서 중요한 것은 자기 힘을 어떤 방식으로 사용하느냐이다. 미성숙할 때는 사람들을 겁주고 비난하면서 각자의 의견을 접고 자기 뜻을 따르라고 강요하는 권위주

Ⅲ 세상을 보는 12개의 창문

의자가 되기 쉽다. 다른 사람을 내리누르는 경우 숨 막히게 만들며 괴롭히고, 오만하고 자기중심적인 태도로 주변 사람들의 삶에 간섭하고 좌지우지하려 든다. 자기만 정답을 알고 있다고 확신하고, 자기 뜻대로 일을 처리하기 위해 조작하고 조종한다. 주변 사람들이 스스로를 미숙하고 무능하다고 느끼게 만들며, 분개하면서도 의존하게 만든다. 강한 지도자라는 인상을 주면서도, 소통 능력 부족과 잘못된 판단으로 인해 일을 그르치거나 동료나 부하 직원에게서 최선의 능력을 끌어내지 못한다. 반면 우유부단하고 힘없는 '지배자'는 당면 과제에 집중하지 못하고 사소한 일에도 중심을 잃고 이리저리 휘둘린다. 주변 사람들은 존경이나 존중을 보내는 대신 안쓰럽게 여기거나 분개한다. 신뢰할 수 없는 지도자에 좌절한 사람들은 불안해하거나 걱정하면서, 상황을 바꿔보려고 위험을 무릅쓰고 나서기도 한다.

가정에 안정감 있는 질서를 만들지 못하는 부모들 역시 유약한 '지도자'에 해당한다. 이들은 집안일을 잘 처리하거나, 아이들을 잘 뒷바라지하면서 어려움을 해결해나가도록 돕고, 적절한 경계를 세워주고, 목표를 향해 나아가도록 도와주지 못한다. 반면 지나치게 규칙과 질서를 강요하며 숨도 못 쉬게 경직된 분위기를 만드는 부모들도 있다. 그들은 집안일을 군대 내무반처럼 처리하고, 비현실적인 목표를 세운다. 아이들에게 극심한 부담을 안기거나 하나부터 열까지 모든 결정을 대신 내려주기도 한다. 아이들을 꼼짝달싹 못하게 손에 틀어쥔 채 상상력을 억압하고 성숙과 자립을 방해한다.

2단계 '지배자' 원형의 핵심은 힘(권력)이다. 자기 삶의 '지배자'인 우리 역시 각자의 힘을 어떻게 쓰고 있는지 생각해보아야 한다. 우리는 부여받은 힘을 제대로 활용하고 있는가, 아니면 그저 강 건너 불구경하듯 바라만 보고 있는가? 다른 사람에게 탓을 돌리기보다 스스로 책임지려 하는가? 우리 힘의 원천은 어디인가? 힘만으로는 충분하지 않다고 느끼는 순간이 있는가? 어쩌면 다른 형식의 관계 맺기가 필요할 수도 있다. 자제심이 요구되는 순간도 있다. 고집스런 독불장군이 아니라 필요할 때는 타협할 줄도 알아야 성숙한 '지배자'가 될 수 있다.

'지배자'는 자신의 말과 행동이 얼마나 중요한지를, 그리고 이제는 다른 태도로 그 역할을 수행해야 한다는 사실을 인식한다. 주변 사람들에게 힘을 보태주고 공로를 치하하며, 그들의 의견을 귀담아듣는다. 군림이 아니라 공동의 선을 위해 함께 일하는 법을 배운다. 의무를 받아들였을 때 과거보다 얼마나 수월하고 조화롭게 일이 풀려나가는지를 깨닫는다. 스트레스를 받고 예전처럼 폭주할 때도 있지만 원하는 모습이 아님을 금방 자각하고 제자리로 돌아온다. 제대로 된 '지배자'가 되어보겠다고 단단히 마음을 먹는다.

식구들이 잘 지내는지, 이루려는 바를 위해 일하고 있는지, 일상의 크고 작은 문제들이 원활히 해결되는지 살핀다. 맡은 역할을 훌륭히 해내고, 가족이나 상사의 기대에 부응하기 위해 능동적으로 움직인다. 가정과 직장이 안정되고 든든하게 받쳐줄 때 자신감을 느낀다. 절제력과 책임감을 갖추고 인생도 안정감 있게 꾸려나가려 노력한다.

이제 그들은 두 가지 방향으로 힘을 펼친다. 공동체와 교회, 혹은 이웃과 마을을 위해 힘과 능력을 사용하는 한편 무슨 일에서건 효율적이고 유능한 사람으로 성장하기 위해 내면을 갈고 닦는데 정성을 기울인다.

3단계에 접어든 '지배자'는 문제를 분명하고 효과적으로 파악하려 애쓴다. 건설적인 태도로 상황에 임하고, 차근차근 목표를 이루어나가고, 함께 일하는 사람을 격려하고 힘을 보태는데 집중한다. 서로 협력하며 조화를 이루고, 눈앞의 이익이 아닌 이상을 구현하기 위해 노력한다. 이런 과정을 거치면서 '지배자'의 시야는 훨씬 넓어진다. 자신이나 가까운 사람들이 아닌, 한 번 만나본 적도 없는 사람들을 위해 일한다. 국가를 위해, 다른 나라를 위해, 지구를 위해, 어린이들을 위해, 글을 읽지 못하는 사람들을 위해, 노숙자들을 위해, 노인과 병자들을 위해 지금까지 갈고 닦은 힘과 능력을 아낌없이 사용한다. 노고를 알아주거나 칭찬해주기를 바라지 않는다. 역할의 크고 작음에 신경 쓰지 않고 도움이 필요한 곳으로 달려간다.

내면을 돌보는 일도 소홀히 하지 않는다. 균형 잡힌 감정과 필요한 곳에서 적절히 발휘하는 의지, 명확하고 결단력 있는 사고를 위해 꾸준히 노력한다. 그 과정에서 내적으로 자유로워진 이들의 모든 말과 행동은 사람들에게 지혜로운 지도자라는 신뢰를 준다.

스스로의 지배자가 되어 자신을 잘 다스리기 위한 수련에는 여러 방법이 있다. 대부분 '자아'를 강화시켜, 땅 위에 굳건히 발 딛고 서며, 뚜렷한 목표 의식을 가지고 명확하게 결단을 내리고, 당면 과제를 해결하기 위해 의지를 조절하는 연습이다.

삶의 여러 시기마다 우리는 '지배자' 원형의 다양한 측면을 경험한다. 직장에 새로 들어갔을 때 주어지는 과제는 책임을 명확하게 의식하며 스스로를 다스리고, 맡은 일을 성실하게 수행하고 상사를 존중하는 것이다. 어려운 상황에 처하면 무슨 일을 할지, 누구와 상의할지를 알아야 한다. 달리 말해 권위의 체계를 알아야 한다. 자기 안에 있는 '지배자' 원형을 제대로 살리지 못한 채 좌절하고 분노하거나 통제력을 잃는다면 안타까운 일이 아닐 수 없다. 겉으로 분명하게 드러나지 않는다 해도 내면에 분명히 존재하는 '지배자'

를 존중하고 살리는 것이 이 원형의 핵심이다.

경험을 쌓아 집단 내 지도자 위치에 오르면 '지배자' 원형과 새로운 관계를 맺어야 한다. 이 때는 조직의 역사와 구조, 목표를 분명히 이해하고 있어야 한다. 성숙한 '지배자' 원형을 표현할수록 주변과 세상 사람들의 행복에 보탬이 될 수 있다. 어려운 상황을 만나면 차분하고 객관적으로 상황을 처리하고, 다른 사람들의 요구를 존중하고, 조직의 목표와 과제를 세상에 알리기 위해 최선을 다한다. 조직의 지도자로 내렸던 판단과 결정을 규칙적이고 효율적으로 되돌아본다. 곱씹고 성찰하는 과정을 통해 많은 것을 배우고 도움을 받을 수 있다.

'지배자' 원형은 '사랑하는 자' 원형(타인에 대한 연민, 용서, 이해를 실천), '창조자' 원형(새로운 상황을 창조하기 위해 기회를 포착), '전사' 원형(집단을 이끌 수 있는 능력, 원칙을 지키기 위해 싸우는 힘, 어려움 앞에서 굴하지 않고 헌신하는 태도), '현자' 원형(증거를 검토하고, 의견을 조율하고, 진실을 알 수 없을 때에도 결정을 내림)을 자기 안에 통합한다.

유능하고 효율적인 '지배자'는 모든 사람이 지혜로운 안목과 용기를 높이 사며 인정하는 진정한 지도자가 된다.

{ 치유자 }

'치유자' 원형을 마법사, 변형자 또는 트릭스터[9]라고도 부른다. 변형에 특히 능하고, 온전함을 회복시키고 새로운 통찰이나 가능성을 여는 힘이 있다.

9　역주: trickster_원시 부족의 신화에 등장하는 초자연적 존재. 인간에게 불이나 문명을 가져다준 영웅적 신인 동시에 단순히 장난을 좋아하는 파괴자의 면모를 동시에 가진 존재

강한 힘과 함께 내적 평화를 발산하는 사람들을 떠올려 보자. 그들은 곁에 있는 것만으로도 우리 내면의 가장 좋은 모습을 이끌어내며, 왠지 모르게 힘있고 유능하다는 자신감이 자란다. 말을 많이 하지도 않는다. 존재 자체에서 나오는 힘이다. 이런 사람들을 '치유자'라고 부른다. 우리는 치유가 필요한 존재인 동시에 '치유자'가 될 수 있다는 것이 이 원형에서 가장 흥미로운 점이다. 어느 시점에 이르면 이 두 측면은 자기 치유 속에서 통합된다.

1단계에서 '치유자'는 자기에게 특별한 힘이 있음을 어렴풋이 인식한다. 모든 사람에게 얼마씩은 '치유자'의 특성이 있지만 유난히 강한 사람들이 있다. 누구나 한 번쯤은 어쩐지 친구의 건강이 걱정된다든가, 가족이 서로 데면데면해지고 있다는 느낌을 받은 적이 있을 것이다. 조만간 무슨 일이 벌어질 거라는 '예감'이 떠오른 적도 있을 것이다.

영국에서 발도르프 교사 교육 과정을 마친 뒤, 일 년 동안 정서적으로 어려움을 겪는 아이들 곁에서 일한 적이 있다. 그 경험 덕에 감각이 아주 예민해졌고, 나중에 '보통' 아이들을 가르칠 때 사소한 경향성을 금방 알아채서 심각한 문제로 발전하기 전에 조치를 취할 수 있게 되었다. 엄마들은 구체적인 증상이 나타나기 전에 아이에게 문제가 생겼음을 직감하는 경우가 많다. 어떤 엄마에게 어떻게 알고 병원을 찾았냐고 물었더니 논리적인 답변을 전혀 하지 못했다. '그냥' 안 것이다.

1단계의 핵심은 치유자 능력이 지각의 영역에만 있다는 점이다. 아직 감각으로 지각한 내용이 무엇을 의미하는지 분명히 알지는 못하지만 주의 깊게 관찰할 마음의 자세는 되어 있다. 사람들이 이들의 '느낌'을 의심하거나 놀리고 부정하면, 1단계 '치유자'는 금방 자신감을 잃고 애써 외면한다. 이런 태도는 치유자로서의 능력을 발달시키는데 큰 걸림돌이 된다. '그건 다 네 상상일 뿐이야', '헛것을 보는 구나', '너 혹시 신내림 받은 무당이냐?' 하고 경멸하듯 묻는 사람들도 있다. 그런 반응을 접하면서도 자신의 직관이 옳다고 믿고, 함부로 무시하거나 웃어넘길 문제가 아니라는 확신이 들기 시작하면 '치유자' 원형이 깨어나고 있는 것이다. 많은 경우 자신을 보호하기 위해 그런 경험을 아무에게도 털어놓지 않는다.

다른 모든 원형처럼 '치유자' 원형도 부정적 면이 있다. 힘을 함부로 사용하면 오히려 해를 끼칠 수 있다. 주변에 사람들에게 강한 영향력을 행사할 수 있는 사람들이 있다. 이들이 유독 카리스마가 강하다는 정도로 그치지 않고 자신을 신뢰하는 사람들을 착취하기 위해 적극적으로 힘을 발휘한다면 어떻게 되겠는가?

1단계 '치유자'는 기도 중에 자기 힘을 자각하기도 한다. 처음에는 자신이나 주변 가까운 사람들을 위해 어떤 일이 이루어지게 해달라고 기도하지만, 성숙해지면서 '자신의 뜻'보다는 '신의 뜻'을 실행하는 쪽으로 중심이 옮겨간다.

아무런 상처 없이 인생을 사는 사람은 없다. 순탄하지 못했던 어린 시절에서, 인간관계에서, 다른 사람이나 스스로에 대한 실망에서, 상실이나 고통에서 우리는 크고 작은 상처를 입으며 살아간다. 그 아픔은 당사자뿐 아니라 주변 사람들에게도 영향을 미친다. 상처를 입으면 자신감을 잃고 무력해지며, 인간관계나 유대감에 문제가 생긴다. 보통 처음에는 외부에서 온 자극이지만 마음속에서 계속 되새기다보면 어느새 자아 정체성의 일부로 고착된다. 상처가 속으로 곪아 들어가면서 치유와 회복의 원천에서 멀어지게 된다. 마음을 열고 연약함을 인정하고, 다른 사람들을 어떻게 도와줄 수 있을지 묻고, 기꺼이 용서하는 것이 우리 내면의 '치유자' 원형을 드러내고 성숙시키는 계기가 된다. 이는 오랜 세월 걸어가야 하는 멀고 먼 길이다.

1단계에서는 순간순간 우리에게 상처 주었던 사람에 대한 분노, 냉소, 자기 연민, 복수심을 느낀다. 이런 감정이 사고를 가득 채우면 인간관계에 장애물이 되고, 피해 의식에 빠지며, 열등감, 무력감에 젖게 된다.

2단계에서 '치유자'는 무슨 일이 벌어지고 있음을 감지하는 데 그치지 않고 직관에 따라 행동하기 시작한다. 이런 상태를 처음부터 의식하지는 못하지만 시간이 갈수록 선명해진다. 그리고 그만큼 힘을 어떻게 사용할지에 대한 책임 있는 결정이 중요해진다. 다른 사람에게 영향을 미칠 수 있는 힘을 의식하고 나면 자기 뜻대로 조종해보고 싶은 유혹이 찾아온다. 꾸준히 명상 훈련을 하면서 감각 지각에 일어나는 변화를 볼 수 있는 수준이 되면, 어떤 의도로 시작했는지 분명히 의식하면서 행동해야 한다. 또 이런 깊은 내면 작업의 중심에는 개인의 이익이 아니라 인류를 위해 봉사하겠다는 마음이 자리 잡고 있어야 한다.

과거의 상처를 치유하는 과정을 계속해나감에 따라 2단계에서 우리는 마음가짐이 성장과 밀접하게 연결되어 있음을 깨닫는다. 또 분노나 복수심은 우리를 약하게 하고 피해 의식을 강화시킬 뿐임을 깨닫는다. 이런 사실을 직시하면서 달라지겠다고 결심하는 변형의 과정이 2단계의 주요 특징이다. 삶을 대하는 태도를 이리저리 바꿔보는 과정에서 크고 작은 파고와 감정기복에 시달리는 한편, 상처는 계속 기운을 꺾고 흉터 역시 단단해지기만 한다. 어찌해볼 수 없는 무력감과 함께 상처가 결코 치유되지 못할 것 같다는 의심에 사로잡힌다. 그 때가 바로 누군가의 도움이 필요하다는 사실을 알아차리게 되는 순간이다. 종교적 인물이나 치유사, 영매를 찾아가거나, 술이나 마약 또는 일이나 물건으로 도피할 수도 있다. 하지만 그런 방식으로는 괴로움을 근본적으로 해소할 수 없다.

2단계에서는 '치유자' 원형을 의식적으로 발전시킨 사람을 찾는다. 그 사람의 도움과 안내로 변형의 과정을 함께 만들어갈 존재로 성숙해간다. 정신적 스승이나 신체를 이용한 활동, 영혼을 다스리는 연습이나 개인 치료, 정신적 깨달음의 길 등 조력자를 찾는 방법은 무수히 많다. 모든 사람의 변형 과정은 개별적이며 유일무이하다.

3단계에서 '치유자'는 세상 만물이 모두 연결되어있음을 인식하고 그 깨달음을 적재적소에서 능숙하게 활용한다. 물질 세상에서 변화를 이루어내기 위해서는 먼저 사람들의 사고방식과 정신세계의 관계성을 변화시켜야한다는 사실을 깨닫는다. 보이는 세계와 보이지 않는 세계에 대한 사람들의 이해와 통찰을 일깨우기 위해 의식적으로 작업한다. 3단계에 들어선 '치유자'는 내면생활을 어떻게 영위하느냐가 주변 사람들뿐 아니라 외부 생활에도 영향을 미친다는 관계성, 세상 어떤 일도 서로 동떨어져 이루어지지 않는다는 사실을 의식적으로 자각한다. 외부에서 일어나는 일은 우리 내면에 거울처럼 비친다. 성숙한 '치유자'는 주변이 아무리 혼란스러워도 자신을 보호하는 법을 알기 때문에 '고차 존재'들과 관계를 계속 유지할 수 있다. 그들은 인생의 신성함을 늘 의식하며 존중한다.

3단계에서 사람들은 자신의 상처를 치유하는 과정에 적극적으로 참여하면서 '치유자' 원형 속으로 들어간다. 치유 과정을 거치면서 얻은 힘 덕분에 다른 사람을 치유할 수 있는 새로운 능력이 생긴다. 이 양면성이야말로 '치유자' 원형의 가장 큰 신비다. 고통을 겪는 사람들은 고통을 변형시켜 해결하는데 성공한 사람에게 자기도 모르게 끌리게 된다.

우리는 신체에 문제가 생기면 의사를 찾아간다. 하지만 치료만으로는 뭔가 부족하다고 느낀다. 우리를 그저 고쳐야할 문제를 가진 존재로만 대하는 의사에게는 신뢰를 갖기 어렵다. 의사가 환자를 대하는 태도가 영혼의 치유 과정이 되기 때문이다. 의사는 환자에게 호의적인가? 공감하는 태도로 대하는가? 같은 인간으로서 환자에게 관심이 있는가? 아니면 그저 눈앞의 통증을 잡아줄 약을 처방하고 있는가? 아주 미묘한 요소이고, 처음에는 의식하지 못할지라도 분명히 신체적 건강에 영향을 미친다. 의사가 직업인 성숙한 '치유자'는 인간 존재의 여러 측면이 모두 연결되어 있음을 이해하고, 분리보다는 전체성을 중요하게 여기고, 성숙을 위한 변형 과정에 스스로 참여한다.

우리 시대의 가장 큰 과제 두 가지를 꼽으라면 하나는 지구를, 다른 하나는 아이들을 잘 보살피는 것이다. 생명 역동 농업은 지구의 치유에 집중해서 '치유자' 원형을 구현하며, 발도르프 교육은 아동기를 보호하고 아이들의 기술과 능력이 사회에서 꼭 필요한 곳에 적절히 쓰일 수 있도록 키워주는 치유 교육을 아이들에게 제공하려 노력한다.

'치유자' 원형의 특질은 일상에서도 여러 방식으로 드러난다. 상황을 보고 어떤 일이 필요하다는 것을 지각할 수는 있지만 그 일이 일어나게 만들수는 없을 때 우리는 이 능력을 사용한다. '전사'는 목표를 달성하기 위한 '올바른' 해결책을 억지로라도 만들어내겠지만, '치유자'는 조용히 그리고 주의 깊게 과정을 관찰하면서 새로운 변화가 일어나기 위해 필요한 요소를 차분하게 지원한다.

'치유자'의 시선으로 스스로를 바라볼 수도 있다. 하나의 사건이 다른 사건과 어떤 관계를 갖는가, 어떤 순간에 어떤 사람들이 삶에 등장하는가, 어떻게 적절한 순간에 적절한 장소에 가게 되는가를 찬찬히 살피다보면 운명의 손이 어떻게 작용하는지를 알아볼 수 있다. 이런 통찰은 변형의 과정이 온전히 혼자 감당하는 것이 아니라 통제할 수 없는 훨씬 더 큰 힘이 함께 하고 있음을 깨닫게 되고 이 힘은 변형의 다음 단계를 찾아가도록 도와준다. 이런 느낌은 경이와 감사의 마음을 일깨운다.

동화를 보면 우연히 만난 동물이나 할머니, 할아버지가 주인공에게 길을 알려준다. 이들은 마법으로 사건을 이끄는 '치유자' 역할을 하는 경우가 많다. 『개구리 왕자』의 개구리나 『눈송이와 빨간 장미』의 곰처럼 본질적인 변형을 위해 모습을 바꾸기도 한다. 중세 전설 『파르치팔』에서 마법사 쿤드리는 흉측한 노파의 모습으로 나타나 아무도 듣고 싶어 하지 않는 진실을 전한다. 쿤드리로 인해 주인공 파르치팔의 인생은 완전히 다른 방향으로 전환하는데 나중에 알고 보면 그것이 진정한 인생행로에 더 가까운 길이었다. 누군가 우리를 깨우는 말을 하고 그 때문에 걸음을 멈추고 생각에 빠질 때 우리도 쿤드리를 만난 것이다. 처음에는 그 말이 고통스럽고 아프지만 치유를 위해 일깨우는 자극이다. 병의 치료를 위해 주사를 맞을 때 바늘의 따끔함이라고도 할 수 있다.

'치유자'는 깨어있음과 잠, 죽음과 재탄생, 물질세계와 정신세계 등 두 세계의 문지방을 편안하게 넘나든다. 이들은 세계 현상 뒤에 정신 법칙이 작용하고 있음을 이해하는 지혜로운 사람들이다. 정신 수련을 통해 의식적으로 자기 개발에 나설 때 우리는 '치유자'의 영역에서 일하며 변형을 위한 긴 항해를 시작한다.

새로운 존재로 거듭나는 중요한 사건, 마법 같은 순간들을 되새길 때 우리는 삶 속에서 '치유자' 원형이 어떻게 드러나는지를 알게 된다. 통과 의례를 거치면서 소년에서 남자가 될 때, 결혼을 하고 새로운 공동체를 꾸릴 때, 아이가 탄생하는 기적을 경험할 때 그곳에는 '치유자'가 있다. 근본적인 변화를 거치고 있다고 느끼는 순간마다 우리는 '치유자'와 만나고 있다.

'치유자'의 힘은 여러 차원에서 작용한다. 일상에서는 기존 방식을 버리고 새로운 방식으로 일하거나, 부정적인 상황을 긍정적으로 변형시키는 등의 변화를 생각해볼 수 있다. 이보다 미묘하고 눈에 보이지 않는 차원에서도 '치유자'의 변형이 일어난다. 위대한 정신 존재의 품속에서 넘치는 사랑을 느끼면서 절망의 순간을 넘어섰던 경험을 이야기하는 사람들이 있다. 찰나에 불과했지만 그 경험은 삶을 통째로 바꾸었다고 한다. 이들이 경험한 것이 바로 '치유자' 원형이다.

삶을 치유하는 변형을 시작하는 방법 중 하나는 이야기를 듣는 것이다. 이야기는 다양한 차원에서 이미지와 상징으로 작용하며, 우리는 그것을 현실 경험 위에 드리워진 베일로 인식한다. 이야기를 듣거나 들려주면서 우리는 상처를 이해하고 그것을 치유할 다른 방법이 있음을 깨닫는다. 정신적 진리가 담긴 이야기의 매력은 자기 파괴적 태도가 전혀 도움이 되지 않는다는 사실을 일깨워주는데 있다. 자기 파괴적 태도는 어떤 문제도 해결해주지 않는다. 물질을 축적하거나 큰 권력을 얻어서는 상처를 치유하고 행복을 얻을 수 없다. 한 단계 한 단계 성장하면서 겸손과 사랑이 가장 효과적인 치유임을 깨닫는다. 구원과 사랑에 관한 이야기는 이 과정을 잘 넘어가는데 큰 힘을 줄 수 있다. 이 주제가 들어 있는 멋진 이야기 중 하나가 파르치팔의 성배 찾기 신화다. 파르치팔은 파란만장한 사건을 겪으며 변형의 길을 걸어간 끝에 비로소 '삼촌, 무엇 때문에 고통스러워하십니까?'라는 가장 중요한 질문을 건넬 수 있었다. 파르치팔은 성배의 왕으로 등극한다.

{ 현자 }

'현자'란 다양한 차원의 의미를 이해할 수 있는 지혜로운 사람을 말한다. 보통 말수가 적고 겸손하며 언제나 진리를 찾는다. 이들은 사회에서 아주 중요한 역할을 수행하지만 고독한 경우가 많다. 이들로 인해 진리가 드러나고 우리는 세상의 참모습을 본다. '현자'는 문제가 생겼을 때 그것을 알아보고 어디가 잘못되었는지 짚어준다. 그러면 '치유자'가 나서서 필요한 변화나 치유를 시작한다. 동화에서는 숲에서 만난 지혜로운 노인이 행복의 샘물이나 인생의 의미처럼 주인공이 오랫동안 찾아 헤매던 비밀을 알려주는 장면을 흔히 만날 수 있다.

지난 세월을 가만히 돌아보면 우리에게 스승이나 현자의 역할을 해준 사람들이 있음을 깨닫게 된다. 목마른 사람이 샘물을 찾듯 우리는 지혜와 지식이 필요할 때 그들을 찾아간다. 직접 우리 삶에 관여하지는 않았어도 필요로 할 때 늘 그 자리에 있어주었다.

진리를 찾는 길고 긴 여정에 발을 들여놓는 순간 1단계가 시작된다. 탐색과정에서 예상치 못했던 샛길로 빠질 때도 있지만 목표가 우리를 안내한다. 올바른 방법과 길을 찾는 과정에서 전문가를 찾아가 지식을 구할 때가 있다. 예를 들어 건강에 문제가 생기면 우리는 의사를 찾아간다. 자녀가 학습에 어려움을 겪을 때는 교육 전문가를 수소문한다. 그런데 막상 만나보면 하나같이 자기 의견이 옳다고 단언하며 의심이나 질문을 허용하지 않는다. 때로는 전문가마다 다른 조언을 내놓는 바람에 이러지도 저러지도 못하는

Ⅲ 세상을 보는 12개의 창문

상황에 처하기도 한다. 이럴 때 우리는 어떻게 해야 할까?

딸이 척추가 한쪽으로 휘었다는 진단을 받았을 때 우리 부부는 4명의 정형외과 전문의를 찾아가 상담했다. 4명 모두 다른 치료 방법을 제안했다. 도저히 갈피를 잡을 수가 없었다. '이것이 유일하게 옳은 답'이라고 말해주는 사람은 아무도 없었다. 그중 하나를 선택하는 어려운 결정을 내려야 하는 사람은 바로 우리였다. 이처럼 진퇴양난의 처지에서 해결책을 모색할 때가 '현자' 원형의 1단계다. 여기서 우리는 아무 것도 모른다는 사실을 자각한다.

1단계 '현자'들은 누가 답을 알고 있고, 그는 어떻게 답을 알게 되었느냐는 질문을 놓고 고민하면서 많은 실수를 저지른다. 단순하고 명확한 답을 찾지만 그런 속시원한 해결책은 없다는 사실을 깨닫고 좌절한다.

1960년대부터 많은 미국인이 인생을 어떻게 살아야할지를 알려줄 구루[10]를 찾아 인도로 갔다. 직접 미국을 방문한 구루의 강연장에는 인생의 해답을 찾고 싶은 사람들이 구름처럼 모여들었다. 구루들 중에는 진정한 정신적 스승도 있었지만 사기꾼도 적지 않았다. 서양 종교지도자들도 마찬가지였다. 그들이 운영하는 초대형 교회나 TV 강연에는 추종자들이 인산인해를 이루었다. 이처럼 '현자' 원형의 1단계에서 우리는 지혜를 전수하고 마음의 짐을 덜어줄 누군가를 애타게 찾아 헤맨다. 하지만 나에게 정말로 필요한 지혜를 전해주는 이는 겉보기에는 평범한 사람인 경우가 많다.

10대 후반부터 20대 초반까지 내게 현자가 되어주었던 세 사람이 있다. 한 사람은 내가 상담사로 일했던 캠프의 대표자였다. 그는 뉴욕 시 남동쪽에 있는 사회 복지관 관장직도 겸하고 있었다. 당시 40대에 불과한 나이였

---

10 역주: Guru_ 힌두교나 시크교의 정신적 지도자

지만 존경할 점이 많은 사람이었다. 우리는 일 년에 몇 번씩 그를 찾아갔다. 비공식적인 편안한 자리였지만 돌아오는 길에 왠지 힘을 얻고 단단해졌다는 느낌을 받곤 했다. 그가 살해당했을 때 나는 큰 충격에 빠졌고 깊은 상실감을 느꼈다. 두 번째 사람은 삼촌인 빌 아저씨다. 그 시절 나는 삼촌 곁에 앉아 당시 남자친구(지금의 남편)과 그의 어머니 이야기를 털어놓곤 했다. 어떤 이야기를 해도 삼촌은 좋다 나쁘다 판단하지 않고 그저 진심어린 조언을 건넬 뿐이었다. 사실 조언 자체보다 누군가 내게 관심을 기울이고 내 말을 들어준다는 느낌이 편안하고 좋았다. 마지막은 대학 시절 교수님이다. 루돌프 슈타이너의 저작을 소개해주신 그 교수님은 내게 정신적 삶을 살도록 안내한 현자 같은 분이다. 그 후로도 몇십 년 동안 지혜가 필요할 때 찾아갈 두 분이 계셨던 것은 정말 큰 행운이었다. 이 때만해도 나는 인생에서 쉽고 간단한 해답을 찾으려는 미성숙한 상태였다.

진리를 알고 있다고 확신하며 어떤 질문이나 의심도 용납하지 않는 사람 역시 미성숙한 '현자'에 속한다. "내가 말하는 진리가 유일하다. 그러니 받아들여라. 그러지 않으면 너는 파멸할 것이다." 상대의 자유를 전혀 인정하지 않는 이런 태도는 우리 생각을 옥죄고 결박한다. 그런 사람을 정말 '현자'라고 부를 수 있을까? 그들을 지혜의 전달자라고 추앙하는 사람들도 있지만 개별성과 개인의 자유가 중심 과제인 우리 시대에 올바른 태도라고 보이지는 않는다.

전문가나 안내자의 조언을 새겨들으면서 스스로 결정을 내릴 때 2단계로 넘어간다. 개교한 지 얼마 안 된 학교에서 교사로 처음 일하던 시절 나는 수업과 교사 회의를 관찰하고 질문에 답하고 조언해줄 멘토 교사를 오매

불망 기다렸다. 한 번은 멘토 교사 두 명이 동시에 방문을 한 적이 있었다. 그런데 어떤 질문에 두 사람이 상반된 답변을 내놓는 게 아닌가! 나는 어리둥절해서 두 선생님을 번갈아 쳐다보았다. 대체 이건 뭐지? 어느 쪽을 믿으란 말이지? 그러다가 나는 유일한 정답이란 없다는 사실을 깨달았다. 그들의 조언을 깊이 고려한 다음 주체적인 결정을 내려야하는 사람은 바로 나였던 것이다. 그 사실을 깨닫자 나는 무한한 자유를 느꼈다. 이런 경험은 '현자' 2단계의 전형적인 상태다. 의심하고, 문제 제기하고, 근거를 따져보고, 일부러 반론을 제기하면서, 평소 경험에 비추어 모든 의견을 꼼꼼히 점검한다. 그러면서 모든 상황에 다 들어맞는 유일한 진실은 존재하지 않는다는 사실을 절감한다.

어떤 의미에서 2단계는 홀로 견뎌야하는 고독한 단계다. 사실 이 때의 고독은 답을 찾는 과정에 꼭 필요하다. 역사 속 '현자'들을 보면 사막이나 골방에서 홀로 시간을 보내는 일이 많았다. 화려한 세상에서 멀리 떨어져 신과의 본질적 관계에 집중하면서 내면을 갈고 닦는다. 이런 시간을 통해 찰나와 같은 인간의 유한한 삶에서 일어나는 사건을 넓은 안목으로 바라보고 그 통찰을 다른 사람들과 나눌 수 있는 힘을 얻는다. 깊은 내적 통찰을 쌓은 많은 사람이 삶에서 사랑만큼 귀하고 가치 있는 것은 없다는 깨달음에 이르곤 한다.

2단계에서 가장 중요한 것은 인생 경험을 쌓는 것이다. 무엇이 진리고 무엇이 거짓이라는 주장을 직접 검증하다보면 인생이란 생각보다 훨씬 복잡하다는 사실을 알게 된다. 다른 사람에게서 조언과 통찰을 구하기도 하지만, 결국 우리는 아무 것도 확신할 수 없는 불확실성의 세상을 살아가야 한다. 그 한계를 인정할 때 성숙할 수 있다. 불확실성을 어떻게든 넘어보려 기를 쓸 때 왠지 사람들이 호의와 공감을 보인다. 여기서 가장 큰 스승은 의심이다. 2단계를 지나면서 의심에 시달리지 않는 사람은 아무도 없지만, 바로 답을 얻을 수 없다는 어쩔 수 없는 인간의 한계 때문에 가끔씩 절망에 빠지곤 한다.

모순 속에서 사는 것이 인생임을 깨닫는 것이 3단계다. 이제 확실한 진리를 결코 알 수 없을 지라도 결정을 내리고 행동해야 함을 안다. 진실을 알아차리는 감각도 성장했다. 맞다고 생각한 행동이 다른 상황에는 해당하지 않을 수도 있음을 본질적인 차원에서 이해한다. 과거에 스승에게 진실과 거짓을 어떻게 구별해야하냐고 물은 적이 있다. 그 분은 어떤 명제를 진실로 여길지 말지를 결정하는 세 가지 방법이 있다고 대답했다. 첫째는 경험에 비추어 진실임을 알기 때문에 굳이 문제 제기하지 않은 경우다. 둘째는 사실일 수도 있겠다는 생각에 '어쩌면'이란 단서를 붙여 잠정적인 가설로 받아들이는 경우다. 셋째는 경험치를 훨씬 넘어서는 일이라 주제넘게 옳다 그르다 판단할 수 없는 경우다. "덮어놓고 믿을 수는 없지만 진실인지 거짓인지를 확신할 수도 없다. 태도를 바꿀만한 경험을 만나기 전까지는 아무 판단 없이 그냥 두겠다." 스승은 이런 원칙 덕분에 자유롭게 의심하고 문제 제기하면서도 낯선 의견에 편견 없이 귀기울일 수 있었다고 했다. 나는 의구심에 얽매이지 않고 계속 앞으로 나아가는 자세가 무엇인지 배웠다.

살다보면 모든 의심이 씻은 듯 사라지는 순간이 있다. 바로 운명과 만나는 내적 깨달음의 순간이다. 예상치 못한 사건이 벌어졌을 때 그것을 커다란 재앙이라 여기고 오랜 세월 아파하며 괴로워한다. 그러다가 한참 세월이 흐른 어느 날 그 사건이 운명에 꼭 필요했음을 깨닫게 된다. 그 일 덕분

Ⅲ 세상을 보는 12개의 창문

에 반드시 일어났어야 하는 다른 사건들이 일어날 수 있었던 것이다. 사건 초반에는 짐작도 못했지만 세월이 흐른 지금은 통찰할 수 있다. 이런 깨달음이 바로 지혜다.

성숙한 '현자'는 겸손하며, 다른 사람을 설득하거나 확신을 주려 애쓰지 않는다. 그는 내적 근거를 토대로 스스로 판단한다. '현자' 원형은 '치유자' 원형(경계를 넘나드는 법칙을 이해), '탐색자' 원형(고통과 괴로움이 뒤따른다 해도 진실을 추구), '파괴자' 원형(삶의 고차적 의미를 경험하면서 과거를 내려놓음), '지배자' 원형(자기 내면을 지배)을 통합한다.

{ 바보 }

셰익스피어의 희곡에서 '바보(광대)'는 중요한 역할을 한다. 농담으로 위장하긴 했지만 오직 '바보'만이 왕의 의견에 대놓고 반대하고서도 무사히 넘어갈 수 있다. 사실 왕은 어리석기 그지없고 '바보'가 한 말이 훨씬 지혜로운 경우가 많다. 왕이 바보가 되고 바보가 왕이 되는 것이다. 모두들 그가 바보라고 생각하기 때문에 함부로 지혜를 발설해도 무사할 수 있다. 아무도 감히 입에 올리지 못하는 금지된 주제를 건드릴 수도 있다. 하지만 아무리 바보의 말이라도 입 밖에 나온 이상 쉬쉬하던 일은 세상에 알려지고 어떤 식으로든 해결된다. 이것이 바로 '바보'의 역할이고 가치다. 트릭스터라고도 하는 '바보' 원형은 세계 각지의 신화에 두루 등장한다. 트릭스터는 장난꾸러기에 어린애 같고, 어떤 일이든 거리낌 없이 저지른다. '바보'도 위험한 일을 서슴없이 저지른다. 책임이라는 무거운 짐이 없기 때문이다. 즉흥성, 어리석은 장난, 유쾌함이 '바보'를 구성하는 요소다.

1단계에서 '바보'는 삶을 즐긴다. 어떤 일도 심각하게 받아들이지 않고 어려움을 만나도 호탕한 웃음을 터뜨린다. '바보'는 매사를 놀이로 여긴다. 무거운 분위기가 가벼워지긴 했는데 진지한 발언인지 아닌지 갸우뚱하게 된다. 이들은 문제의 핵심을 정확히 꼬집는 말을 한 뒤 곧바로 "별 뜻 없는 농담이었어요."라고 덧붙인다. 진지한 발언임을 인정하는 순간 집단 내 권력자와 대립할 위험이 대두되기 때문이다. 이런 태도 덕분에 지적한 진실이 아프게 찔러도 '바보'들을 보며 웃을 수 있다. 우리는 이들이 말하는 진실을 쉽게 인정한다. 위협으로 다가오지 않기 때문이다. 동시에 1단계 '바보'는 유머를 무기로 사용해 비꼬듯 정곡을 찌르며 남을 깎아내리거나, 날카로운 통찰력을 이용해 주변 사람들을 맘대로 조종한다. 나쁜 목적을 위해 멍청해 보이는 얼굴로 영리함을 감추기도 한다. 이런 가면놀이가 심각해지면 어리석음이 광기로 변할 수 있다. 바보인 척 자신을 감추던 햄릿은 결국 오필리아를 파멸에 몰아넣지 않았는가.

다른 사람을 지배할 권력을 얻기 위해 바보를 연기하기도 한다. 카멜레온처럼 상황에 따라 말과 행동을 바꾸면서 교활하고 교묘하게 빠져나간다. 우리는 미성숙한 '바보'가 무슨 일을 꾸미는지 짐작도 못하기 때문에 상황이 위험하게 발전할 수도 있다. 그는 자기가 무슨 일을 하는지 의식하고 있을까? 우리를 가지고 노는 걸까?

별 의도 없이 '바보'처럼 구는 사람들도 있다. 그들은 그저 재미난 장난을 치고 싶을 뿐이다. 아주 심각한 상황에서 이러면 다른 사람들은 부글부글 끓어오른다. 심한 경우에는 상황에 맞지 않는 행동 때문에 해고될 위기에 처하기도 한다. "아 참. 왜 다들 그렇게 심각하기만 한 거예요?"라며 무마해보지만 분위기 파악을 못하기 때문에 농담과 장난의 적당한 수위를 찾지 못한다. 지적을 받으면 어린애처럼 삐쳐 잠시 부루퉁하지만 스스로 그 상황을 견디지 못하고 어느새 다시 시덥잖은 농담을 던진다.

2단계에 들어서면서 '바보'는 트릭스터, 즉 영리한 바보가 된다. '바보'는 진실을 말하되 듣는 이의 기분을 상하게 하지 않는다. '바보'는 영특함, 말장난, 운율을 이용해서 문제의 본질을 짚어낸다. 이들은 삶의 신비를 알아보고, 삶이 우리에게 던지는 장난을 즐긴다. 2단계에서 우리는 상황의 우스꽝스러움을 인식하고 자기 모습에 웃음을 터뜨린다. 여유가 생기면서 인생의 시험 앞에서 순발력 있게 대응하고 기상천외한 해답을 제시할 수 있다. 좀 무모하면 어때? 이것도 답이 될 수 있지 않을까? 그래봤자 잃을 게 뭐가 있겠어? 어느 단계든지 '바보'의 최고의 능력은 유머다. 어떻게 사용하느냐의 문제일 뿐이다.

회의 중에 긴장 상황이 벌어졌다고 하자. 팽팽한 긴장이 계속 고조된다. 이럴 때 어떻게 해야할까? '지배자'가 끼어들어 상황을 정리할 수도 있고, '돌보는 자'가 상처 받은 영혼들을 다독일 수도 있다. '바보'는 적시적소에 재기발랄한 농담을 던져 한 번에 긴장을 풀어버린다. 사람들은 그제야 참았던 숨을 내쉰다. 휴우! 회의가 다시 본 궤도에 오른다. 이 단계 '바보'는 자기가 무슨 일을 하고 있는지 안다.

상황에 대처하는 임기응변 능력은 2단계의 중심 주제다. 틀에 박힌 관습, 빤한 반응, 정해진 답을 간단히 무시하면서 이렇게 묻는다. 좀 다르게 해보면 안 되나요? '바보' 원형은 왠지 모를 가벼움으로 명령처럼 들리지 않게 말하는 재주가 있다.

조직 구조와 업무 방식 개선을 돕는 자문 위원이 '바보' 원형의 도움을 받는다면 일이 놀이하듯 유쾌하게 흘러가고, 사람들이 배우려고 노력하는 와중에도 즐거움을 잃지 않도록 이끌 수 있다. '바보' 원형을 가진 교사는 아이들이 배움을 사랑하면서 여유 있고, 놀라운 것을 만났을 때의 흥분을 즐기며, 매사에 흥미를 보이는 교실을 만든다. 교사가 경계를 명확히 인식하고 선을 넘지 않는 한 '바보' 원형은 수업에 매우 유용하다. 하지만 2단계에서 이 원형은 득이 될 수도 해가 될 수도 있기 때문에 만만한 문제는 아니다. 재미에만 집착하는 미성숙한 교사는 교실 안에서 권위 있는 존재가 될 생각이 없다. 이들의 마음가짐은 어린아이와 별반 다르지 않다. 부모도 마찬가지다. 지루하고 따분할 때 아무 생각이 없는 '바보'가 도움이 될 수는 있지만 이는 요리에 설탕을 들이붓는 것과 비슷하다. 조금이면 충분하다. 과하면 좋지 않다.

3단계에 이르면 지혜로운 '바보'가 된다. 살아있는 기쁨이 삶의 중심이 된다. 삶의 모든 순간을 즐기며 자유롭게 살고, 현재를 중요하게 여긴다. 기질은 다혈질, 영혼은 '사교적 개혁가'의 특성을 지닌다. 변화무쌍하고 기발하며 한 순간도 경직되거나 고정되지 않고 자유롭다. 겉으로 볼 때는 도저히 종잡을 수 없는 낮도깨비거나 '순진한 자' 원형을 지닌 사람처럼 보이지만, 내면에는 '현자'와 '탐색자' 원형을 지니고 살아간다.

러시아 전통에서는 금욕적으로 살며 예언자 같은 말을 하는 신성한 바보를 '하느님의 사람'이라며 귀하게 대접했다. 그들은 모스크바 궁정에 기거하면서 고해 신부와 왕국의 예언자 역할을 겸했다. 『구약 성서』의 선지자들처럼 세상의 종말을 예언하며 정화를 촉구했고, 타락과 부패의 끝을 경고했다. 구석구석 세상을 돌아다녀 세상 돌아가는 이치를 아는 사람들이었다.

동료 로널드 쾌츠Ronald Koetzsch는 기발한 말과 농담으로 사람들을 웃기는 재주가 있었다. 특히 교사 연수 중 공지 사항 전하는 시간이면 그의 재능이 빛을 발했다. 통찰력 넘치는 관찰을 재치 있게 전하며 청중들이 배꼽을 빼게 만들었다. 그의 유머에는 지혜가 묻어 있기 때문에 농담의 대상이 된 사람들조차 기분 좋게 함께 웃을 수 있다. 그는 우리가 스스로 인간적인 약점을 보고 웃는 동시에 타인의 눈으로 자신을 관찰하도록 도와주었다. 연수 중 무겁고 진지한 강의가 끝나면 뛰어난 실력으로 강연 내용을 정리했다. 그런 다음 강사의 발언 중 농담거리가 될 소재를 골라낸다. 다음 날 아침 공지 사항을 전하러 올라와서는 전혀 다른 맥락에서 그 발언들을 끄집어냈다. 청중이 키득거리거나 포복절도할 때 강연장 분위기는 생기발랄해지고 삶의 기쁨이 손에 잡힐 듯 살아났다. 로널드도 가끔은 2단계 '바보'로 미끄러져 내려갈 때가 있지만 항상 홈런만 치는 타자가 세상에 어디 있겠는가?

인생 여정과 원형

12가지 원형은 여정의 준비 단계, 여정, 여정 후 귀환이라는 인생의 3단계에 대입해볼 수 있다. 이는 앞에서 다룬 기질 변형의 3단계와 크게 다르지 않다. 여기서 말하는 3단계는 성숙 과정을 의미한다.

동화에 단골로 등장하는 3단계는 우리의 인생길에서도 늘 되풀이된다. 이것은 메소포타미아 지역에서 유래한 길가메시 신화를 처음 들었을 때 선명하게 다가왔던 깨달음이다. 당시 21살이었던 나는 5살 때 오빠가 세상을 떠난 이후로 마음 한구석이 늘 허전하고 괴로웠다. 발도르프 교사 교육 과정의 교수였던 세실 하우드Cecil Harwood 선생님이 이 이야기를 들려주셨을 때 나는 온 몸이 마비되는 것 같은 충격을 받았다. 그리고 이야기가 끝났을 때 수십 년 만에 처음으로 깊은 마음의 평화를 느꼈다.

친구이자 동반자였던 엔키두가 죽자 가실 줄 모르는 슬픔에 몸부림치던 길가메시는 여신의 피가 흐르는 어머니를 찾아가 영생의 비밀을 알려달라고 청한다. 그러면서도 삼분의 이는 신이고 삼분의 일은 인간인 자신은 결코 죽지 않으리라 확신했다. 하지만 어머니는 모든 인간은 언젠가 죽게 마련이며, 길가메시 역시 예외가 아니라고 했다. 이 충격적인 소식을 그는 순순히 받아들일 수가 없었다. 결국 어머니는 조상 중에 불멸의 존재가 된 사람이 있다고 털어놓지만 그를 만나러 가는 여정에는 수많은 위험이 도사리고 있을 거라고 경고한다. 입문(깨달음)의 여정을 떠난 길가메시는 어둠과 유혹을 만나고 죽음의 강을 지나 마침내 조상 우트나피쉬팀의 땅에 이르렀다. 우트나피쉬팀은 태초의 사람들과 그들이 타락한 과정, 그리고 홍수로 인한 파멸까지 길고 긴 이야기를 들려준다. 그는 신의 말씀에 따라 방주를 짓고 아내와 동물들을 태워 안전한 곳으로 피할 수 있었으며, 신의 은총으로 영생을 선물 받았다고 했다.

아직 입문할 준비가 되어있지 않던 가련한 길가메시는 우트나피쉬팀이 이야기를 들려주는 내내 잠을 자고 말았다. 결말은 직접 읽어보기를 권한다. 그래도 모든 인간은 죽음과 어떻게든 화해하고 받아들여야 한다는 점만은 분명하다. 영원히 살 수 있는 사람은 아무도 없지만 그것이 끝은 아니다. 다른 길 중 하나는 자기 인식 또는 깨달음의 길이다. 길가메시는 그 보물을 가지고 집으로 돌아온다. 처음 길을 떠날 때 찾으려던 것은 아니었지만, 늘 그렇듯 그 때 소망하던 것보다 훨씬 값지고 본질적인 보물을 얻는다.

인생이 성숙해가는 과정에 관한 많은 글을 읽고 여러 해 동안 수업도 해왔지만, 캐롤 피어슨Carol Pearson의 저서 『우리 안의 영웅 일깨우기 Awakening the Heroes Within』처럼 여정의 단계를 아름답게 묘사한 글은 자주 만나지 못했다. 『신화의 스승들Teachers of Myth』(Spring Journal Books, New Orleans, 2005)에서 톤더 한센Tonder Hansen은 이 주제로 인터뷰한 내용을 실었다. 그 인터뷰에서 나는 자아 인식이 깨어나는 시기의 청소년들에게 인생 여정의 원형들이 어떻게 나타나는지를 이야기했다.

여정의 준비 단계

1. 부모의 보호 속에서 여정을 시작한다. 부모가 사랑과 보살핌으로 감싸주면 우리는 세상은 선하며, 세상 속에서 우리가 안전하다고 느낀다. 이 상태의 우리는 '순진한 자'다.

2. 아주 불행한 영유아기를 보내는 경우가 있다. 부모의 무관심과 방치, 학대 또는 큰 트라우마를 겪을 때 우리는 '고아'라는 느낌을 갖는다. 세상이 모두 선하지는 않다는 사실을 깨달으면서 실망감, 배신감과 함께 버림받았다고 느낀다. 누구나 살다보면 혼자라는 느낌에 사로잡힐 때가 있다. 그 경험을 통해 다른 사람이 우리를 언제까지나 돌봐 주리라 기대해서는 안 되며, 스스로 알아서 해야 한다는 사실을 배운다. '고아' 원형과 자신을 동일시 할 때 우리는 고독감과 무력감을 느끼며, 함께 걸어갈 사람을 찾아 헤맨다.

3. 우리는 목표를 세우고 그것을 성취할 방법을 찾을 수 있어야 한다. 계획을 세우는 3단계는 '전사' 원형의 특징이다. 이 단계에서 우리는 세상을 정복하고 싸워 이겨야하는 전쟁터로 여긴다. 목표를 향해 매진해가면서 자제력과 불굴의 용기가 자란다.

III 세상을 보는 12개의 창문

4. '돌보는 자'이기도 한 이 단계는 외부의 목표와 의도만 바라보며 살 수
없으며, 타인의 요구 또한 돌봐야 한다는 사실을 깨닫는다. 이 원형은
삶 속에 사회적 힘을 일깨운다.

순수함, 독립심, 자제력, 용기, 보살핌 같은 능력을 가지고 본격적인 여정
에 나선다. 우리의 눈은 저 먼 지평선을 향한다.

여정

1. 여정 중에 인생의 고달픔과 외로움을 뼈저리게 느낄 때가 있다.
   현재의 모습에 만족하지 못하기 때문이다. 그럴 때 우리는 한계를 넘
   어서는 더 큰 무언가를 만나고 싶어 한다. '탐색자' 원형의 단계를 거
   치며 진정한 충족감을 줄 수 있는 대상이나 경험을 갈망한다. 그 갈
   증을 해소할 수만 있다면 어떤 값이라도 치를 수 있다고 여기며 노력
   을 아끼지 않는다.

2. 죽음을 만나기도 한다.
   '파괴자' 원형의 단계에서 지금까지 쌓은 모든 것을 포기하고 새로운
   사람으로 거듭나야함을 배운다. 이 단계는 과거가 죽는 것을 속수
   무책으로 바라보면서 소멸에 동참해야 하기 때문에 고통이 따른다.

3. 과거를 내려놓으면서 이제 인생을 새롭게 살아갈 가능성이 열린다.

'사랑하는 자' 단계에서 가슴 속에 잠들어있던 사랑과 헌신이 깨어난다. 다른 사람을 향해 손을 내민다. 타인을 향한 헌신에서 중요한 교훈을 배우는 동시에 그것이 처음에는 자신의 자유를 구속한다는 것 또한 알게 된다. 갈등과 부침 속에서 아직 도달하지 못한 더 높은 단계의 자유가 있음을 배운다. '사랑하는 자' 단계를 거치는 동안 우리는 인생에서 배움을 얻는다. 사랑이란 자신과 타인의 여러 모습, 특히 자신과 전혀 다르거나 상호 보완적 측면까지 포용함을 의미한다. 여성성과 남성성을 통합하면서 '사랑하는 자' 안에서 전혀 새로운 힘이 탄생한다.

4. '창조자' 원형에서 자신을 새롭게 표현하고 창조하는 법을 배운다. 예를 들어 자기 안에 지금껏 돌보지 않아 전혀 성장하지 못한 영역을 발견하고 관심을 기울인다. 창조력을 발견하고 성장을 위해 노력할 때, 여정을 시작하며 떠나왔던 공동체로 돌아갈 준비가 된 것이다.

여정에서 배움을 얻고, 무엇을 얻고자 노력하는지를 분명히 알고, 과거를 내려놓고, 사랑과 헌신이 깨어나고, 창조적이며 표현력 있는 인간이 되는 법을 배우면서 우리는 영혼을 확장시켜왔다. 내면과 외면이 균형을 이루고, 우리가 누구인지, 무엇을 향해 살아가는지를 명확히 인식한다. 삶의 고달픔과 외로움의 터널을 지나오면서 새로운 출발을 위한 힘과 능력이 생겼음을 느낀다. 이제는 이 힘들을 조화롭게 구사하기 위해 내 것으로 다스리는 법을 배워야 한다. 그리고 떠나왔던 곳으로 돌아가서 지금까지 깨닫고 배운 것을 공동체와 나누어야 한다.

귀환

자신이 스스로의 '지배자'라는 사실과 새롭게 획득한 능력을 가지고 자기 삶을 책임져야 한다는 사실을 깨닫는다. 이런 깨달음에서 새로운 자신감과 명확함이 태어난다.

스스로의 지배자가 되는데 그치지 않고 자신을 변형시킬 수 있는 '치유자'가 되는 새로운 능력이 깨어난다. 지금까지와는 달라져야 한다. 유일무이한 정답을 찾기보다 새로운 눈으로 삶을 바라본다. "내 질문의 답이 무엇인가?"라고 묻는 대신 "다양한 가능성을 열려면 질문을 어떻게 바꾸어야 할까?" "진퇴양난에 빠진 상황을 해소하기 위해서는 어떤 치유의 대답이 필요할까?"라고 묻는다. 빠르고 분명한 해결책 대신 사람들이 성장할 수 있는 해결책을 찾는다.

이제는 한 발 물러나 그간의 변형 과정을 돌아보며 성찰해야 한다. '현자'의 눈으로 자신과 세상을 볼 때, 지혜와 균형감, 객관성, 진리에 헌신하는 힘을 키울 수 있다. 이는 우리가 공동체에 줄 수 있는 큰 선물이다. 특별하고 빛나는 순간에만 가능한 일이지만 축하할 일임에는 분명하다.

'바보' 원형에서 우리는 현재에 충실하며, 안정보다는 변화에 유연하게 대처하고, 기쁨을 만끽한다. '어리석은 바보'에서 즐거움과 지혜, 즉흥성과 조용한 성찰을 겸비한 '지혜로운 바보'가 된다.

사실 모든 새로운 경험마다 우리는 원형의 여정 전체를 거친다.

준비 과정		귀환
순진한 자		지배자
고아	**여정**	치유자
전사		현자
돌보는 자	탐색자	바보
	파괴자	
	사랑하는 자	
	창조자	

한 여정이 끝나면 다시 '순진한 자', '고아', '전사', '돌보는 자' 단계부터 새로운 여정을 시작한다.

준비, 여정, 귀환의 3단계는 사람의 일생을 크게 출생부터 21세까지, 21세부터 42세까지, 42세 이후의 3단계에도 연결된다.

*첫 번째 '여정 준비' 단계*에서 우리는 '순진한 자', '고아', '전사', '돌보는 자'로 가족, 선생님, 친구 그리고 세상과 만드는 관계를 탐색한다. 자신을 표현하는 법, 인생이 주는 실망에 대처하는 법, 목표를 분명히 세우는 법 그리고 자신만이 아니라 다른 사람까지 배려하고 돌보는 법을 배운다.

*두 번째 단계인 '여정'*에서는 '탐색자', '파괴자', '사랑하는 자', '창조자'로 수많은 일을 겪으면서 외적인 가치가 더 이상 우리를 만족시킬 수 없음을 깨닫는다. 뼈저린 고독과 익숙한 과거의 소멸을 마주하면서 몸에 익은 습관과 과거의 목표를 하나둘 내려놓는다.

이제 우리는 근본적인 충족감을 찾아 내면으로 관심을 돌린다. 새로운 힘이 조금씩 깨어난다. 세상을 향한 새로운 사랑과 함께 운명에 순응하

III 세상을 보는 12개의 창문

는 태도가 자란다. 진짜 자기 모습을 드러내고, 인생의 문제에 창조적 해결책을 찾을 수 있는 새로운 힘이 생긴다.

42세부터 시작하는 세 번째 단계, '귀환'에서 우리의 능력은 성숙하고 무르익는다. 욕망, 열정, 취향의 '지배자'가 되고, 살아오며 받았던 상처를 스스로 치유하는 '치유자'가 되고, 균형감과 객관성을 가진 '현자', 마지막으로 '바보'가 되어 현재를 즐기고 기대나 보상 심리 없이 인생의 기쁨과 달콤함을 수용하는 법을 배운다.

'영웅'이라 하면 전장으로 용감하게 뛰어 들어가 정의를 위해 싸우고 악을 물리치는 전사를 떠올린다. 하지만 영웅에는 여러 얼굴이 있다. 치유자, 지혜로운 사람, 변화를 이끌어내는 사람, 책임감 있고 헌신적인 사람들 모두가 일종의 영웅이다. 영웅의 정의를 전사에서 치유자, 지혜로운 사람으로 확장하면 생각지도 못했던 다양한 유형의 사람들까지 눈에 들어오기 시작한다. 빛나는 갑옷을 입은 기사 같은 고정 관념에서 자유로워지기도 하고, 생각의 폭이 넓어져 다른 형태의 영웅도 존재할 수 있음을 이해한다.

영웅의 개념을 다양한 측면과 차원에서 바라보려는 태도는 여성 원형을 이해할 때 특히 중요하다. 여성성의 다양한 면모 역시 영웅적이며 가치 있는 것으로 존중할 수 있기 때문이다. 이럴 때 여성은 '여자 옷을 입은 남자'가 되려고 애쓰는 대신 여성 고유의 특성을 발견할 수 있다. 이는 남성들 역시 서구 사회에 강하게 각인된 전사 영웅이 아닌 다양한 영웅의 면모를 발휘할 수 있는 가능성을 열어준다.

원형을 이해하는 폭이 넓어지면 새로운 사고방식이나 갈등 해결 방법으로, 군사력보다는 평화적인 수단을 통해 문제를 해결하는 사람들을 알아볼 수 있다. 투쟁과 싸움이 아닌 평화를 가져오는 남성상은 강하고 힘있는 남성을 새로운 각도에서 볼 수 있게 해준다.

모든 원형은 성숙 단계에 이르면 우리 안에 잠재된 최상의 모습을 드러내지만, 초기 단계에서는 걸림돌이나 장애물로 가능성을 제한하고 한계를 만든다. 성숙해감에 따라 우리는 원형이 여정에 꼭 필요한 요소임을 인식하고 인정한다. 원형은 불현 듯 나타나서 곰곰이 생각해보게 만들었다가 어느 틈에 시야에서 사라져 숨고, 어떤 때는 우리를 지배하고, 또 어떤 때는 우리에게 맞서고 도전하면서 그 심오한 의미를 통찰하도록 우리를 자극한다.

온전함을 향하여_상반된 원형 통합하기

원형들은 대개 한 쌍으로 나타난다. 처음에는 대립하는 것처럼 보인다. 그 상반되는 원형을 통합할 때 순례자는 새로운 차원의 균형과 온전함에 이른다.

순진한 자/고아 '세상 속에서 안정감 찾기'

두 원형 모두 아동기의 특징이다. '순진한 자'는 신뢰와 낙천성을, '고아'는 배신감과 실망을 키운다. '순진한 자' 원형만 극단적으로 발달하면 무모하리만큼 어리석고 세상에 도사린 위험을 전혀 인지하지 못한다. 엄청난 고통과 시련을 겪고 '고아'만 극단적으로 발달하면 사람을 믿지 못하고 세상에 냉소적이다. 어린 시절의 경험은 세상을 '순진한 자'의 시선으로 볼지, '고아'의 시선으로 볼지를 좌우한다. '세상을 신뢰할 수 있는가, 세상을 두려워하며 자신을 지키기 위해 두꺼운 철갑을 두르는가? 안전하다고 느끼는가, 안전하게 지켜줄 누군가를 늘 찾아 헤매는가? 일과 사람을 신뢰하는가, 배신을 각오하는가?' 원형을 이해하고 둘 사이에서 균형을 잡을 때 우리는 전폭적 믿음과 상처받기 쉬운 연약함 사이의 미묘한 경계를 잘 지킬 수 있으며, 위험을 감수하며 다른 사람에게 마음을 열 때와 경계하고 자신을 보호할 때를 구별할 수 있다.

탐색자/사랑하는 자 '정체성 찾기'

두 원형 모두 자기 정체성 찾기와 상관있다. '탐색자'는 집을 떠나 아무도 간 적 없는 길을 탐색하고, 다른 사람과 자신의 차이를 통해 정체성을 찾는다. 세상을 떠도는 과정에서 많은 시련을 만난다. 자기 의심과 외로움을 다스리는 법을 배운다. 타고난 운명을 이해하기 위해 거친 풍파를 용감하게 뚫고 나선다.

'사랑하는 자' 역시 정체성을 찾고자 애쓴다. 하지만 이들은 세상 속으로 나가는 대신 영혼으로 들어가는 길을 택한다. 타인을 사랑하는 행위 속에서 자신을 찾는다. 서로 다른 점과 갈라설 이유를 찾는 대신 하나 되는 길을 추구한다.

처음에는 두 원형의 길이 정반대로 뻗은 것처럼 보인다. 정체성을 찾아 내면으로 향한 길을 택하면 세상으로 나가는 길을 포기해야하는 것처럼 보인다. 또, 세상으로 나가는 길에 나서면 내면에 집중하지 못할 것처럼 보인다. 인생 여정 중에 우리는 그 시기의 갈망에 따라 어떤 때는 '탐색자'의 길을, 어떤 때는 '사랑하는 자'의 길을 택한다. 그러다가 어느 순간 두 원형이 전혀 모순 관계가 아님을, 음과 양을 합쳐져 전체가 되듯 사실 서로가 서로의 다른 얼굴임을 이해한다. 상반된 두 길이 하나로 연결될 때 우리는 진정한 정체성을 찾는다. 안은 밖이고 밖은 안이다. 둘은 하나다.

전사/돌보는 자 '세상을 책임지고 감당하기'

'전사' 원형에서는 문제를 정복해야할 대상으로 여긴다. 문제 해결의 주체로 나서서 피해자를 구제하는 역할을 자임한다. '돌보는 자' 원형에서 우리의 관심은 정복보다는 돌보는 쪽으로 기운다. 어느 쪽이든 지나치게 한쪽으로 기울 수 있다. 그러면 목표만 바라보다가 중간에 걸리는 사람을 밟고 지나가버릴 수도 있고, 다른 사람의 상처를 보듬는 데만 정신이 팔려 본질적인 문제는 건드리지 못할 수도 있다. 치우치지 않기 위해서는 과정을 존중하고 새로운 요소를 허용하면서도 목표를 잃지 않는 태도를 지녀야 한다. 어느 방향으로 얼마나 갈지는 모든 지도자가 맞닥뜨리는 어려움이다.

단도직입적이고 외향적인 '전사'는 행동이 냉혹하거나 인정머리 없다는 오해를 받기 쉽다. 마음 약한 사람들은 특히 '전사'와 함께 일하는 것을 힘들어 한다. 직설적이고 행동을 중요시하는 태도가 불편하기 때문이다. 반면 '돌보는 자'는 선의를 가지고 나서서 오히려 일을 망치거나, 태도가 모호하고 상대의 의존성을 부추기는 사람으로 보일 수 있다. 두 원형을 공정하게 대하면서 장점을 인정하고 사회 속에서 적절한 위치를 찾아주는 것이 중요하다.

파괴자/창조자 '진정한 자기모습 확립하기'

'파괴자'로서 우리는 세상에 내보였던 가식과 허울을 파괴한다. 상실로 인해 무엇을 얻었는지 충분히 이해할 만큼 성숙하지 않은 상태에서 상실을 겪는다.

'파괴자' 원형이 너무 강하면 우울하고 공허한 느낌에 압도될 수 있다. '창조자' 원형은 스스로를 다시 만들어 세운다. 진실하고 명확한 태도로 행동하면서 중심을 단단하게 쌓아올린다. 인간의 성장은 '창조자'가 활동하고 있다는 증거다. '파괴자' 원형이 압도적일 때는 인생의 비극만을 경험한다. 이미 지나버린 시절의 관점을 부여잡고 놓지 못하면 앞으로 나아갈 수 없다. 과거 속에서 길을 잃은 것이다. '창조자' 원형이 압도하면 잠시도 쉬지 않고 계속 새로운 경험을 찾고, 그 경험을 내면에서 통합시키지 못하고 언제까지나 새로운 면모만을 찾으려 애쓴다. 두 원형이 역동적인 균형을 이룰 때만 진정한 자아를 찾을 수 있는 가능성이 열린다.

치유자/지배자 '힘(권력)에 대한 나의 태도는?'

'치유자'와 '지배자' 모두 힘을 이용해서 자신을 표현한다. '치유자'는 다른 사람 안에 잠재된 새로운 가능성을 일깨우는데 힘을 사용한다. 겉모습 아래 숨어있는 비밀을 이해하고, 다른 모습으로 변형시키면서 상대에게 이익이 되는 방향으로 힘을 사용하는 반면 '지배자'는 영역을 구별하고, 규칙을 만들고, 생활 양식을 확립하는데 힘을 사용한다. 이들은 사회나 내면생활에 질서를 수립하기 위해 힘을 사용하는 것을 당연하다고 여긴다.

'치유자' 원형에만 편향되면 인간 천성을 쉽게 파악하는 능력을 이용해 타인을 착취하거나 조종할 수 있다. 독재자처럼 '지배자' 원형이 지나치게 강한 경우에는 외부 세상의 질서를 세우는 수단으로만 힘을 휘둘러 다른 사람을 억압한다. '치유자'는 과도한 변화와 움직임으로 오히려 중심을 잃는 오류를 범할 수 있고, '지배자'는 지나친 경직성으로 숨 쉴 여지나 자유를 침해하는 오류를 범할 수 있다. 사람들의 요구를 고려하면서도 합리적인 경계를 세울 줄 아는 사려 깊고 마음이 따뜻한 지도자는 두 원형이 섬세한 균형을 이룬 상태가 무엇인지 몸소 보여준다. 이 상태는 새로운 유형의 지도력을 가리키는 '섬기는 지도자'라는 용어에서 잘 드러난다.

현자/바보 '어떻게 자유를 찾을 수 있을까?'

'현자'는 작은 일에 흔들리지 않으면서 전체를 파악하고, 큰 그림 속에서 어떤 일이 일어나고 있는지를 보려한다. 전체를 파악하면서 그 통찰을 다른 사람들과 나눌 때 지혜가 찾아온다. '현자'의 눈으로 세상을 보면서 폭넓고 복잡한 그림을 이해할 때 우리는 자유를 경험할 수 있다. 여기서 자유란 인생이 왜 이렇게 펼쳐지는지, 인간 의식은 어떻게 발달하는지, 인간 공동체는 어떻게 진화하는지, 역사를 움직이는 힘은 무엇인지를 통찰하게 됨을 말한다. 이런 통찰에서 어떤 외부의 강요 없이 자기 역할을 자유롭게 인식하고 행동할 수 있는 힘이 나오기 때문이다.

'바보'는 큰 그림을 파악하기 위해 한 발 물러나지 않는다. 그들은 인생 속으로 풍덩 뛰어들어 현재를 살고, 현재를 만끽한다. 전통이나 관습에 얽매이지 않고, 외부의 규정과 제약을 거부하면서 자유를 누린다. '바보'일 때 우리는 자유로움을 느낀다. 상황을 전적으로 수용하며 그에 따라 타인 및 공동체와의 관계를 기꺼이 조정하고, 언제나 새로운 눈으로 세상을 만나기 때문이다. 자유로운 '바보'는 어떤 상황 속으로든 선뜻 들어서며, 늘 새로운 마음으로 세상을 대하고, 가는 곳마다 유머와 쾌활함을 전하고, 다른 사람들이 뭐라고 생각할지를 놓고 고민하지 않는다.

우리는 첫째, 이해와 통찰을 통해 만날 수 있는 자유와 둘째, 타인의 기대 때문에 머뭇거리지 않고 마음의 소리에 따라 행동하는 즉흥성이라는 자유의 두 측면을 모두 만나야한다.

IV 깨달음의 길
_온전함을 향한 자기 계발

우리는 미래에서 오는 모든 두려움과

공포를 영혼에서 몰아내야 한다.

미래에 대한 모든 느낌과

감각에서 마음의 평온을 유지해야 한다.

다가올 모든 일을

흔들림 없는 침착함으로 고대해야 하며,

어떤 일이 일어나든

지혜로 가득 찬 세계의 인도로 우리에게

오는 일이라는 것만 생각해야 한다.

그것이 이 시대에 우리가 터득해야 하는 배움,

즉, 순수한 신뢰의 힘으로 살아가는 것…

존재에 대한 어떤 안전장치도 없이, 언제나 현존하는

정신세계의 도움을 신뢰하면서.

진정으로 세상 그 어떤 일도 용기가 꺾이지 않는다면

우리를 꺾지 못하리니, 의지를 훈련하라…

그리고 내면에서 오는 각성을 찾으라

매일 아침, 매일 밤마다.

루돌프 슈타이너, 본문 289쪽

비자발적 변화, 자발적 변화

변화는 삶을 변형시키는 힘이다. 자신이 주도하는 변화가 있고, 자기 뜻과 무관하게 찾아오는 변화가 있다. 각오는 했지만 결코 달갑지 않은 한겨울 칼바람처럼 인생에 들이닥치는 변화도 있다. 조짐을 읽고 마음의 준비를 해도 어떤 모습으로 다가올지는 알지 못한다. 어떤 경우든 변화는 삶에 꼭 필요한 요소이며, 딱딱해진 옛 습관을 버리고 새로 태어나게 해준다. 이는 일종의 예술이며, 여기서 예술가는 바로 우리 자신이다. 다른 누군가가 달라지라고 요구하면 우리는 상처 받거나 반발한다. 최고의 결과는 스스로 그 필요를 인식하고 주도할 때 일어난다.

비자발적 변화

비자발적으로 일어나는 변화는 겉보기에는 '마른하늘의 날벼락'처럼 찾아오며, 이 일이 일어난 뒤 삶은 완전히 달라진다. 심각한 병이나 죽음, 실직, 느닷없는 임신이 여기에 속한다. 지진이나 허리케인, 토네이도 같은 자연재해가 동네를 덮치기도 하고, 기차, 비행기, 자동차, 자전거 사고, 전쟁 같은 재앙, 범죄로 인해 삶이 달라지기도 한다. 사건의 여파로 집이나 직장, 공동체가 파괴되고, 그런 일이 언젠가 또 일어날지 모른다는 불신과 불안 때문에 사람들이 우리를 버리고 떠나기도 한다. 이런 변화에 어떻게 반응해야 할까? 무력해지거나 상처입고 파괴되지 않고 계속 성장할 수 있으려면 어떻게 대처해야할까?

이런 변화 중 대표적인 두 가지는 인간관계의 종말(이별)과 나이가 드는 것(노화)이다. 그 밖의 다른 큰 변화도 다음에 설명하는 애도 과정을 비슷하게 거친다. 인간관계가 끝났을 때 죽음과 크게 다르지 않은 아픔을 느끼는 경우가 많다. 엘리자베스 퀴블러-로스Elisabeth Kübler-Ross는 사랑하는 사람이 죽었을 때 불신으로 시작해서 부정, 협상, 분노, 절망, 우울, 수용을 거쳐 극복으로 나가는 〈애도의 7단계〉를 거친다고 했다. 배우자의 불륜을 알았을 때, 애인의 이별 통보, 관계가 식었음을 둘 다 인식했을 때도 사랑하는 사람이 죽었을 때와 비슷한 과정을 겪는다. 노화는 그만큼 큰 아픔은 아니지만 많은 사람이 일상이 근본적으로 흔들리는 상실을 겪는다.

먼저 관계가 끝난 경우를 살펴보자.

1. **불신** '이건 사실이 아니야. 이 편지(문자 또는 대화)가 진심일 리가 없어. 내가 뭘 잘못 알아들은 게 분명해. 이상하리만치 아무 느낌이 없어. 온몸이 마비된 것 같아.'

2. **부정** '이런 일이 나한테 일어날 리가 없어. 다른 사람들이나 겪는 일이야. 결혼 생활에 지금껏 아무 문제가 없었어. 사이도 좋았고. 지금은 흥분해서 저렇게 말하지만 시간이 지나면 정신 차릴 거야. 잠깐 마음이 흔들렸던 것뿐일 거야. 신경 쓸 가치도 없어. 이럴 때일수록 이해심을 갖고 지켜봐줘야지. 아무리 힘들어도 마음을 잘 다스릴 거야. 이런 일로 싸우지 않을 거야. 두고 봐. 거짓말처럼 지나갈테니.'

3. **협상** 협상은 이미 돌이킬 수 없는 변화를 인정하지 않으려는 발버둥이다. 둘의 관계가 끝나서 헤어지는 것은 죽음으로 인한 이별과는 다르다. 형태는 달라질지언정 살아있기 때문에 관계를 회복하고 성장시킬 수 있는 가능성이 아직 남아 있기 때문이다.

> "상담을 받으러 가거나 신부(목사, 랍비)를 찾아가자. 그러면 당신이 어떤 결정을 내리던 받아들일게.
> 아이들이 자랄 때까지 조금만 미루면 어떨까?
> 내가 졸업할 때까지 당신이 뒷바라지를 해주면 그 다음에…
> 당분간 이 문제를 아무에게도 말하지 않아준다면…
> 일단 내 마음이 정리될 때까지 시간을 가진 다음…
> 우리가 계속 친구처럼 만날 수 있다면…"

상대가 힘이 있다면 이런 협상 중 일정 부분은 받아들일 것이다. 그

Ⅳ 깨달음의 길_온전함을 향한 자기 계발

러면 다시 한 번 생각해볼 시간, 불쑥불쑥 올라오는 감정을 가라앉힐 시간, 상담을 받고, 문제를 찬찬히 되돌아볼 시간, 진짜 원하는 게 무엇인지 생각해볼 시간을 벌 수 있다. 어떤 방법이든 마음을 정리하고, 새로운 가능성을 생각해볼 시간이 생긴다.

4. **분노** 감정이 갈수록 격해진다. "너 도대체 왜 이러니? 우리가 함께 쌓아온 세월을 다 망치고 있잖아. 어쩌면 이렇게 매정하게 날 떠날 수가 있어? 내가 너한테 그렇게 부족한 사람이야? 그런 거야? 더 어린 (예쁜, 잘생긴) 사람을 찾는 거야? 너도 별 볼일 없거든. 네가 어떤 인간인지 만천하에 떠들고 다닐 거야. 이 쓰레기 같은 놈아!"
이 단계에서는 분노에 차서 비이성적인 행동을 하거나 폭력까지 서슴지 않는다. 관계가 끝났을 때는 특히 그렇다. '내가 널 가질 수 없다면 아무에게도 못 가게 하겠어!' 끓어오르는 화를 참지 못하고 복수할 방법을 찾아 헤맨다. 분노에 사로잡혀 사리 판단을 못하거나 비이성적으로 행동할 수도 있다. 상실감에 폭력을 휘두르는 일이 보통 이 단계에서 일어난다.

5. **절망과 우울** 어떤 방법도 먹히지 않는다. 관계는 끝났다. 철저한 무력감에 사로잡힌다. 서서히 이별이 현실로 다가온다. 이 단계에서 고통을 잊기 위해 약물이나 술에 의존하는 사람들도 있다. 두문불출 아무도 안 만나고 전화, 이메일에도 대답하지 않고, 초인종이 울려도 나가보지 않는다. 바깥세상과 접촉을 끊고 스스로를 학대한다.
가까운 친구들의 일상적인 도움이 절대적으로 필요하다. 끼니를 챙겨 먹고 잠을 자고 정상적으로 출근하는 일과를 따를 수 있으면 마음의 상처가 치유될 때까지 버틸 수 있다는 신호다. 무엇보다 시간이 최고의 약이다. 이 기간에는 중요한 결정은 당분간 보류하는 것이 좋다. 다른 사람의 말에 쉽게 동요할 수 있는 상태이기 때문이다.

6. **체념과 수용** 시간이 지나면서(몇 주, 몇 달, 몇 년) 무력감과 자기 연민이 조금씩 가라앉고 현실을 받아들이기 시작한다. 더 이상 도망갈 곳이 없음을 깨닫는 순간 새로운 변화가 일어나기 시작한다. 어느 날 문득 잠에서 깨어 가장 힘든 고비를 지나왔음을 깨닫는다. 떠오르는 해가 아름답게 느껴지고 새로운 하루가 밝게 빛난다. 아주 오랜만에 두근 거리는 마음으로 하루를 시작한다. 잠시 삶에서 멀어져 있었지만 이제는 사람들 속으로 돌아갈 때다. 조금씩 친구들을 만나고, 모임에 나가고, 저녁 초대를 수락한다. 과거의 상처를 없었던 일로 돌릴 방법은 없지만 가능한 범위에서 최선을 다해 살아간다.

7. **다음 단계로** 새롭게 시작해보기로 결심했다면 지난 일을 성찰하고 삶을 다시 설계할 때다. 결단을 내리는 능력이 한층 성장했다. 자신을 초월한 어떤 곳에서 새로운 힘을 공급받는 것 같다. 힘들었던 시간에서 무엇을 깨달았는지 반추하고 배울 점이 무엇인지 찾아본다. 진정으로 용서할 수 있는 힘이 생기면서 마침내 과거를 떠나보낼 수 있다.

노화의 경우도 비슷한 과정을 거친다. 모든 사람은 나이를 먹고 언젠가 죽음을 맞이한다.

1. **불신** '난 늙지 않았어! 다른 사람들이나 늙지 난 아니야! 나한테 그런 일이 일어날 리가 없어. 평생 아무렇지도 않게 해오던 일을 왜 못하

IV 깨달음의 길_온전함을 향한 자기 계발

겠어? 전보다 조금 더 노력하면 되겠지. 무릎이 뻣뻣하고 허리가 뻐근하군.'

2. 부정 '나이 때문이 아니라 그냥 담이 든 것뿐이야. 흰머리가 아니라 새치가 난 것뿐이라고. 이러다 괜찮아질 거야. 우리 이모는 서른 살부터 흰머리가 났는데 지금도 얼마나 젊고 혈기왕성하신지 몰라. 상사가 전보다 까다로워진 거지 내가 못 따라가는 게 아니야.'

3. 협상 '젊게 살려면 잠을 푹 자고 먹는 것도 신경 써야겠어. 젊은 친구들하고 어울리고, 젊어 보이는 옷을 입고, 항상 젊게 행동해야지. 산악 동호회에도 가입해야겠군. 부서장으로 승진하면 그땐 내가 늙었고 은퇴할 때가 되었다는 걸 인정하지. 『멕베스』에서 내가 좋아하는 역을 맡게 해주면 (배우 생활 내내 그 역을 꼭 해보고 싶었어), 그러면 여한이 없겠네. 더 늙기 전에 돈도 실컷 벌어봐야지.'

4. 분노 '젊음을 유지해보겠다고 그렇게 애를 썼는데 왜 아무 효과가 없지? 시간과 돈을 쓸데없이 낭비해왔군. 나한텐 이런 일이 일어나지 않을 줄 알았는데.'

5. 절망과 우울 '다 소용없어. 얼굴에 자글자글한 주름 좀 봐! 온몸이 여기저기 쑤시고 아파. 사람들이 나를 어르신이라고 불러. 내가 들어갈 때 문을 열어주고 짐을 대신 들어줄까 물어봐. 살면서 하고 싶었던 일을 반도 이루지 못했는데. 난 무엇을 위해 그렇게 애쓰며 살았을까? 지팡이를 짚고 느릿느릿 걷는 꼬부랑 늙은이는 되고 싶지 않아. 은퇴하고 싶지 않아. 할 수 있는 일이 아무 것도 없어. 정말 외롭고 쓸쓸해.'

6. **체념과 수용** '거부해도 아무 소용이 없군. 사람은 모두 늙게 마련이지. 남은 시간을 최대한 잘 활용하는 편이 낫겠어. 취미 생활에 더 많은 시간을 보낼 거야. 늘 생각만 했는데 마당 남쪽에 정원을 꾸며봐야겠어. 처지가 비슷한 친구들이 있으니 그나마 위안이 되는군. 돌아보면 참 많은 일이 있었네. 만족스러운 삶이었어. 너무 늙어서 거동이 힘들어져도 멋지고 축복받은 인생을 살았다고 느낄 거야. 늙어가는 과정도 축복이라는 걸 깨닫게 되는군. 신체가 쇠약해지는 대신 지혜가 풍성해지고, 겉으로 보이는 아름다움 대신 작은 일에도 기뻐하는 마음이 자라거든.'

7. **다음 단계** '예전과는 전혀 다른 감사와 기쁨을 알게 되었어. 하느님, 이 아름다운 세상을 살 수 있게 해주셔서 고맙습니다. 나를 사랑하고 지지해주는 가족과 친구들도 정말 고마워. 다른 사람들을 위해 내가 할 수 있는 일이 뭘까? 나를 필요로 하는 곳이 어디일까?'

일곱 단계를 비교적 짧은 시간에 거쳐 가는 사람도 있고 오랜 시간이 걸리는 사람도, 한 단계에서 오래 머무는 사람도 있다. 다음 단계로 넘어갈 때 가장 힘이 되는 것 중 하나가 우정이다. 지금 느끼는 감정을 누군가에게 털어놓을 수 있어야 한다. 그것은 그 순간에는 타당한 감정이다. 하지만 죄책감이나 분노에 너무 오래 파묻혀 있으면 생명력이 소진하고 진정한 삶의 과제를 만날 수 없게 된다. 가끔은 뒤에서 밀어주는 친구들 덕에 넘어가기도 하지만 보통 다음 단계로 넘어갈 준비가 될 때까지 그 단계에 머무른다.

자녀나 손자손녀가 중병에 걸리거나 사고를 당하거나 죽는 사건으로 인한 변화에도 똑같은 과정을 겪는다. 그밖에 다른 상황에서도 죄책감, 비난,

이런 일을 겪지 않은 사람에 대한 질투, 날벼락처럼 사고를 겪을 수밖에 없었다는 무력감 등을 경험한다. 어떤 사람들은 고통에 머무르지 않고 거기서 의미를 찾고 다른 사람을 돕는 기회로 승화시키기도 한다. 그런다고 아픔이 사라지는 것은 아니지만 비극적 경험을 인류의 진보를 위해 쓰겠다는 결심은 삶을 훨씬 풍요롭게 만들어줄 수 있다.

자발적 변화

살면서 겪는 변화 중 대부분을 다른 사람들은 거의 눈치 채지 못한다. 자발적으로 마음을 내어 기질이나 영혼 특성, 세상을 보는 시각을 변형시키기 위해 조용히 노력할 때, 관찰하는 힘을 키우려 노력할 때, 약점을 극복하고 두려움을 직시하고 객관적인 태도나 용기를 키우려 노력할 때 다른 사람들은 그런 변화가 일어나고 있는지를 잘 알아차리지 못한다. 건강하게 말하고 일하고 생각하지 못한다고 느낄 때 우리는 변화를 도모한다. 변해야하는 걸 알면서도 선뜻 움직이기 싫을 때도 있다. 변화가 두렵기 때문이다. 우리는 낯설고 알지 못하는 것에 흥미를 느끼면서도 두려워한다.

새해를 맞아 새로운 결심을 하는 것은 변화의 필요성을 인정하는 행위다. 몸에 익은 습관을 깨려고 애쓰는 것도 변화를 위한 노력이다. "담배 끊기는 참 쉬워. 나는 벌써 수십 번이나 해봤어." 같은 농담은 습관이 얼마나 공고하고 깨기가 얼마나 어려운지를 보여준다. 변화의 목표치를 현실적으로 잡는 것도 수많은 실패를 통해 터득해가는 배움의 일부다.

스스로를 변화시키려면 결단이 필요하다. 다음날 맑은 정신에 봤을 때 황당해할 성급한 결정이 아니어야 한다. 중대한 결정을 내리기 전 삼일 밤 정도는 그 문제를 품고 자는 것이 좋다. 잠들기 직전에 고민하는 문제를 떠올린다. 높은 존재에게 일의 진행을 맡긴다고 표현할 수도 있다. 아침에 일어나면서 마음에서 들려오는 소리에 귀를 기울인다. 잠에서 완전히 깨기 직전은 새로운 생각을 받아들이고 아침 햇살 속에서 그 생각을 검토하는 특별한 순간이다. 중대한 결정을 내릴 때 명상과 기도에서 큰 힘을 얻을 수 있다.

1970년대에 심리치료사인 이라 프로고프 박사Dr. Ira Progoff(1921–1998)가 이끄는 글쓰기 집중 워크숍에 참석한 적이 있다. 프로고프 박사는 사람들이 의미 있는 삶의 방식을 찾도록 도와주는 방법을 개발했다. 그 워크숍은 살면서 중요한 결정을 내릴 때, 특히 변화의 시기에 큰 도움을 주었다. 그는 공책을 여러 칸으로 나눈 다음 칸마다 제목을 붙이고 해당 내용을 써보라고 제안했다. 예를 들어 '내 몸과의 대화'라는 제목의 칸, '내가 하는 일과의 대화', '자녀와의 대화', '배우자와의 대화' 같은 칸을 만든다.(친구, 집, 정원 같은 주제도 적어볼 수 있다) 생각을 정리하고 조용히 자리에 앉아 자신이나 주변을 향해 편지를 쓰다보면 내내 머릿속을 맴돌았지만 모호하고 중심이 잡히지 않던 생각을 의식으로 끌어올릴 수 있다. 자세한 사항은 www.intensivejournal.org를 참고하라.

우리는 스스로 내린 결정에 책임을 져야한다. 다른 사람 말만 듣고 결정을 내리면 자아의 힘이 약해진다. 다른 사람의 조언도 물론 귀기울여 들어야 하지만 어느 시점에는 조언 찾아다니기를 멈추고 자기 마음에 근거해서 스스로 결정을 내린 다음 그 결과를 감당해야 한다.

두려움 극복하기

변화를 어렵게 하는 큰 장애물 중 하나는 두려움이다. 두려움은 우리 시대와 문화의 질병이며, 갈수록 확산하고 있다. 장소(고소공포증, 심해공포증, 폐소공포증), 지구적 재앙, 사고, 노화, 질병, 고독에 공포를 느끼고, 특히 죽음을 두려워한다. 공포에 휩싸일 때 우리는 손끝하나 움직일 수 없는 상태로 완전히 고립되었다고 느낀다. 극심한 공포감이 들 때 어떤 현상이 일어날까? 얼굴이 창백해지고 식은땀이 나고 심장이 쿵쾅거리며 금방이라도 죽을 것 같다. 두려움은 영혼을 옭아맨다. 생명을 위협하는 사건이 전혀 없을 때도 공포를 느낄 수 있다.

장소를 이동할 때 두려워하는 사람이 있다. '그곳에 갔다가 죽으면 어떻게 하지? 어떤 식으로 죽게 될까? 내 곁에 누가 있어줄까?' 잠자다가 죽을까봐 잠을 자지 못하는 사람, 출근을 못하는 사람도 있다. 사람들로 붐비는 공간을 견디지 못하기 때문이다. 이런 공포는 완전히 극복하는데 몇 년이 걸릴 수도 있다.

두려움은 인간의 기본적인 감정이다. 보통 나이가 어리고 다른 사람의 보호를 받으며 살 때는 두려움을 느끼지 않는다. 외부에서 위협이 다가올 때, 어떤 사건, 힘이 가족이라는 울타리에서 우리를 분리시킬 때 찾아온다. 하지만 언제까지나 어린 시절에나 받는 보호막 속에서 살 수는 없는 노릇이다. 우리 '자아'는 홀로 서기를 갈망하며 주변과 분리하려 애쓰는 동시에 고립과 분리를 위협과 공포로 느낀다. 두려움을 넘어서면 자유와 개별성이 활짝 날개를 펼치지만, 극복에 실패하면 불안이 걷잡을 수 없이 커진다.

지혜와 통찰을 통해 두려움의 실체를 파악하고 불안을 극복할 수 있다. 무엇을 두려워하는지를 아는 것이 회복의 첫 걸음이다. 우리를 위협하고 외로움과 소외감을 불러일으키는 것을 직시할 때 지혜를 얻을 수 있다. 두려움을 느낄 때 나타나는 증상들은 더 깊은 문제를 인식하게 해주는 계기가 될 뿐만 아니라 문제를 해결하고 극복할 수 있는 열쇠 역시 그 속에 담고 있다. 불안을 야기하는 상황을 이해하면 그것을 극복하고 승리를 쟁취하기 위해 '자아'가 깨어난다.

두려움에 사로잡힌 채 그 사슬을 끊지 못할 때 불안은 우리를 약하게 만든다. 몇 년 전, 새크라멘토 주민들은 희생자를 끔찍한 방법으로 괴롭힌 강간범 때문에 공포에 휩싸인 적이 있었다. 몇 개월이 지나도록 경찰이 범인을 잡지 못하자 현관과 창문에 몇 겹의 안전장치를 설치하는 등 이중삼중으로 안전 조치를 취하기 시작했다. 시민들이 자발적으로 자경단을 꾸려 수시로 거리를 순찰했다. 도시 전체가 공황에 빠졌다. 당시 나도 불을 환히 켠 채 잠자리에 드는 것은 물론 아이들을 모두 한 방에 데리고 잤다. 그러던 어느 날 밤 샌프란시스코로 현장 실습을 갔다가 차를 몰고 집으로 돌아오는 길에 새크라멘토로 넘어가는 다리 위에서 수천 채의 집에서 새어나오는 반짝이는 불빛을 보았다. 그 광경을 보면서 이런 생각을 했다. '이 도시의 이렇게 많은 집 중에서 그 강간범이 왜 우리 집을 택할 거라고 생각했을까? 이제 그 문제에 그만 매달리자.' 그 때 비로소 나는 몇 달 만에 처음으로 경계의 고삐는 늦추지 않으면서도 공포가 내 삶을 지배하지 않도록 중심을 잡을 수 있었다.

오늘날 우리는 늘 불안에 떨며 살아간다. 전쟁과 테러, 폭력, 환경 파괴 등 무시무시한 일들이 지구 곳곳에서 벌어지고 있기 때문이다. 하지만 우리는 잠재적인 위험이 우리를 잠식하지 못하도록 희망으로 맞서야 한다. 적절한 선에서 필요한 조치는 취해야 하지만 두려움에 끌려 다녀서는 안 된다.

두려움에 맞서는 힘을 키우는데 도움이 되는 두 편의 명상 글을 소개한다.

우리는 미래에서 오는 모든 두려움과
공포를 영혼에서 몰아내야 한다.
미래에 대한 모든 느낌과
감각에서 마음의 평온을 유지해야 한다.
다가올 모든 일을
흔들림 없는 침착함으로 고대해야 하며,
어떤 일이 일어나든
지혜로 가득 찬 세계의 인도로 우리에게
오는 일이라는 것만 생각해야 한다.
그것이 이 시대에 우리가 터득해야 하는 배움,
즉, 순수한 신뢰의 힘으로 살아가는 것…
존재에 대한 어떤 안전장치도 없이, 언제나 현존하는
정신세계의 도움을 신뢰하면서.
진정으로 세상 그 어떤 일도 용기가 꺾이지 않는다면
우리를 꺾지 못하리니, 의지를 훈련하라…
그리고 내면에서 오는 각성을 찾으라
매일 아침, 매일 밤마다.[11]

루돌프 슈타이너

---

11 역주: GA 40a 『잠언, 시, 만트라』 283쪽 '출처를 제공하지 않고 슈타이너의 이름으로 떠도는 문장' 참조. 이에 따르면 '슈타이너의 미하엘 시'로 퍼져있는 이 시는 누군가가 다음의 두 강의에 담긴 내용을 추출해서 시 형태로 다시 쓴 것이다.
1.독일 브레멘 강의 『인식과 영생Erkenntnis und Unsterblichkeit』 중 1910년 11월 27일 강의, 〈루돌프 슈타이너 전집에 대한 기고문 제 98호〉
2.독일 베를린 강의 『영혼 생활의 변형 – 영혼 체험의 오솔길IIMetamorphosen des Seelenlebens – Pfade der Seelenerlebnisse II』 (GA 59) 중 1910년 2월 17일 강의, 〈기도의 본질Das Wesen des Gebetes〉

나를 찾아오는 일들이
내게 이르게 하소서.
그래서 내가 그 일들을
평온한 마음으로 맞이하게 하소서
우리가 발 딛고 걸어가는
아버지 평화의 땅을 통해.

나를 찾아오는 사람들이
내게 이르게 하소서.
그래서 내가 그 사람들을
이해하는 마음으로 맞이하게 하소서
우리가 살아가는
그리스도 사랑의 강을 통해.

나를 찾아오는 정신이
내게 이르게 하소서,
그래서 내가 그 정신을
맑은 영혼으로 맞게 하소서
우리 눈을 밝혀주는
치유하는 정신의 빛을 통해.

아담 비틀스톤Adam Bittleston
『오늘을 위한 명상기도Editative Prayers for Today』
(Edinburgh: Floris,1982)

　　　　　　　　　　IV 깨달음의 길_온전함을 향한 자기 계발

이 밖에도 여러 종교와 철학에서 나온 많은 시와 명상이 있다. 알맞은 것을 찾아 묵상하면 큰 힘이 될 것이다.

우리가 의도적으로 만들어낸 변화가 사회에 엄청난 영향을 미치는 경우도 있다. 눈앞에 닥친 어려운 상황을 극복하는 과정에서 오히려 다른 사람을 도와줄 힘을 얻기도 한다. 사고나 질병으로 자녀를 잃는 아픔을 겪은 부모가, 에이즈나 다른 질병으로 친구를 잃은 사람들이 힘을 모아 문제 해결을 위한 조직을 만든다. 그것이 얼마나 엄청난 시련인지를 인식하고 그에 맞설 힘이 있는 사람들이기 때문에 변화를 이끌어낼 수 있다.

생물학자 레이첼 카슨Rachel Carson은 살충제의 영향을 연구한 뒤 대규모 화학 회사들에 맞서 『침묵의 봄Silent Spring』이라는 책을 썼다. 그 책은 케네디 대통령에게 깊은 감명을 주었다. 헬렌 칼디콧 박사Dr. Helen Caldicott는 〈사회적 책임을 위한 의사회Physicians for Social Responsibility〉를 설립했다. 전 세계 23,000명의 의사가 소속된 이 단체는 다른 의사들에게 핵전쟁, 핵발전소, 핵무기가 인체에 미치는 영향을 알리고 교육하는 일을 한다. 칼디콧 박사의 노력으로 열린 포럼에서는 상호 적대적인 국가의 의사들이 한자리에 앉아 정치적 견해가 아닌 건강을 돌보는 관점에서 이 문제를 논의한다.

우리는 각자의 삶에서 변화의 불씨를 당길 수 있다. 그러기 위해서는 다양한 가능성을 상상할 수 있어야 한다. 이런 상상은 앞으로 맞닥뜨리게 될 모든 어려움을 헤치고 나갈 수 있는 힘을 준다. 또한 치유를 간절하게 기다리는 세상의 상을 마음속에 떠올리게 해준다. 변화를 만들어가는 과정에서 우리는 수많은 선택을 한다. 그 모든 선택은 개인의 가치관과 삶에 대한 관점을 반영한다. 더 높은 '자아'에 대한 확신과 인식이 분명해질수록 (선택 자체가 쉬워지지는 않지만) 명확한 의식을 갖고 선택하게 된다.

변형에 이르는 길

고대에는 신비학 사원에서 이루어지는 성스러운 입문의 길이 소수의 선택된
사람들에게만 열려있었다. 오늘날에는 원하는 사람은 누구나 현대적 입문의
길에 들어설 수 있다. 까다로운 시험을 통과하거나 광야에 나가 은둔할 필요
도 없다. 오늘날에는 정신 수양이 적극적인 자기 계발의 일부가 되었기 때문
이다. 오해와 편견을 극복하고, 우리를 잘못 판단한 사람들을 용서하고, 자
연 속에서 정화하려고 노력하는 과정을 통해 정신의 성장을 이룰 수 있다.
기존 종교의 테두리 안에서도 가능하고, 그 바깥에서 할 수도 있다. 현대적
입문의 길은 전적으로 개인의 자유 의지에 근거하기 때문에 개별적 고차 자
아 이외에 그 어떤 것도 우리에게 어떤 행동도 강요할 수 없다. 정신 수련의
목적은 다른 사람이나 사건을 제 맘대로 다스릴 힘을 구하는 등의 이기적인
이유가 아니다. 자아 개발은 정신세계와 나의 관계를 좀 더 의식적이고 명확

하게 인식해가는 길이다. 그 길에서 어떤 능력을 얻더라도 자신을 위해서가 아니라 오로지 다른 사람을 돕는 일에만 사용해야한다. 도덕과 영혼의 발달은 아주 밀접하게 연결되어 있다.

변형에 이르는 3가지 길

정신 수련의 준비 단계는 보통 사고, 느낌, 의지라는 영혼의 힘을 강화하는 데 집중한다. 크게 학습, 명상과 예술 작업, 사회적 행동과 소통이라는 3가지 길이 있다.

i. 학습의 길

첫 번째 길은 학습이다. 다른 사람이 정신세계에 대해 전하는 말을 읽고 공부하면서 그쪽으로 주의를 집중하다보면 시간이 지나면서 사고의 질이 달라진다. 시, 영감을 주는 글, 기도문, 우화, 동화, 신화는 깊이 명상할 심상과 사고를 영원으로 이끌어 줄 생각의 단초를 제공한다. 사람들의 생애 이야기는 삶 속에서 운명이 어떻게 작용하는지를 깨닫게 해준다. 정신적 스승들이 쓴 책이나 강연을 읽고 공부하다보면 육체의 요구에 매어있던 사고가 점차 자유로워진다. 종교에서 제안하는 학습의 길을 따라도 좋고, 정신적 스승들의 저작을 선택해 읽을 수도 있다. 스승마다 정신세계에 이르는 특정한 길을 가리키지만 정신세계에서 그 모든 길은 하나로 만난다.

ii. 체험의 길

두 번째는 체험을 쌓으며 깨달음을 얻는 길이다. 명상과 집중 훈련은 정신세계에 관한 책을 읽는 것보다 우리를 한 단계 더 성장하게 하며, 정신세계와 직접 관계 맺는 체험을 낳는다. 영혼 속 고요한 지점으로 들어가게 해주는 연습을 비롯하여 지금껏 잠들어 있던 영혼의 힘을 일깨우는 다양한 연습이 있다.

내면 관찰하기

규칙적으로 하루, 일주일, 일 년을 되돌아보는 연습이다. 예를 들어 매일 밤 잠 자리에 들기 전에 하루의 행동을 하나씩 떠올린다. 마지막 활동부터 시작해서 아침에 자리에서 일어나는 순간까지 거슬러 올라간다. 거꾸로 되돌아보는 연습은 '자아'를 강화하는 특별한 효과가 있으며 하루의 경험을 객관화하는데도 도움이 된다. 이 연습을 규칙적으로 실천하다보면 삶에 내적인 질서가 생긴다.

또 다른 유용한 연습은 지난 삶을 돌아보면서 시기마다 중요했던 사람들을 떠올려보는 것이다. 규칙적으로 이 연습을 하다보면 우리 운명이 어떻게 펼쳐져 왔는지를 깨닫고, 인생의 방향과 지금껏 접해왔던 상황들이 어디를 가리키고 있는지를 서서히 이해하게 될 것이다. 시련의 순간에도 감사하는 태도를 잃지 않으면 상황에 대한 인식과 이해는 더 빨라진다. 내적으로 고요해지고 성찰하는 힘이 커질수록 잠들고 깨는 순간이 얼마나 정신적 인도를 잘 받아들일 수 있는 순간인지를 깨닫게 된다. 질문을 갖고 잠이 들었다가 깨어나는 순간 무엇을 해야 할지 불현듯 깨닫는 경험도 비교적 흔한 일이다.

자연 관찰하기

집중 연습 끊임없이 밀려들면서 생각을 산만하게 만드는 잡념을 몰아내면서 5분 동안 한 가지 사물 또는 개념에만 집중하는 연습이다. 의지를 강화하는 동시에 사고에 중심점이 생기도록 도와준다. 이 연습은 물질육체에 의존하기 쉬운 영혼을 자유롭게 풀어주는 힘이 있다. 생각을 집중할 단순한 사물을 선택한 다음 한 달 동안 규칙적으로 그 사물에 생각을 모은다. 다음 달에는 다른 사물을 선택한다. 여러 달 동안 계속 같은 사물에 집중할 수도 있다.

우리는 이미지와 정보의 홍수 속에서 감각이 과부하하는 시대를 살고 있다. 선전 문구, 신문 머리기사, 광고판, 신문 기사, 삽화, 텔레비전, 영화, 인터넷 정보는 모두 우리의 생명력을 빼앗아가고 탈진하게 만든다. 쇼핑센터를 돌아다니거나 컴퓨터 앞에 오래 앉아 있다 보면 지독한 피곤함을 느끼게 된다. 사방에서 쏟아지는 그 많은 자극을 다 소화할 수가 없기 때문이다. 숲이나 해변을 산책한 뒤에 생기를 되찾는 상태와 비교해보라.

자연 현상을 주의 깊게 관찰하면 뚜렷한 목표를 가지고 객관적으로 자연 속으로 들어갈 수 있는 길이 열린다. 매일같이 조개껍데기나 식물, 돌을 관찰해보자. 관찰할 때 생겨나는 느낌을 간직하면서 꾸준히 관찰하다보면 대상 속에 존재하는 법칙이나 사고를 파악할 수 있다. 이런 방식으로 관찰 훈련을 이어가면 사물에 대한 새로운 이해가 깨어난다. 자연을 우리 뜻에 복종시키려 노력하는 대신 자연이 보여주는 세상의 비밀에 귀를 기울이게 된다. 이 때 우리는 감각 과부하와 정반대 경험을 한다. 영혼 안에서 헌신의 느낌, 경외감이 깨어난다. 평화와 평정심을 경험한다.

관찰 연습　매일 아침 하늘 관찰하기, 매일 밤 달 관찰하기, 같은 식물 관찰하기, 특정인이 입은 옷 관찰하기처럼 늘 바뀌는 현상을 관찰하다보면 대상에 대한 관심이 생겨난다. 자세히 관찰한 다음 어제 관찰한 표상과 오늘 관찰한 표상을 마음속에 나란히 놓는다. 계속 하다보면 시간에 따른 변화와 흐름을 볼 수 있다. 이 연습은 관찰력을 강화해줄 뿐만 아니라 처음 관찰에서 달라진 부분에 주목하게 해준다.

예를 들어 하늘을 오랫동안 관찰하다보면 폭풍우를 예측할 수 있다. 자연계 현상 속에 내재하는 법칙이 조금씩 눈에 보이기 시작하는 것이다. 또 지금까지 허둥지둥 일상을 살면서 얼마나 세상을 스치듯 보고 살았는지를 깨닫는다. 이런 연습은 경이감, 헌신, 감사의 느낌을 키우는 한편 영혼 속에 새로운 가능성을 열어준다. 이 모든 체험은 영혼을 강화시킨다. 영혼에 힘이 생기면 감당할 준비되지 않은 일을 억지로 할 필요는 없다는 안정감 속에서 정신세계와 관계를 확장시켜갈 수 있다.

계절 관찰하기　내면의 힘을 키우는 또 다른 방법은 삶을 계절 변화와 연결시키는 것이다. 자연의 얼굴은 계절마다 달라진다. 여름에는 형형색색의 향기로운 꽃, 새들의 노래 소리, 곤충과 나비의 날갯짓으로 한껏 치장한다. 햇살로 가득한 긴 여름날 동안 우리는 찬란한 빛에 이끌려 자아라는 껍데기를 벗고 감각으로 쏟아져 들어오는 풍성한 자극에 마음을 빼앗기고 빠져든다.

여름이 끝나고 낮이 짧아지면 꽃은 씨앗을 떨어뜨리고 자연은 고요해진다. 가을이 다가오고 세상의 어둠은 깊어지면서 내면에 집중하기가 점점 쉬워진다.

겨울이 깊어갈수록 낮은 짧아지다가 마침내 일 년 중 낮이 가장 짧은 날이 찾아온다. 자연은 잠든 것처럼 보이지만 땅속에서 쉼 없는 움직임이 이어진다. 우리는 일 년 중 가장 어두운 때를 가장 외로운 동시에 내면 작업에서는 가장 열매를 많이 거둘 수 있는 때라고 느낀다. 더 이상 자연에서 힘을 받을 수 없기 때문에 내면의 힘을 훨씬 강하게 끌어올려야 하기 때문이다.

마침내 낮이 다시 길어지고 밝아지기 시작한다. 크로커스와 수선화의 초록 싹이 언 땅을 뚫고 고개를 내밀면서 봄을 선언한다. 우리는 부드러운 봄바람을, 대지가 잠에서 깨어나 씨 뿌릴 날이 돌아오기를 고대한다. 이 소생과 부활의 시기에 우리는 다시 자연 쪽으로 고개를 돌린다.

계절의 특성에 따라 한 해의 변화에 동참하면 영혼과 정신이 강건해진다. 계절의 리듬을 의식적으로 느끼고 따르다보면 새로운 태도로 한 해를 살게 된다. 세상의 신비에 대한 폭넓은 이해와 느낌이 영혼으로 들어와 내면을 고양시킨다. 또한 우리 인생에도 계절이 있음을, 탄생의 시기, 노력의 열매를 수확하는 시기, 죽음의 시기, 씨앗을 거두어들이고 생명을 부여하는 시기가 있음을 깨닫는다. 자연과 인간 안에서 동일한 법칙이 펼쳐지기 때문이다.

고대 신비학에서는 제자들에게 만물에 작용하는 정신세계의 활동을 알아보도록 가르쳤다. 예를 들어 엘레우시스라는 고대 그리스 도시에서 젊은 학생들은 대지의 여신 데메테르와 저승신의 아내 페르세포네 이야기를 통해 계절의 신비를 배웠다. 저승신인 하데스가 데메테르의 딸 페르세포네를 지하 세계로 데려가자 어머니 데메테르는 비탄에 잠겼고, 대지 위 모든 식물은 꽃을 피우지 않았다. 세상이 황량해졌다. 그때부터 페르세포네는 자기가 먹은 석류 씨앗 개수에 해당하는 달만큼 지하 세계에 머물러야 했다. 그 기간이 끝나 지상으로 올라오면 겨울은 봄으로 바뀐다. 딸을 다시 만난 데메테르가 기뻐하면서 대지도 함께 살아나 기쁨에 동참하는 것이다. 하지만 몇 달 후 페르세포네가 지하 세계로 돌아가면 대지는 다시 차갑게 얼어붙는다.

이는 계절 변화의 기원을 '상을 이용해서 설명'한 것이다. 이 상이 내면에 들어가 활발히 작용하기 시작하면 제자는 단순한 계절 변화보다 훨씬 더 큰 진리, 곧 죽음과 부활의 신비를 경험할 수 있었다.

레이첼 카슨은 저서 『센스 오브 원더』(2012, 에코리브르)에서 자연을 관찰하고 숙고하는 활동의 가치를 이렇게 말했다.

> 이런 경외감을 간직하고 강화하는 것, 인간 삶의 경계 저 너머에 있는 무엇인가를 깨닫는 것, 이런 것들은 어떤 가치를 지닐까? 자연을 탐험하는 것은 단지 황금 같은 어린 시절을 즐겁게 보내기 위한 방편일 뿐인가? 아니면 그 이상의 깊은 의미가 있는 것인가…?
>
> 나는 확신한다. 무언가 좀 더 깊고 지속적이며 의미 있는 것이 있다고. 자연의 아름다움과 신비로움 속에서 살아가는 사람이라면 전문가든 아니든 삶에서 결코 외로워지거나 피폐해지지 않는다. 성가신 일이나 근심거리를 만나더라도 그들은 사고를 통해 내면적 만족감과 새로운 흥분을 삶에서 이끌어내는 방법을 발견할 수 있다. 대지의 아름다움을 고찰하는 사람들은 삶이 다할 때까지 견뎌낼만한 힘의 원천을 찾아낸다……

부처의 팔정도 八正道

영혼을 강화하기란 결코 쉬운 일이 아니다. 수없이 시도하고 실패했다가 다시 시도하고 실패하는 과정을 되풀이해야 한다. 이때 도움이 될 수행의 길 중에 부처의 팔정도가 있다. 이 방법으로 내면을 가꾸고 계발하면 일상의

IV 깨달음의 길_온전함을 향한 자기 계발

모든 측면으로 확장할 수 있는 창조적인 내면 공간이 만들어진다. 내면의 이런 영역은 아주 실용적인 역할을 할 수 있다.

1. 정견正見 삶을 대하는 태도를 명확히 하라. 당신은 현실을 어떻게 바라보는가? 깨달음을 향한 올바른 태도를 키웠는가?

2. 정사유正思惟 의도를 분명히 하라. 목표를 세울 때 심사숙고하라. 할 수 있는 한 충분히 고민하라. 의미 있는 일과 무의미한 일을 구분하라. 간소화하라. 감정에 휘둘리지 않는 상태에서 판단하라. 합당한 이유에 따라 행동하라. 옳다고 확신할 때는 그 결정을 고수하라.

3. 정어正語 말을 잘 살펴라. 당신은 말을 어떻게 사용하고 있는가? 남을 흉보기 위해 사용하는가? 침묵이 어색해서 아무 말이나 던지고 있는가? 사려 깊은 대화를 위해 말하는가? 참말과 거짓말에 대한 당신의 태도는 어떠한가? 침묵을 두려워하지 말라. 동료, 배우자, 부모, 자녀에게 어떻게 말하는가? 어조는 어떠한가? 내용은 무엇인가? 말에는 힘이 있다. 입밖으로 나간 말은 거두어들일 수 없다. 남의 말을 왜곡하지 말고 정확하게 듣는 자가 되라. 동료와 이야기 나눌 때 너무 많이도 너무 적게도 말하지 말라.

4. 정업正業 자기 행동을 조심스럽게 따져보라. 동기가 무엇이었는가? 자신만을 위해서 어떤 일을 했는가? 다른 사람을 위해서 했는가? 상황마다 어떻게 행동했는가? 다시 그 상황이 되면 똑같이 행동하겠는가? 다른 사람이 자기 의지에 따르지 못하도록 영향력을 행사하는가? 행동에 대한 칭찬을 기대하는가? 당신의 행동을 누군가 알아주는 것이

중요한가? 양심에 따라 행동할 때 관련된 모든 이에게 득이 되기 위해서는 어떤 행동이 최선일지 신중히 따져보라.

5. **정명**正命 자연, 가족, 직장, 자신의 욕구, 그리고 타인의 욕구 사이에서 균형을 잡으라. 너무 빠르지도, 너무 느리지도 않게 반응하라. 본질적 요구와 비본질적 요구를 구별하라. 일상의 사소함에 매몰되지 말라. 『구약 성서』의 십계명은 이 단계에서 유용한 길잡이가 되어줄 수 있다. (예: 살인하지 말라, 도둑질하지 말라, 간음하지 말라) 인생을 스스로 성장할 기회로 바라보라.

6. **정정진**正精進 이상을 높이 세워라. 일할 때는 현실적이되 목표는 높이 세워라. 이상을 추구하되 인생 전체를 보는 시야를 잃지 말라. 하룻밤에 세상을 바꿀 수는 없다. 바꿀 수 있는 것, 당신의 인생과 공간, 하는 일부터 시작하라. 작은 것 하나쯤은 바꿀 수 있지 않겠는가? 한 번에 모든 걸 해결하려 하지 말라.

7. **정념**正念 인생이 가르쳐주는 것을 배우라. 하루를 돌아보고 일주일을 돌아보라. 경험에서 배움을 얻어라. 타인의 행동을 비판이 아닌 사랑의 눈으로 관찰하라. 자기 삶을 살펴보고 얼마나 많은 사람이 도움을 주었는지를 기억하라. 당신 삶을 잠깐 스치며 지나가는 어떤 이가 던진 한 마디가 생각을 바꾸고 새로운 기회를 열고 새로운 통찰을 가져다줄 수 있다. 삶을 되돌아보고 점검하다보면 스스로 택한 운명의 길을 알아보는 힘이 자란다.

8. **정정**正定 가능하다면 매일 사색과 명상의 시간을 가져라. 5분이라도 삶을 돌아보고 오래 남을 것이 무엇인지 생각하고, 그것을 위해 일하

IV 깨달음의 길_온전함을 향한 자기 계발

라. 사고와 감정, 의지에 힘을 불어넣는 연습을 하라.

팔정도는 영혼의 힘을 키우고 균형 잡힌 인간이 되도록 도와주기 때문에 우리가 깨달음의 길에 지나치게 광적으로 몰입하지 않도록 막아준다. 더 높은 단계의 연습이나 명상에 전혀 관심 없는 사람이라도 팔정도는 유의미하다. 중심 있고 균형 잡힌 사람이 되고, 세상 속에서 맡은 일을 더 잘 하도록 도와 줄 수 있다.

자아 발달과 영혼 훈련을 위한 또 다른 방법으로 루돌프 슈타이너가 제시한 6가지 연습이 있다. 이에 대한 자세한 설명은 플로린 론데스Florin Lowndes가 쓴 『심장 차크라 활성화시키기Enlivening the Chakra of the Heart』(East Sussex, UK: Sophia Books, Rudolf Steiner Press, 2001)를 참고하라. 6가지 부차 수련, 또는 6가지 보호 연습이라고도 한다. 총 6개월 동안 한 달에 한 연습씩 집중할 수도, 일주일이나 하루 단위로 진행할 수도 있다. 팔정도와 일부 비슷한 점이 있다.

루돌프 슈타이너의 6가지 기본 연습
다음은 슈타이너의 6가지 연습을 내 말로 풀어 설명한 것이다. 슈타이너는 여러 강연과 저술에서 이 연습을 언급했고, 그 이후 많은 사람이 각 연습을 새로운 차원으로 볼 수 있도록 풍부한 설명을 덧붙여왔다.

1. **사고의 흐름 이끌기** 내면에 집중하여 분주한 마음을 완전히 비우는 시간을 만들라. 일상의 의무와 전혀 무관한 생각이나 상에 온전히 집

중하라. 예를 들어 정삼각형 같은 상을 마음속에 떠올려 집중한 다음 그 상을 지우고 떠나보낸다. 다시 정삼각형의 상을 만들었다가 다시 지운다. 꼬리를 물고 침입하는 모든 잡념을 차단한다. 단 몇 분이라도 매일 실행하는 것이 중요하다. 이 연습은 사고의 주인이 되기 위한 첫 걸음이다. 단추나 연필 같은 사물의 상을 떠올려도 좋고, 문장이나 구, 또는 단어 하나로도 연습할 수 있다.

2. **의지 다스리기** 대부분의 행동은 어떤 목적을 수행하기 위해 일어난다. 이 연습의 핵심은 일상에서 아무 쓸모가 없는 행동을 선택하는데 있다. 어떤 목적도 수반하지 않기 때문에 완전히 자유로운 행동이 된다. 전혀 필요하지 않은 행동을 하나 선택한 다음 매일 같은 시간에 반복하라. 예를 들어 매일 4시가 되면 제자리에서 일어났다 앉는다. 어느 정도 지난 다음 첫 번째 행동에 두 번째 행동을 덧붙인다. 이 연습은 시간과 다른 관계를 맺게 해주며, 의지를 강화한다. 시간이 흐르면서 시계나 알람이 없어도 점점 마음먹은 시간에 가까이 가면 저절로 깨어나는 것을 발견하게 된다.

3. **기쁨과 슬픔 속 평정심** 기쁨과 슬픔을 온전히 느끼면서도 자제력을 잃지 말라. 한쪽 감정에 지나치게 매몰되지 않으면서 모든 감정의 가치를 골고루 보라. 극단으로 치우치지 않도록 주의하라. 이 연습은 마음을 차분하게 만들고 감정을 풍부하게 해준다. 다른 관점에서 상황을 보고 모든 관점마다 나름의 타당성이 있음을 인지하라.

4. **판단의 긍정성** 긍정적인 태도를 키운다. 모든 경험과 살아있는 모든 존재 속에서 선한 부분과 칭찬할 부분, 아름다운 요소를 찾는다. 비판

IV 깨달음의 길_온전함을 향한 자기 계발

을 삼가라. 싫어하거나 부정적으로 여기는 일이나 상황이 무엇인지 인지하라. 그 일과 상황에 관심을 기울이면서 전과 다르게 보기 시작하는지 관찰하라. 이 연습은 삶에 감사하는 태도를 키워준다.

5. 매사에 열린 마음 무슨 일이든 누구를 만나든 언제나 새로운 점을 찾아내라. 당신과 다른 관점에 의식적으로 귀기울이라. 이 연습은 유연하고 깨어있는 사람으로 성장하도록 도와준다.

6. 5가지 연습을 체계적, 정기적으로 반복, 또 반복하라.

6가지 기본 연습은 우리에게 힘을 주는 한편, 명상의 준비 단계로 끈기와 균형감을 키워준다.

예술 활동

예술 작업도 깨달음의 길과 이어진다. 예술 활동에 몰입한 뒤에는 푹 잘자고 일어났을 때와 비슷한 생기와 활력을 얻는다. 회화나 소묘, 공연 예술, 음악 감상, 조소, 춤, 오이리트미, 시 등 모든 형태의 예술을 통해 창조적 정신의 힘과 접촉하고, 영혼이 생기를 얻는다. 살면서 음악이나 회화, 시에 흠뻑 빠져들었던 적이 있을 것이다. 요즘에는 예술 치료나 취미로 하는 예술 활동이 삶을 조화롭게 만들어주는 힘이 있다는 인식이 높아지고 있다.

예술 활동에 몰두하다보면 다른 분야의 일이 의식으로 떠오르는 경험을 할 때가 있다. 예를 들어 공부 중에 이해가 가지 않는 개념 때문에 골머리를 썩였다. 그런데 얼마 뒤 그림을 그리거나 시를 쓰다가 별안간 무릎을 탁 치며 전에 씨름하던 내용이 직관적으로 이해되는 것이다. 처음에는 아무 상관없는 생각이 밑도 끝도 없이 떠오른 것처럼 보이지만 반복하다 보면 특정 색깔이나 상이 사실은 사고의 다른 형태임을 깨닫게 된다.

예술 활동을 할 때 우리는 미지의 세계, 보이지 않는 세계, 어떤 이름도 붙지 않은 세계와 만난다. 결과를 확신하지 못하는 상태에서 위험을 감수하면서 다른 길을 시도해야 한다. 내면의 소리에 귀기울여야 한다. 영감의 순간을 통해 예술은 내면에 있는 것을 밖으로 드러나게 하고, 우리는 일상적인 자아의 한계를 넘어 또 다른 차원으로 올라간다. 이런 의미에서 볼 때 작품보다 훨씬 중요한 것이 과정이다. 과정에 대한 의식이 더 많이 깨어날수록 내 생각대로 나갈 때와 물러설 때, 놓아줄 때가 언제인지를 알아볼 수 있다. 예술의 여신과 대화하며 작품을 만들 때 예술은 깨달음에 이르는 또 하나의 길이 된다.

iii. 사회 참여_헌신의 길

변형을 위한 세 번째 방법은 행동과 상호 작용을 통한 길이다. 여기서 우리는 어떤 일을 완수하기 위해 다른 사람과 협력해서 일하는 법을 배운다. 여럿이 함께 일할 때 우리는 각자의 이기적인 목적보다 더 큰 가치를 위해 힘을 모은다. 혼자서도 할 수 있지만 함께 일할 때는 각 개인이 전체를 위해 기여하는 상태를 경험할 수 있다. 결과 역시 어떤 유능한 개인이 혼자 만들어내는 것과 비교할 수 없이 크다. 알베르트 슈바이처, 테레사 수녀, 마틴 루터 킹 주니어, 넬슨 만델라는 세상을 이롭게 하는데 평생을 바쳤으며 수많은 사람에게 영감을 주었다. 하지만 단지 이름이 알려지지 않았을 뿐 수천, 어쩌면 수백 만의 사람들 역시 그들 못지않은 헌신의 길을 걸어갔다.

헌신의 길은 명상의 길과 방향이 반대다. 명상 수련에서는 사고 능력을

Ⅳ 깨달음의 길_온전함을 향한 자기 계발

오랜 세월 동안 꾸준히 갈고 닦아 먼저 상상의 힘을, 다음은 영감의 힘, 마지막으로 직관의 힘을 키운다. 반면 사회 참여의 길은 지금 여기에 무엇이 필요한지를 직관으로 파악하고 그에 근거해서 행동하는 데서 시작한다. 일단 행동을 한 다음에 조용히 되돌아보면서 영감을 얻는다. 자신이 한 행위로 인해 무슨 일이 일어나는지, 결과가 무엇인지를 관찰한다. 이를 통해 마침내 상상에 이른다. 그 일과 행동에 대한 상을 얻는 것이다.

헌신의 길을 통해 우리는 '선을 행할 수' 있다. 특별한 친분이나 강한 공감 관계가 아닌 사람들과도 한 팀을 이룬다. 공동의 목표가 우리를 하나로 묶어주기 때문에 개인적 차이를 넘어서 더 높은 선을 위해 함께 일할 수 있는 힘이 생긴다.

적극적으로 활동하며 살기를 원하는 사람들에게는 이 길이 더 적합하다. 정신적 길과 적극적 사회 참여의 길은 결국 하나로 만난다. 행위는 우리를 깨어나게 한다. 우리는 서로를 보며 배우고 함께 깨닫는다. 위험을 무릅써야할 때도 있고, 정신적으로 충분히 성숙하기 전에 과감하게 행동에 뛰어들어야 할 때도 있다. 이는 그 시대의 요구와 필요이기에 행동하면서 배울 수 있다. 여기서 가장 중요한 것은 내면의 소리에 귀기울이는 힘이다. 일이 끝나자마자 곧바로 다른 일에 착수하는 식으로 일에 파묻혀 정신없이 휩쓸려 다녀서는 안 된다. 고요한 내면으로 자신의 행위를 조용히 반추할 수 있어야 한다. 내면의 소리에 귀기울이는 행위는 밖으로 드러나는 활동이 많은 사회 참여의 길에 필요한 명상이다.

어느 한 길만 배타적으로 선택해야하는 것은 아니다. 각각이 영혼과 정신의 특정 측면을 성숙하게 한다. 세 가지 길을 동시에 갈 수도 있다. 학습,

영혼 성장을 위한 수련과 예술 훈련, 실천이라는 세 가지 길은 변형으로 가는 상호보완적인 길이며, 삶을 정신이 담길 수 있는 새로운 그릇으로 빚고 다듬는 세 가지 방법이다.

실천의 세 가지 길

버나드 리브굿Bernard Lievegoed은 저서 『영혼을 위한 전투The Battle for the Soul』(Stroud, UK: Hawthorn Press, 1993)에서 영혼이 세상 속에서 펼치는 정신적 활동에 세 가지 방향이 있다고 했다. 이를 통해 지금까지 살펴본 세 가지 변형의 길을 한층 넓혀보자.

하나는 '인식'의 갈래로 지혜를 구하는 사람, 오랜 세월 동안 축적된 지혜를 학습하고 이해하는데 중심을 둔 사람들이 걷는 길이다. 이 방향으로 가는 사람들은 사고의 힘을 이용해 영혼 발달을 도모한다. 무슨 일이 어떻게 벌어질지를 사전에 구체적으로 떠올려본 다음 행동에 나선다. 사람들은 조언과 영감이 필요할 때 이들을 찾아온다. 영혼 특성의 관점에서 보면 인식의 갈래에 속한 사람들은 '모방형 보존자' 또는 '정신 연구자'에 해당한다.

두 번째 갈래는 실천의 길이다. 여기에 속한 사람들은 사색의 힘을 이용해서 일하는 사람들과 달리 의지를 통해 활발하게 활동한다. 아무 형상 없는 돌덩어리를 멋진 조각상으로 변형시키는 조각가나 캔버스 위에 상을 창조하는 화가, 노동을 통해 대지를 변형시키는 농부, 건강을 위한 약을 만드는 약사, 환자의 질병을 치료하는 의사 등이 여기에 속한다. 이들의 일은 결과를 분명하게 예측하기 어려운 경우가 많다. 일단 행동한 다음 한 걸음 물러나서 찬찬히 살피면서 자기가 무슨 일을 했는지를 파악한다. 즉 사색이 일을 시작하기 전이 아니라 행동이 끝난 다음에 오는 것이다. '사교적 개혁가',

'적극적 발언가', '사고형 조직가' 같은 영혼 특성이 여기에 해당한다.

세 번째 갈래는 인간의 영혼 발달과 특히 관련 깊으며 관계를 통해 작용한다. 이들은 정서를 중심으로 활동한다. 이는 여러 사람이 힘을 모으는 사회적 영역이다. 온화함과 사랑 속에서 인간 영혼은 성숙한다. 고난을 직시하고, 용서를 배우고, 주위 사람들의 고민에 귀를 기울일 때 영혼의 힘이 성장한다. 이 길은 사람들과 부대끼는 관계 속에서만 성장한다. 가장 큰 특징은 희생이다. 사회 복지사, 장애인과 함께 일하는 사람들, 상담이나 치유 작업을 하는 사람들은 모두 인간 영혼의 건강에 관여하며, 주된 영혼 특성은 '꿈꾸는 양육자'나 '빛나는 균형자'다.

누구나 세 갈래의 힘을 모두 만나지만 그 중 하나가 특히 강하기 마련이다. 다른 두 정신적 흐름이 보완되어야 균형 잡힌 성숙에 이를 수 있다.

50년 동안 교직에 있었던 경험을 살려 교사 유형으로 설명해보겠다.

주로 첫 번째 갈래의 힘으로 일하는 교사는 수업을 학자의 자세로 대한다. 교과내용을 중심으로 학생들이 지식을 제대로 습득하는 것이 자신의 책임이라고 여긴다. 이는 지식(인식)의 갈래다. 두 번째 갈래에서 의지의 힘으로 작업하는 교사는 수업에서 아이들을 만나는 일을 예술 작업으로 여기고 예술적이며 계속 변화 발전할 수 있는 수업을 만들기 위해 애쓴다. 실천의 갈래에서 오는 창조력을 바탕으로 수업한다.

느낌을 통해 작업하는 세 번째 갈래의 교사는 상담사의 자세로 수업을 하고, 아이들을 만난다. 학생의 영혼 생활, 그들의 요구, 정서 발달, 가족 상황이나 주변 관계 문제에 집중한다. 교과를 학생들의 정서적 요구를 충족시키는 통로라고 여긴다.

세 측면 모두를 수업에 담는 것이 이상적이다. 하지만 현실에서 보면 각자 강한 영역이 있다. 이를 깨달으면서 편견이나 자신이 특별히 강한 영역을 기준으로 동료들을 평가하는 대신 모두가 각자의 방식으로 얼마나 노력하는지를 있는 그대로 볼 수 있게 되었다. 또 의식적으로 이런 태도를 훈련하면서 순간순간 찾아오는 유혹을 알아차리고, 편견이나 편향성이 고개를 내밀 때 인정할 수 있는 힘을 갖게 되었다. 변형에 이르는 길이 여러 갈래임을 알 때 각자의 고유한 특성을 이해하는 폭이 조금씩 넓어진다. 인간의 삶이 얼마나 다양하고 풍요로운지와 모두에게 다 들어맞는 유일한 길이란 없다는 사실을 분명히 깨달을 수 있다.

균형의 길

우리는 과학이 궁극적으로는 모든 일을 규명하고 언젠가는 원하는 모든 것을 만들 수 있는 것처럼 보이는 시대를 살고 있다. 과학이 새로운 기술을 선사하면 그 기술은 또 다른 새로운 과학을 낳는다. 그 단적인 예가 천체물리학이다. 인간의 지혜로 헤아릴 수 없는 자연의 '신비'는 어느새 언젠가는 과학이 밝혀내고 착취할 수 있는 '비밀'로 전락했다. 기계가 사람과 비슷해지면서 어느 새 인간을 기계처럼 대하기 시작했다. 이런 세계관이 득세하면서 많은 사람의 사고 속에서 정신 영역에 대한 필요성이나 여지가 흔적 없이 사라지고 있다. 물리적, 물질적 세계만이 전부가 된 것이다.

이와 동시에 우리는 물질세계가 전부라는 세계관과 정반대로 유한한 인간 삶의 한계와 속박이 다 끊어진 것처럼 보이는 세계를 살고 있다. 머지않아 가상 세계가 물질세계를 대체하게 될 것이다. 약물, 컴퓨터 기기, 현실 도피성 오락 등 우리가 언젠가 죽을 수밖에 없는 육체 속에 살고 있다는 사실과 인간이 한계를 가진 존재라는 사실을 잊게 해줄 수단이 점점 많아지고 있다. 환영과 황홀경이 달콤하게 손짓한다.

이런 경향은 지금 세계를 만든 두 가지 힘의 결과다. 첫 번째 힘은 우리를 육체적, 물질적 세계관 속으로 깊이 끌어당기며, 눈에 보이지 않는 세계와 종교적 가르침을 비웃고 업신여기는 것이다. 이를 '수축의 힘(혹은 아리만적 힘)'이라고 부른다. 두 번째 힘은 우리를 구체적이고 물질적인 모든 것에서 멀어지게 만든다. 이를 '확장의 힘(혹은 루시퍼적 힘)'이라고 부른다. 인간의 에너지는 양쪽에서 끌어당기는 두 힘 때문에 제대로 흐르지 못하고 어느 한쪽이나 동시에 양쪽으로 치우치기 일쑤다. 극단적인 편향은 당연히 건강하지 않지만, 우리가 의식적으로 조절할 때 두 힘은 유용한 수단이 될 수 있다.

수축의 힘은 추상적이고 경직되게 만든다. 전체 맥락과 큰 그림을 외면한 채 숫자처럼 양으로 측정할 수 있는 증거에 최상의 가치를 부여한다. 이유혹에 굴복한 교육은 진정한 배움을 희생한 채 시험 점수에 사활을 건다. 믿을 수 있는 건 객관적 사실뿐이며 상상력은 길을 잃게 만든다고 주장한다. 사실 교육에서 가장 중요한 요소는 수치화하기 어렵기 때문에 역으로 수치화할 수 있는 것만 중요하게 만든다. 찰스 다윈Charles Darwin은 자서전에서 이렇게 말했다.

그러나 나는 여러 해 동안 시 한 구절 읽는 것도 견딜 수 없이 힘들었다. 얼마 전 셰익스피어를 읽어보려고 했으나 참을 수 없이 따분하여 구역질이 날 정도였다. 그림과 음악에도 아무런 감흥을 느낄 수 없게 되었다. 예전에 갖고 있던 예술에 대한 높은 안목이 이토록 기이하게 사라져버린 것이 참으로 애석하다…

Ⅳ 깨달음의 길_온전함을 향한 자기 계발

엄청난 사실의 총합에서 일반 법칙을 추출해내는 동안 내 마음이 기계로 변해버린 것 같다. 그러나 그로 인해 왜 두뇌의 특정 부분, 고상한 안목을 담당하는 그 부분만 위축되었는지는 도무지 알 수가 없다. (찰스 다윈의 자서전 부록, 1881년 5월 1일(세상을 떠나기 1년 전)에 쓴 글 http://www.macroevolution.net/charles-darwins-autobiography-7.html)

수축의 힘은 경직되고 단단하게 만든다. 한편으로 이 힘은 모든 가치를 물질생활에 둔다. "물질 이외에 다른 건 아무 것도 없어. 다른 것을 주장하는 사람들은 모두 몽상가에 불과해. 정신 따위가 '진짜 세계'를 사는 우리에게 무슨 도움을 줄 수가 있지?" 이런 태도는 과학 기술이 가져다줄 새로운 가능성, 과학의 유용함, 효율성, 힘만을 바라보고 경탄하라고 부추긴다. 특히 컴퓨터가 생활 깊숙이 파고들면서 정보에 파묻혀 허우적거릴 지경이 되었지만 현실세계를 과연 그만큼 잘 이해하게 되었을까? 인간 사고의 산물에 불과하다는 사실을 까맣게 잊은 채 기계를 경외하는 사람도 있다. 동료나 자기 내면보다 '장난감'이나 '도구'에 더 몰두하며 종교적 경외심으로 열광하는 사람들은 이미 기술 문명에 내면의 자리를 내어준 셈이 아닐까? 컴퓨터에 중독된 사람들도 다른 중독자처럼 영혼과 정신 생활이 빈약해지고 시간, 공간 감각을 자주 잃어버리고 가족, 친구, 동료와의 관계를 하찮게 여긴다.

정보 삭제, 입력, 출력 같은 기계 언어가 일상에서 쓰인지 오래 되었다. 인간 두뇌를 정보를 처리하는 컴퓨터와 크게 다를 바 없다고 여긴다. 10살 아이에게 기억력이 뛰어나다고 칭찬했더니 "제 하드 드라이브가 끝내주죠."라고 대답한 적이 있다.

수축의 힘은 정신세계를 지향하는 사람들에게도 영향을 미친다. 사고를 경직시켜 '단 하나의 길만 옳다'고 믿게 만든다. 인생의 수많은 질문에 정해진 몇 개의 답만을 정답이라고 고집하는 좁은 시야를 가진 근본주의 혹은 원리주의에서 이런 경향을 볼 수 있다. 이들은 삶의 근원적인 문제에 기계적 해법만을 대입한다. 유연한 사고를 가진 사람들을 위협으로 여기고, 자기들이 주장하는 옳은 길을 믿지 않는다는 이유만으로 위험하거나 사악하다는 꼬리표를 붙여 박해한다.

확장의 힘은 현실세계를 잊고 모호하고 몽환적인 상과 불명확한 사고에 빠지게 만든다. "아무 걱정 마세요, 다 잘될 거예요." 이런 종류의 사고는 TV, 영화, 포르노를 강박적으로 탐닉하거나 약물, 술의 힘을 빌려 환각의 세계를 창조한다. 그 환각의 힘으로 일상의 권태, 세상을 살며 만나는 두려움과 고통, 괴로움을 잊는다. 일상의 자아를 벗고 짧은 순간 '황홀경'을 맛본다. 하지만 잠시 동안의 쾌락이 지나면 그만한 강도로 땅으로 곤두박질친다. 인생에서 일어나는 일은 진짜가 아니므로 너무 많은 에너지를 쏟을 필요가 없다고 속삭인다. 거짓 정신세계로 도피해 안식을 찾는 시간이 늘어날수록 감각이 점점 더 둔해지기 때문에 흥분을 일으키는 약물이나 환각에 더 매달리게 된다.

흔히 카우치 포테이토라고 부르는 텔레비전 중독자나 약물 중독자가 활기차고 의미 있는 삶을 산다고 말하기는 어렵다. 일상의 괴로움이나 스트레스에서 잠시 고개를 돌려 외면하고 있을 뿐이다. 불행히도 도피하는 시간이 늘어날수록 삶의 주도권을 잃고 진정한 기쁨과 성취를 경험할 기회가 줄어든다. 어쩌다 정말 가슴 뛰는 일을 만나도 감당할 힘이 없어 눈 앞에서 놓쳐버릴 수도 있다.

IV 깨달음의 길_온전함을 향한 자기 계발

일상의 어려움에서 도피하는 덜 극단적인 형태 중 하나는 과거에 대한 동경, 향수다. 과거에 열광하면서 힘들었던 점은 망각하고 좋았던 점만 과장하고 강조한다. 어린 시절의 추억이든 먼 역사 속 사건이든 낭만이라는 필터를 덧대 삶을 대하면 실제 경험을 부풀리거나 왜곡할 수 있다. 그리움의 강도, 현실을 객관적으로 파악하는 눈이 흐려진 정도에 따라 왜곡의 수위가 달라진다. 향수라는 기분 좋은 느낌에 너무 흠뻑 빠지면 과거를 객관적으로 파악하는 힘이 무뎌지고, 현재의 삶을 의식적으로 이끌고 갈 힘을 잃는다. 확장의 힘만 지나치게 강해지면 엄연한 사실을 무시한 채 지나치게 열광하거나 지나치게 일반화하는 오류에 빠질 수 있다.

또한 이 힘은 지상의 일은 아무 가치가 없으며, 오직 정신세계만이 진짜라고 느끼게 만든다. 이는 물질세계에 대한 거부, 나아가 혐오를 낳는다. 지금 당장 정신세계를 만나고 체험하고 싶은 욕심에 여러 수행의 길을 돌아가며 섭렵하거나 유사 정신 체험을 얻으려 약물에 의존하기도 한다. 컴퓨터 중독자가 컴퓨터를 신주단지처럼 모시듯 '영성 중독자'는 영계 접촉 경험이나 수정 구슬에 과도하게 집착하면서 세상 모든 일을 우주에서 보내는 계시로 해석한다. 카르마라는 개념을 자기 행동에 따른 책임을 회피하기 위한 변명으로 내세운다. 수많은 정신적 영향력이 미로처럼 엉키면서 자유 의지는 길을 잃는다.

세상을 대하는 비현실적인 관점에는 어김없이 확장의 힘이 있다. 과도한 자신감 또는 오만이 여기에 해당한다. 이는 확장의 힘이 신념을 실제보다 부풀리고 자신이 다른 사람보다 더 훌륭하고 똑똑하며 정신적이라는 확신을 불어넣을 때 나타나는 현상이다.

근본주의처럼 사고를 경직되게 만드는 수축의 힘과 교만하게 만드는 확장의 힘이 동시에 작용하면 자기만 옳다고 주장하는 지도자를 엄청난 수의 사람들이 추종하는 사태가 벌어진다. 이런 예는 미국을 비롯한 전 세계에서 얼마든지 찾아볼 수 있다.

수축의 힘은 때로 살아있는 세상을 생명도, 영혼도 없는 힘만 지배하는 기계적인 세상으로 여기게 만든다. 그 영향을 받을 때 우리는 세상을 그저 사실의 집합체, 의미도 연관성도 없는 현상이 제멋대로 일어나는 무대로 여긴다. 통계 지표와 표본, 유형과 경직된 틀만을 강조하는 과학은 문제의 개별적인 요소를 분리하고 분석하는 데는 대단히 효과적이지만, 문제를 상호 연관된 유기체로 사고하는 것을 막고 균형 잡힌 판단을 방해한다. 물론 전체를 통합적으로 바라보는 새로운 과학적 관점 또한 조금씩 성장하고 있으며, 이에 관심을 갖는 사람들이 늘어가고 있다. 이를 통해 생명을 죽은 조직으로 토막 내서 분석하는 대신 다시 한 번 우주의 신비와 경이로움을 인식하는 길로 나갈 수 있다.

건강한 영혼 발달의 핵심 '균형'

물질적 관점에 옭아매거나 반대로 현실과 괴리시켜 제대로 대처하지 못하게 만드는 모든 유혹은 삶을 아주 협소한 시각에서만 바라보게 만든다. 그리고 인간의 진정한 과제, 즉 지상 세계와 정신세계 어느 한쪽으로도 치우치지 않은 균형의 길에서 멀어지게 만든다. 지상 세계와 정신세계는 동떨어진 두 부분이 아니라 인생을 대하는 단일하며 복잡한 태도로, 그 속에는 풍성한 역동이 살아 움직인다. 균형의 길에는 단순하고 쉬운 해결책이 존재하지 않는다. 결코 편안하지도 않다. 그러나 자유로운 인간은 대립하는 두 힘을 모두 지닌 존재이기 때문에 그 사이의 긴장을 피할 도리는 없다.

확장의 힘은 예술과 아름다움을 통해 인간을 단순한 물질 이상의 세계로 올라가게 해준다. 우리는 형태와 색깔의 세계에서, 구성과 패턴에서, 감각 자극 속에서 기쁨을 느낀다. 이런 세상을 만든 창조의 힘과 연결되었다고 느낄 때 우리의 가슴은 벅차오른다. 정신세계가 가까이 와있으며 문이 열려있다고 느낀다. 하지만 언제까지나 이런 의식 상태에 머물러 있을 수는 없다. 일상의 요구와 현실 문제도 살펴야 한다. 루돌프 슈타이너는, 그렇지 않으면 '삶이 복수할 것'이라고 말했다.

컴퓨터를 비롯한 과학기기는 분명 아주 유용하다. 필요할 때 적절하게 사용하되 그 가능성과 한계를 항상 의식해야 한다. 컴퓨터를 지혜롭게 사용하면 필요한 정보를 쉽게 손에 넣을 수 있다. 날씨 지도로 허리케인과 토네이도의 진행 방향을 미리 알아 대처할 수도 있고, 세계 곳곳에서 발생하는 질병의 흐름을 파악할 수도 있다. 쓸모 있는 도구임에 틀림없지만 부모나 교사가 앞장서서 어린아이들까지 배우고 사용하도록 권장해서는 안 된다.

물질육체 속에서 살아가는 모든 존재는 물질 법칙에 지배받는다. 먹고 자고 쉴 곳이 필요하다. 기본 욕구를 비롯한 물질생활의 여러 측면에서 우리는 끊임없이 두 힘의 유혹을 받는다. 너무 많이 먹거나 먹는 일에 지나치게 무관심하거나, 음식이나 의복에 과도하게 신경 쓰거나 완전히 무시하는 등 편향될 수 있다. 주거도 마찬가지다. 집을 우아하게 꾸미는데 모든 시간과 돈을 쏟아 붓는 사람도 있고, 생존에 꼭 필요한 것이 아니면 거들떠보지도 않는 사람도 있다. 감각의 사치에 몰두하거나 금욕적으로 현실을 거부하는 등 한쪽 극단을 개인 종교로 만들어버린 것이다.

물질 세상은 아름답고 경이롭고 장엄하며, 창조주와 정신세계의 표현이다. 음식이나 의복, 집은 우리가 물질세상과 관계 맺는 방식의 표현이다. 이 세상을 우상화하는 것이 옳지 않듯 완전히 거부하고 무시하는 태도 역시 바람직하지 않다. 그러면 이 둘 사이에서 어떻게 균형을 잡을 수 있을까? 우리의 과제는 물질 세계라는 선물을 즐기고 아름다움을 만끽하면서도 그 너머의 세계를 잊지 않는 것이다.

영혼 생활에서도 욕망, 이기주의, 욕정, 탐욕, 자기중심주의, 나태, 독선, 자만, 오만, 광신, 그리고 자신만이 하늘에 이르는 옳은 길을 가고 있다는 확신 같은 무수한 유혹이 찾아온다. 길을 잃을 정도로 뜨거운 열정에 휩쓸릴 수도, 매사에 차갑고 무관심한 인간이 될 수도 있다. 감각이 이끄는 대로 방탕해질 수도, 자로 잰 듯 비판적인 인간이 될 수도 있다. 참을성이 지나치게 많거나 지나치게 없을 수도 있다. 여기서도 역시 건강한 발달의 핵심은 균형이다.

모든 사람은 '자아'가 있으며 그로 인해 정신 법칙의 지배를 받는다. 자아 성숙을 향해 나아갈 때 운명이나 카르마의 법칙 같은 정신적 힘이 작용한다. 정신의 삶과 물질육체의 삶은 우리 영혼 속에서 하나로 만난다. 영혼은 두 세계를 연결하는 다리다. 영혼은 인간을 유혹하는 두 힘이 서로 대립하며 싸움을 벌이는 전쟁터다. 위대한 낭만파 시인이자 소설가인 괴테는 파우스트의 입을 빌려 이렇게 말한다.

두 영혼이 살고 있네, 아하! 내 가슴 속에,
그 하나가 다른 것으로부터 이별하려 하네.
거친 사랑의 열정으로 그 하나는,
갈퀴 같은 손길로 세상에 들러붙네.
다른 하나는 사력을 다하여 흙먼지를 벗어나 오르네.
드높은 조상의 낙원을 향하여.

『파우스트』 중에서 (최혜경 역)

대적하는 두 힘을 제 3의 가능성으로 화해시킬 수 있는 곳도 바로 우리 영혼이다. 이 세 번째 가능성은 지금까지 없던 새로운 요소다. 우리 모두는 각자의 방식으로 세상에서 일하고, 어려움에 맞서며 살아간다. 다른 사람도 자기와 똑같은 방식으로 일하고 살아가기를 기대할 때 우리는 서로 대립하고 싸우고, 서로를 비판하고 고립시킬 수밖에 없다. 지금은 개별성이 무르익은 시대이며, 자신의 요구와 관점을 분명히 의식할 수 있는 힘이 성숙한 시대다. 우리 과제는 공동체 안에서 함께 살고 집단의 필요에 부응하면서도 개별성을 잃지 않을 방법을 찾는 것이다. 이 과제에 성공할 때 공동체와 개인의 요구 모두를 만족시킬 수 있는 창조적인 해결책을 찾을 수 있을 것이다.

긴장과 균형이 끊임없이 일어나는 내면 영역에 대한 의식이 성장할수록 일상에서 그 힘을 활용할 수 있다. 수축의 힘과 확장의 힘을 인식하고, 대립하는 두 힘의 균형을 잡기 위해 노력할 때 '자아'의 영역이 넓어진다. 이런 노력 속에서 삶은 보다 의미 있고 풍요로워진다.

사랑의 힘

인간이 성장하는 방법에는 여러 가지가 있다. 상상, 용기, 책임감을 통해 성장할 수도 있고, 기질 변형, 영혼 특성과 원형에 대한 이해를 넓히는 길도 있다. 하지만 변화를 이끄는 가장 큰 힘은 사랑이다. 사랑이야말로 인생의 변형에 있어 가장 중요한 동력이다. 그러면 사랑의 힘을 어떻게 키울 수 있을까? 사랑을 삶의 태도로 자리 잡게 하려면 먼저 3가지 능력을 키워야 한다.

첫 번째는 모든 인간에게서 신성을 보는 힘이다. '내 앞에 선 이 사람은 누구인가? 나는 외모, 직업, 성격, 인종, 그리고 국적을 초월한 그 사람의 본질을 볼 수 있을까? 나는 모든 사람 안에서 활동하는 온전한 인간 정신을 알아볼 수 있을까?' 잡지 「소생Resurgence」의 편집자 사티쉬 쿠마Satish Kumar는 자서전에서 이렇게 표현했다.

내가 힌두인으로 길을 가면
나는 무슬림을 만날 것이고,
기독교인으로 길을 가면
유대인을 만날 것이다.
인도인으로 길을 가면 나는
파키스탄 사람을 만날 것이고,
중국인으로 길을 가면 미국인을 만날 것이다.
내가 간디주의자로 길을 가면 나는 사회주의자, 자본주의자
혹은 공산주의자를 만날 것이다.
하지만 내가 인간으로 길을 간다면
나는 세계 어느 곳에서든 인간을 만날 것이다.

『종착역 없는 길Path without Destination』(NY: William Morrow, ND)

두 번째는 타인의 고통을 자기 것으로 느낄 수 있는 힘이다. 다른 사람의 고통, 외로움, 갈망에 공감한다면 결코 자기만의 평안에 안주할 수 없다.

세 번째는 사고, 느낌, 의지 안에서 균형을 잡을 수 있는 힘이다. 영혼의 힘이 균형을 이룰 때 내면에서 사랑이 깨어난다.

균형 잡힌 사고 속에서 우리는 다른 사람이 그렇게 행동하는 이유를 이해하고 존중한다. 균형 잡힌 느낌 속에서 우리는 공감과 연민을 키운다. 균형 잡힌 의지 속에서 우리는 자기 행동에 책임을 지고, 용기와 함께 자신과 타인을 용서할 의지를 갖는다.

사랑을 말하기는 쉽지만 실천하기란 지극히 어렵다. 사랑의 힘을 키우

는 것은 평생 동안 이루어야 하는 과제이며 결코 완성되지 않는다. 이 과제의 핵심은 다른 사람들과의 유대 관계를 방해하는 지나친 자기애를 극복하는 것이다. 자기 경험에만 붙잡혀 있으면 한 발짝도 앞으로 나아갈 수 없다.

사랑의 7단계

사랑에는 온기, 애정, 욕망, 존중, 헌신, 치유, 희생이라는 7단계가 있으며, 이는 인간 발달 단계와 상응한다.

1. 1단계에서 우리는 온기를 통해 사랑을 경험한다. 일종의 감각 자극으로 사랑을 지각한다. 온기는 우리에게 양분을 공급하고, 성장을 돕는다. 누군가를 만날 때는 상대의 온기를 측량하듯 느낀다. 어느 정도의 온기 혹은 냉기가 느껴지는가? 그리고 그 '영혼의 온도'에 반응한다. 구체적인 대상이 없어도 온기를 보낼 수 있다. 세상을 대하는 태도가 따뜻한 사람이 있고 차가운 사람이 있다. 특정 인간관계와 상관이 있을 수도 있고 아닐 수도 있다. 유아기에 안정감 형성을 좌우하는 것은 부모의 온기다.

2. 부모를 비롯한 주위 사람들과의 관계가 발전하면서 애정을 경험한다. 애정은 온기처럼 직접 감각으로 지각할 수는 없으며, 미묘하지만 더 매력적이다. 사람들은 미소를 짓거나 등을 토닥이거나 가볍게 포옹하거나 키스를 하면서 애정을 표현한다. 이런 몸짓은 타인을 안심시키

IV 깨달음의 길_온전함을 향한 자기 계발

고 이해와 지지를 전하는 효과가 있다. **애정**은 특정인에게 직접 온기를 전달하는 방법이다.

3. 사춘기에 영혼의 힘이 깨어나면서 **욕망**도 함께 깨어난다. 욕망이란 결핍 상태와 충족의 필요를 동시에 절박하게 느끼는 상태다. 그 대상은 스케이트보드나 공연 입장권일 수도, 인간관계일 수도 있다. 온기와 애정이 외부에서 우리에게 다가오던 1, 2단계와 달리 욕망은 자아 내부에서 솟아오른다. 개인의 정서 영역에서 출발한 욕망은 바깥으로 손을 내밀고, 외부에 있는 것을 자기 안으로 가지고 들어간다. 욕망을 어떻게 충족시킬까? 가게에 전시된 예쁜 옷이나 자동차를 보면서 "정말 마음에 든다!" 하고 소리친다. 그 말의 진짜 의미는 "저것이 갖고 싶다"이다. 이 단계에서는 대상을 소유하는 방식으로 사랑한다. 이런 태도는 사람을 대할 때도 동일하다. 사랑과 욕망을 혼동하기도 한다. 그 경우 욕망이 충족되면 관계는 끝난다. 욕망 자체만으로는 결코 충분하지 않다. 욕망은 무엇이 마음을 끌어당기는지를 알게 해주며, 행동하는 데 동기를 부여한다. 욕망을 따라가다 보면 사랑에 이를 수도 있다. 하지만 너무 강하게 사로잡히면 집착으로 변해 생명력을 소진하고 사랑의 힘을 망가뜨린다.

4. 욕망을 넘어 상대의 참모습을 알고 이해할 때 우리는 사랑의 4단계에 들어선다. 다른 사람도 자신처럼 장점과 단점을 모두 지닌 존재임을 깨닫는다. 모든 인간이 공통적으로 지닌 보편성과 인간성을 인식한다. 이 깨달음에서 다른 사람에게 기대하는 **존중**의 태도로 상대를 대할 수 있는 힘이 나온다. 이를 통해 우리는 자아성의 한계를 벗어나 다른 사람에게 들어간다.

5. 5단계에서 우리는 단순한 인정과 존중을 넘어 경외하는 태도로 상대에게 한 걸음 더 다가간다. 상대를 귀하게 여기고 보호하고 존중하고 함께 기뻐할 때 **헌신**하는 영혼의 힘이 자란다.

6. 상대의 참모습을 만나면서 새로운 단계가 열린다. 바로 치유의 단계다. 여기서 **치유**란 '온전하게 함'을 의미한다. 다른 사람이 온전하고 완전해지기 위해 필요한 부분이 무엇인지 알아채고, 그 필요를 충족시켜줄 방법을 찾는다.

7. 7단계는 **희생**이다. 여기서 우리는 타인에 대한 사랑으로 자신을 온전히 내어준다. 이는 인간 존재가 보일 수 있는 가장 고귀한 행위다. 희생해야 할 상황을 의식적으로는 결코 원하지 않더라도 그럴 필요가 생기면 응하는 것이다.

모든 사람은 삶에서 7가지 사랑의 요소를 경험한다. 각 단계마다 뒷면, 즉 '양면성'이 있다. 사랑에서 우러나온 행동이라고 생각하지만 실제로는 자기중심적 사고나 가식적인 관대함에서 나온 행동에 불과할 수도 있다. 7단계를 따라 성장하기 위해서는 깨어있는 의식과 성찰하는 태도, 자신의 행동을 솔직하게 돌아보고 스스로 교정할 수 있는 용기가 필요하다. 단계마다 우리를 사랑하지 않았던 사람, 고의로 혹은 모르고 우리에게 해를 끼친 사람들을 용서하는 과제가 찾아온다. 용서는 창조적인 힘을 옭아맨 사슬을 푸는 힘이 있다. 그 자유로워진 창조력을 이용해서 문제를 해결하고 어려운 상황을 극복한다. 사랑할 수 있는 능력은 과거의 맺힌 마음을 풀고 용서할 수 있을 때 비로소 꽃을 피운다.

Ⅳ 깨달음의 길_온전함을 향한 자기 계발

사랑_ 영혼 직조의 마지막 선물

사랑은 우리 영혼에서 가장 강력한 창조력을 가진 원재료다. 무늬를 디자인하고, 베틀에 날실을 묶고, 끈기 있게 씨실을 엮어나갈 때, 직조공은 자기 일에 온 마음을 쏟는다. 우리도 인생의 태피스트리를 짤 때 무늬와 관계의 질, 목표와 성취, 수용하고 용서하는 능력에 온 마음을 쏟아야 한다. 태피스트리가 완성되는 순간은 인생에 작별을 고하는 순간이다. 그 때 생을 돌아보면서 "살면서 배운 가장 중요한 가르침은 사랑하는 법이었다."고 말할 수 있기를 바란다.

부록

영혼 특성을 이해하는 또 다른 방법들

◎ 맥스 스티베Max Stibbe는 『일곱 가지 영혼 유형Seven Soul Types』(UK; Hawthorn Press, 1992, p.25)에서 영혼 유형을 다음과 같이 범주화했다.

적극적 유형
1. 자의식 유형–토성
2. 지배적 유형–목성
3. 공격적 유형–화성

수동적 유형
4. 낭만적 유형–달
5. 유동적 또는 민첩한 유형–수성
6. 미학적 유형–금성

이상적 유형
7. 빛나는 유형–태양

◎ 『문지방에 선 인간: 내적 발달의 과제Man on Threshold: The Challenge of Inner Development』(UK: Hawthorn Press, 1985, p.115)에서 버나드 리브굿Bernard Lievegoed은 이렇게 성격화했다.

1. **토성**   연구자
2. **달**   보존자
3. **목성**   사색가
4. **수성**   개혁가
5. **화성**   기업가
6. **금성**   돌보는 자
7. **태양**   균형자

◎ 루돌프 슈타이너의 연구에 따르면 영혼 특성은 죽음과 새로운 출생 사이의 시간에서 기인한다. 더 자세한 내용을 알고 싶으면 루돌프 슈타이너의 『죽음과 새로운 출생 사이의 삶에 대한 비학적 연구. 생명과 죽음 사이의 살아있는 상호관계 Okkulte Untersuchungen über das Leben zwischen Tod und neuer Geburst. Die lebendige Wechselwirkung zwischen Leben und Tod』(GA 140)를 참고하라.

◎ 고대부터 영혼의 특성은 행성 또는 다른 천체뿐 아니라 특정 금속이나 신화적 인물과 연결시켜 설명해왔다.

영혼 태도 또는 영혼 특성	행성 에너지와 금속	이 특성에 가장 영향받는 나이	장점	과제
모방형 보존자	달 / 은	0~7세	세부사항 기억 / 전통 / 기록 / 객관적 기억 / 지적능력 뛰어남 / 정확성 / 물체적 사실 관찰	경직성 / 피상적이기 쉬움 과거에 얽매임 / 사소한 문제에 집착 / 편협한 사고
사교적 개혁가	수성 / 수은	7~14세	유연함 / 현재에 충실 / 적응력 타인과 의사소통 즐김 / 창조적 / 즉흥적 / 유머로 분위기를 가볍게 함	변덕이 심함 / 체계를 지키려하지 않음 / 유머의 부적절한 사용 / 매력을 이용해서 사람 조종 / 사기 / 지나친 융통성

꿈꾸는 양육자	금성 / 구리	14~21세	보살핌/ 섬세함/ 주변의 아름다움과 사람들의 감정에 예민/ 공감능력/ 연민/ 경건한	망상에 빠지기 쉬움/ 과정에 집착/ 비실용적/ 지나치게 감상적
빛나는 균형자	태양 / 황금	21~42세	다른 영혼 특성의 장점을 한자리에/ 빛을 내고/ 영감을 주고/ 균형을 줌/ 통찰력과 온기/ 통합시키는 힘	오만함 나태함
적극적 발언가	화성 / 철	42~49세	주도적/ 일이 벌어지게 함/ 뚜렷한 목표의식/ 대담함/ 질서를 줌/ 자기 의지를 잘 다스림/ 규칙을 찾음	지나치게 공격적/ 다그침
사고형 조직가	목성 / 주석	49~56세	큰 그림을 봄/ 계획/ 조직/ 여러 관점을 함께 고려/ 명확성/ 감각세계 너머 상상을 꿰뚫어 봄	지나치게 이론적/ 체계에 갇힘/ 계획의 목표를 잃어버림
정신 연구자	토성 / 납	56~63세	행동의 근원과 목표를 이해해야 함/ 중심이 명확/ 심오한 의미 찾아냄	지나치게 내향적/ 상아탑에 갇힐 수 있음/ 반 사회적

참고 문헌

● Batdorf, Carol, 『정신 탐색: 인디언 소년의 입문Spirit Quest: The Initiation of an Indian Boy』Surrey, BC: Hancock House, 1990

● Baumer, Franklin L. 편집, 『서구 사상의 주요 흐름Main Currents of Western Thought』4판, New Haven, CT: Yale University Press, 1978

● Bittleston, Adam, 『오늘을 위한 명상 기도Meditative Prayers for Today』Edinburgh: Floris Books, 1993

● Carson, Rachel, 『센스 오브 원더』(에코리브르, 2012)

● Easton, Stewart, 『새 시대의 전조Herald of a New Epoch』New York: Anthroposophic Press, 1980

● Elliot, George, Philip McFarland, Harvey Granite, Morse Peckham 편집, 『세계 문학의 주제Themes in World Literature』 Boston: Houghton Miffilin, 1970)

● Emerson, Ralph Waldo, 『포터블 에머슨Portable Emerson』Carl Bode 편집, New York: Penguin Books, 1981

● Hiebel, Frederick, 『그리스 복음: 고대 그리스의 임무와 그리스도의 재림The Gospel of Hellas: The Mission of Ancient Greece and the Advent of Christ』 New York: Anthroposophic Press, 1949

● Kübler-Ross, Elisabeth, 『죽음과 죽어감』(이레, 2008)

● Lievegoed, Bernad, 『영혼을 위한 전투The Battle for the Soul』 Stroud, UK: Hawthorn Press, 1993/ 『문지방에 선 인간: 내면 발달의 과제Man on the Threshold: The Challenge of Inner Development』 Stroud, UK: Hawthorn Press, 1985

● Lowndes, Florin, 『심장 차크라 활성화시키기Enlivening the Chakra of the Heart』 East Sussex, UK: Sophia Books, Rudolf Steiner Press, 2001

● Lund, Knud Asbjorn, 『다른 사람들 이해하기Understanding Our Fellow Men』 개인 출판, ND, 절판

● Moore, Robert, 『내면의 전사: 남성 심리에 자리한 기사The Warrior Within: Accessing the Knight in the Male Psyche.』 New York: Avon Books, 1992

● Morrow, Honore Willsie, 『어린 딸들의 아버지The Father of Little Women』 Boston: Little, Brown&Co., 1927

● Pearson, Carol S., 『우리 안의 영웅 일깨우기: 스스로를 발견하고 세상을 변화시키도록 도와줄 12가지 원형Awakening the Heroes Within : Twelve Archetypes to Help Us Find Ourselves and Transform Our World』 Harper, 1991/ 『내 안에 6개의 얼굴이 숨어 있다』(사이, 2007)

● Pelikan, Wilhelm, 『금속의 비밀The Secrets of Metals』 Spring Valley, NY: Anthroposophic Press, 1973

- Progoff, Ira, 『심층 심리학과 현대 인간Depth Psychology and Modern Man』 New York: McGraw Hill, 1959

- Shakespeare, William, 『전집Complete Works』 2권, Clark & Wright 편집, New York: Doubleday, ND.

- Smart, Ninian, 『인류의 종교 경험The Religious Experience of Mankind』 New York: Charles Scribner's, 1960

- Steiner, Rudolf, 『인간적 사고와 우주적 사고Der menschliche und der kosmische Gedanke』(GA 151)/『신비학 개론Die Geheimwissenschaft im Umriß』(GA 13)/『자유의 철학』(밝은누리, 2007)

- Stibbe, Max, 『일곱 가지 영혼 유형even Soul Types』 UK; Hawthorn Press, 1992

- Tolstoy, Leo, 『작품집Works』 New York:Walter J. Black, Inc., 1928

- Wieland, Friedemann, 『영웅의 여정The Journey of the Hero』 UK:Prism, 1991

푸른씨앗_책

발도르프학교의 연극 수업

306쪽 18,000원

데이비드 슬론 지음 **이은서, 하주현** 옮김

『무대 위의 상상력』 개정판. 연극은 청소년들에게 잠들어 있던 상상력을 살아 움직이게 하고, 만드는 과정에서 다른 사람과 함께 마음을 모으는 일을 배우는 예술 작업이다. 책에는 연극 수업뿐 아니라 어떤 배움을 시작하든 학생들이 수업에 몰입할 수 있도록 만들어 주는 좋은 교육 활동 73가지의 연습이 담겨 있다. 개정판에서는 역자 이은서가 쓴 연극 제작기, 『맹진사댁 경사』 대본 일부, '한국 발도르프학교에서 무대에 올린 작품 목록'을 부록으로 담았다.

발도르프학교의 수학 수학을 배우는 진정한 이유

400쪽 25,000원

론 자만 지음 **하주현** 옮김

아라비아 숫자보다 로마숫자로 산술 수업을 시작하는 것이 좋다. 사칙 연산을 통해 도덕을 가르친다. 사춘기 시작과 일차 방정식은 무슨 상관이 있을까? 세상의 원리를 알고 싶어 눈을 반짝거리는 아이들이 11세~14세, 17세 나이가 되면 왜 수학에 흥미를 잃는가. 40년 동안 발도르프학교에서 수학을 가르쳐온 저자가 수학의 재미를 찾아 주는 통찰력 있고 유쾌한 수학 지침서. 초보 교사들도 자신감 있게 수업할 수 있도록 아동기부터 사춘기까지 발달에 맞는 수학 수업을 제시하고 일상을 바탕으로 만든 수학 문제와 풍부한 예시를 실었다.

청소년을 위한 발도르프학교의 문학 수업

_자아를 향한 여정

288쪽 20,000원

데이비드 슬론 지음 **하주현** 옮김

첨단 기술로 인해 많은 것이 완전히 달라졌다고 생각하지만 청소년들의 내면은 30년 전이나 지금이나 본질적으로 별로 달라지지 않았다. 청소년기에 내면에서 죽어 가는 것은 무엇인가? 태어나고 있는 것은 무엇인가?

9학년부터 12학년까지 극적인 의식 변화의 특징을 소개하며, 사춘기의 고뇌와 소외감에서 벗어나 자아 탐색의 여정에 들어설 수 있도록 힘을

발도르프학교의 미술 수업 1~12학년

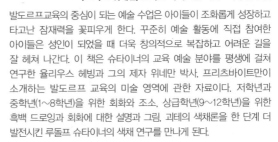

마그리트 위네만, 프리츠 바이트만 지음　**하주현** 옮김

발도르프교육의 중심이 되는 예술 수업은 아이들이 조화롭게 성장하고
타고난 잠재력을 꽃피우게 한다. 꾸준히 예술 활동에 직접 참여한
아이들은 성인이 되었을 때 더욱 창의적으로 복잡하고 어려운 길을
잘 헤쳐 나간다. 이 책은 슈타이너의 교육 예술 분야를 평생에 걸쳐
연구한 율리우스 헤빙과 그의 제자 위네만 박사, 프리츠바이트만이
소개하는 발도르프 교육의 미술 영역에 관한 자료이다. 저학년과
중학년(1~8학년)을 위한 회화와 조소, 상급학년(9~12학년)을 위한
흑백 드로잉과 회화에 대한 설명과 그림. 괴테의 색채론을 한 단계 더
발전시킨 루돌프 슈타이너의 색채 연구를 만나게 된다.

양장 270쪽 30,000원

투쟁과 승리의 별 코페르니쿠스

하인츠 슈폰젤 지음　**정홍섭** 옮김

교회의 오래된 우주관과 경직된 천문학에 맞서 혁명을 실현한 인물,
코페르니쿠스의 전기 소설. 천문학의 배움과 연구의 과정을 중심으로,
어린 시절부터 필생의 역작 〈천체의 회전에 관하여〉를 쓰기 까지
70년에 걸친 삶의 역정을 사실적으로 묘사하고 있다. 15세기의 유럽
모습이 담긴 지도와 삽화. 발도르프학교 7학년 아이들의 천문학 수업
공책 그림이 아름답게 수놓인 책

236쪽 12,000원

8년간의 교실여행_발도르프학교 이야기

토린 M. 핀서 지음　**청계자유발도르프학교** 옮김

한국의 첫 발도르프학교를 꿈꾸며 함께 공부하며 만든 책. 8년 동안
같은 아이들의 담임을 맡아 지내 온 한 교사의 교실 여정

머리말에서_이 책이 오늘날의 또 그들과 함께 길을 가는 행운을
누리고 있는 교사들에게 발도르프 교육이 지닌 뛰어난 치유력을 보여
주었으면 한다.

264쪽 14,000원

파르치팔과 성배찾기

찰스 코박스 지음　**정홍섭** 옮김

18살 시절에 나는 무엇을 하고 있었나? 내가 누구인지, 어떤 사람인지, 이 세상에서 해야 할 일이 무엇인지 알고자 나는 무엇을 하고 있었던가? 1960년대 중반 에든버러의 발도르프 학교에서 자아가 완성되어 가는 길목의 학생들에게 한 교사가 〈파르치팔〉 이야기를 상급 아이들을 위한 문학 수업으로 재현한 이야기

232쪽 14,000원

루돌프 슈타이너 저술

신지학_초감각적 세계 인식과 인간 규정성에 관하여

루돌프 슈타이너 지음　**최혜경** 옮김

루돌프 슈타이너의 인지학을 공부하는데 기본 중에 기본이 되는 책이라 일컬어지는 〈루돌프 슈타이너 제9권〉이 독일어 원전 완역본으로 출간되었다. 이 책을 통해 루돌프 슈타이너는 초감감적인 것을 인식한다는 것은 이론적인 욕구를 위한 어떤 것만이 아닌 삶의 진정한 실천을 위한 것이며, 이것은 다름 아니라, 현대 정신생활의 양식 때문에 정신–인식은 우리 시대를 위한 인식 영역이 되었다고 역설한다.

296쪽 20,000원

이 책은 '전기 작업biography work'을 통해 얻은 통찰을 더욱 깊게하고 싶은 사람들이 2013년 1월부터 2014년 7월까지 함께 번역한 원고를 바탕으로 하였습니다. 출판을 위해 다시 번역하는 동안 긴 시간이 흘렀습니다. 일주일에 한 번씩 번역한 자료를 놓고 즐거운 이야기와 맛있는 음식, 깊은 통찰을 풍성하게 주고받던 조순영, 유주영, 김원선, 허현숙, 민시현, 문성연님께 다시 한 번 고마운 마음을 전합니다.

'전기 작업'을 이끌어주신 리타 테일러 선생님은 각자의 생애를 돌아보는 이 작업을 통해 삶과 인간에 대한 따뜻한 눈과 이해를 키우도록 도와주셨습니다. 특히 2013년에는 영혼의 특성, 2014년에는 정신 원형을 중심으로 강연과 워크숍을 진행해주셨습니다. 리타 선생님의 영전에 사랑을 담아 이 책을 바칩니다.

옮긴이_ 하주현

 재생 종이로 만든 책

푸른 씨앗의 책은 재생 종이에 콩기름 잉크로 인쇄합니다.
겉지_ 한솔제지 앙코르 210g/m²
속지_ 전주페이퍼 Green-Light 80g/m²
인쇄_ (주) 도담페인팅 | 031-956-3167
글꼴_ 윤명조120   **책 크기_** 150*193